프로바둑강좌 · 초급이상 7

加藤正夫의 초급 포석입문

10단 加藤正夫 지음

프로바둑연구회 편

太乙出版社

머리말

보통 바둑은, 초반·중반·종반이라고 하는 3개의 파트로 나누어진다. 더러는 초반을 포석(布石)이라고 하는 경우도 있다.

바둑에 있어서는 포석이라는 단계를 뛰어 넘어 직접 중반과 같은 접근전으로 돌입하여 그대로 종국(終局)으로 향하는 케이스도 더러 없지는 않다.

어떤 사람들은 포석이라는 것은 '바둑의 뼈대(骨組)'라고 하기도 한다.

중반의 돌을 잡고 잡히는 것과 같은 열전이 포석과는 어떤 관계가 있는 것일까?

이것은 마치 건축물의 골조(骨組)와 용도와의 관계처럼 연관성이 짙다. 말하자면 바둑에 있어서의 포석은 건축물에 기초 작업과도 같은 것이다.

이 책은 초보의 단계에 있는 독자들의 포석에 대한 실력을 드높이고, 나아가 포석의 기본적인 의미를 올바로 이해할 수 있는 지침서가 되게 하고자 만들어진 바둑 가이드이다.

차분하게 탐독해 나간다면 기력(棋力)향상에 적지않은 도움이 될 수 있을 것이다.

저자 씀.

차 례*

*차　례

제 1 장

포석(布石)의 기초

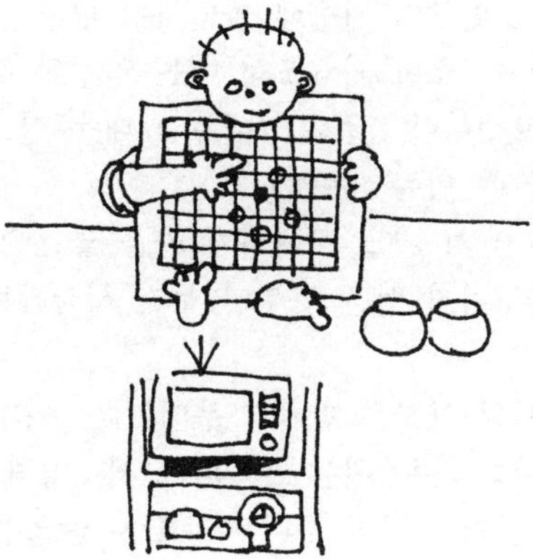

포석 이론(布石理論)

바둑을 초반·중반·종반으로 나눈다면, 초반(初盤)은 뼈대를 만드는 작업이고, 중반(中盤)은 살(肉)을 붙이는 작업이다. 그리고 종반(終盤)은 근육에 활동할 수 있는 힘을 불어 넣어서 완성시키는 과정에다 비유할 수가 있다.

뼈대를 만드는 작업을 바둑 용어(用語)로 표현하면 '포석(布石)'이라는 말이 된다.

중반은 싸움이 있고, 종반은 끝내기라고 한다.

초반, 즉 포석이라고 할 수도 있는 것이지만, 바둑의 경우에는 초반부터 싸움에 돌입하여 난타전을 펼치는 경우도 있어서 '초반'과 '포석'에는 약간의 뉘앙스가 서로 다르다. 포석이란, 글자 그대로 뼈대를 만드는 기초작업이라고 할 수 있는 것이다.

반상(盤上)의 어느 곳에다가 돌을 놓는 것이 좋은가, 집으로 확보하기 쉬운 곳부터 두기 시작하는 것은 당연하다.

반상에서의 시작은 귀에서 부터이다. 이것이 기본적인 포석이론이다. 여기에는 포석의 순서, 법칙이 있다.
초급자는 먼저 포석의 순서부터 알지 않으면 안된다. 여기에는 모양에 따라 여러가지의 수단이 있는 곳이다.
'초심자는 잊기가 쉬운 것' 이 포석이다. 그러나 여기에 강해야만 전투에 승리하는 지름길이 되는 것이다.

1. 큰 곳

바둑은 집이 많아야 함은 너무나 당연한 일이다.

그러기 위해서는 돌의 능률을 따져야 할 것이다.

기본도 A, B, C의 3곳을 살펴보기로 하자. 돌수와 집의 관계이다. 9집을 만들기 위해서는 귀에서는 6점의 돌이 사용되었고 변은 9점이 소용되었고 중앙은 12점이 소용되었다.

그러니까 큰 곳의 순서는 A의 귀, 그다음이 변의B,그리고 중앙이 C이다.

그러니까 큰 곳의 순서는 귀이고 그 다음이 변이라는 애기다.

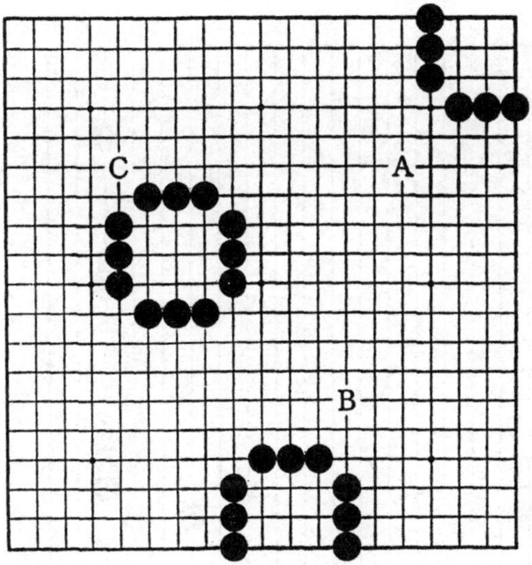

기본도

큰 곳을 기본에 따라 두는 것이 단연 바둑에 많이 나타난다.

1도(1－12)

흑 1, 3에 백 2, 4로 두어 귀쪽을 점거하는 것은 백 6에서 흑 7 이하 12까지 우변의 큰 곳을 선행한다. 흑 7로는——,

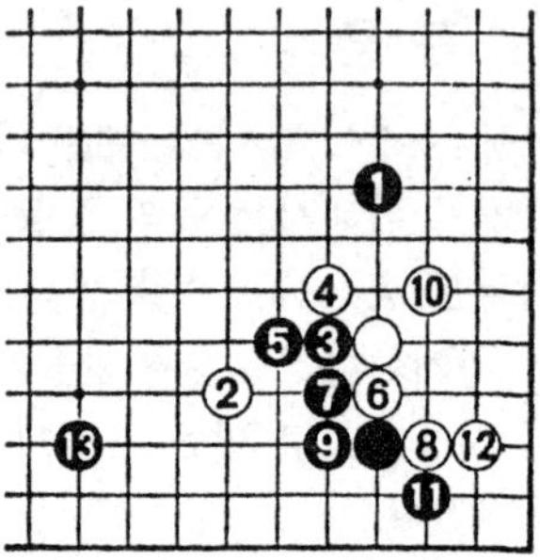

참고도

참고도 1로 2칸을 협공하는 것은 백 2 이하 12까지 귀는 일단락이다. 흑13으로 하변의 큰 곳을 가는 것이 귀결이다.

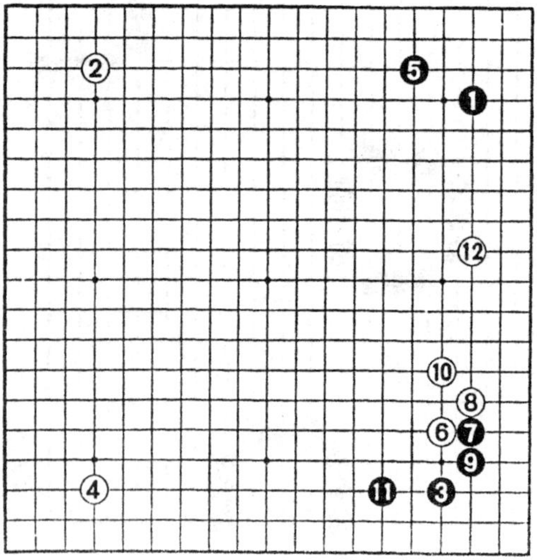

1도

2도(13~24) 흑13에 걸치면 백14의 협공은 흑15이하 18까지 정석인데 흑15로는—.

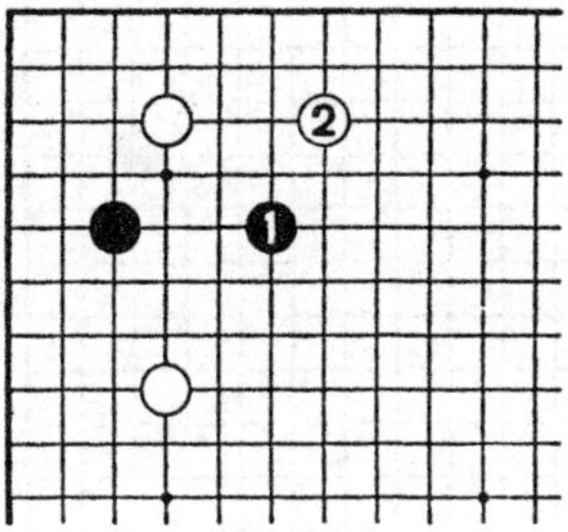

참고도

참고도 흑1, 백2도 정석의 성립이다. 흑19에서 22의 2칸 벌림. 일응 귀는 일단락이다. 다음에 큰 곳은 23의 다가섬이다. a의 침입을 방지하는 24는 본수이다.

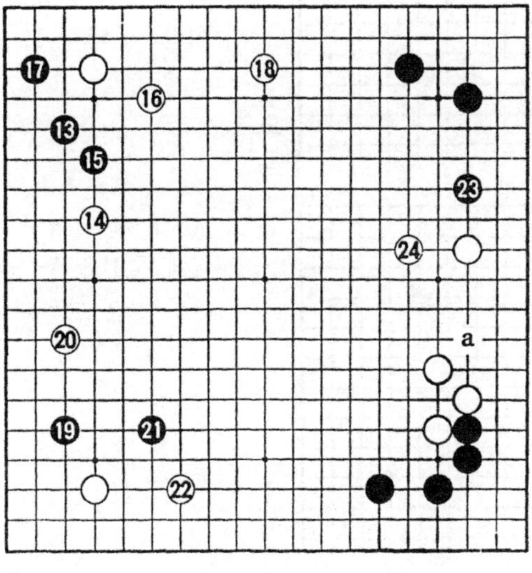

2도

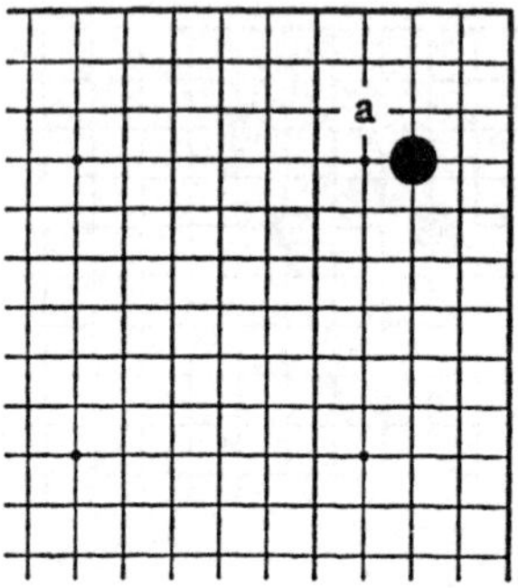

1
도

2. 귀

포석의 제 1보는 귀이다. 포석은 귀에서부터 점차로 나아간다. 귀에 먼저 선점하는 것이 중요하다.

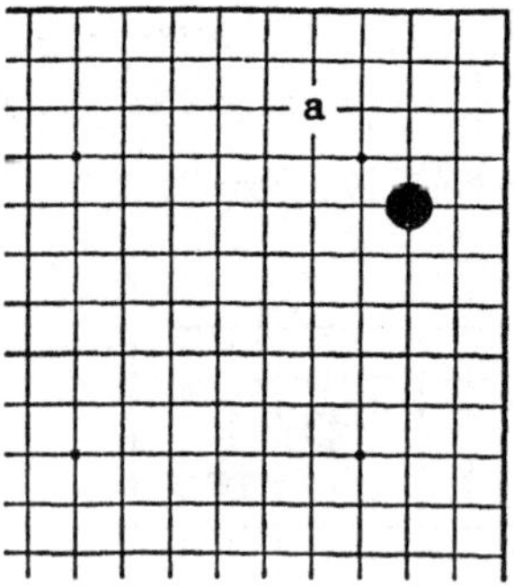

2
도

1도(소목)옛날에 애용하던 소목이다. a의 곳과 2곳이다.

2도(외목)소목에 비하여 변에 중점을 둔 점이다. a의 곳도 있다.

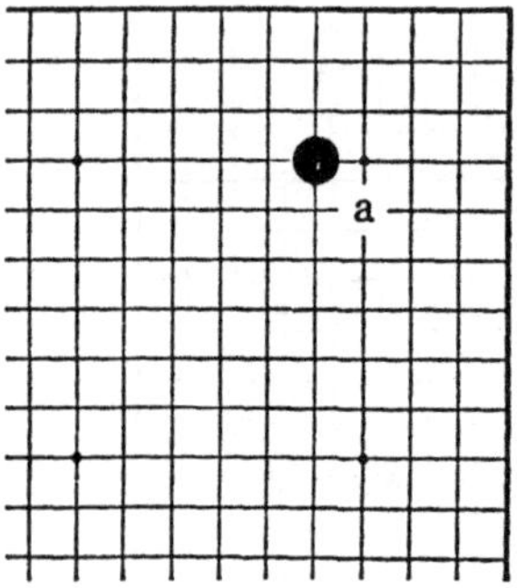

3
도

3도(고목)집보다는 세력에 중점을 둔 점이다. a도 같은 고목이다.

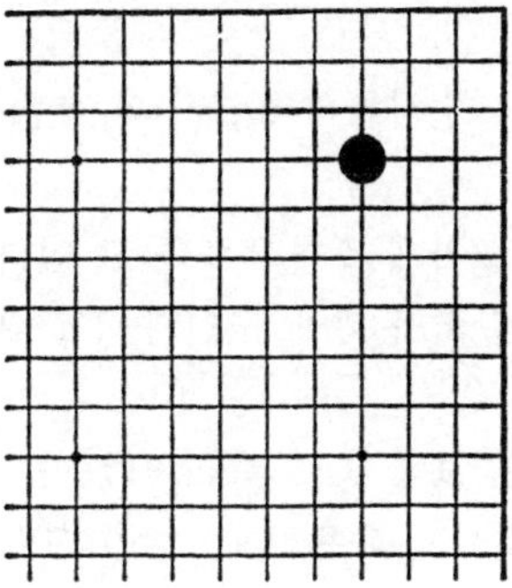

4 도

4 도(화점) 소목과 외목에 비하여 중앙에 중점을둔 점이다. 세력을 중시하는 것은 위치로 의미는 고목과 같다.

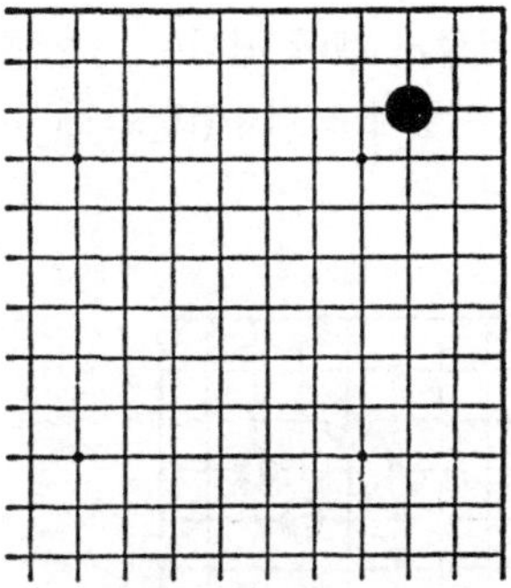

5 도

5 도(3 · 3) 3 · 3은 귀를 연착시키는 수로 결점이 있다. 화점과 3 · 3은 귀를 한수로 지킬 수 있다는 특징이 있다. '신포석' 항목에서 설명하기로 한다.

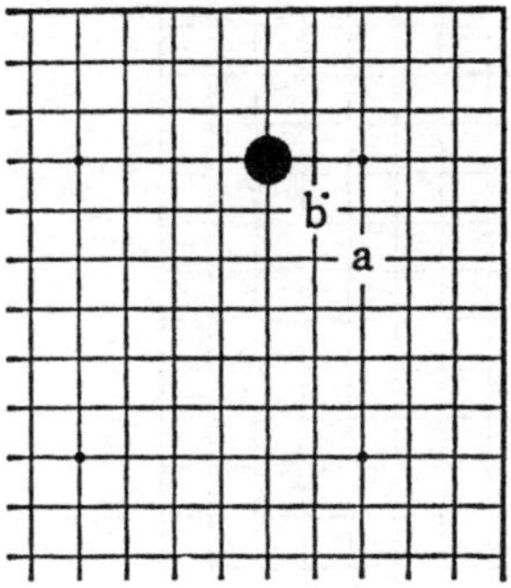

6 도

6 도(초고목)특수한 경우에 두는 수법이다.

때로는 a나 b의 곳에 두기도 한다.

화점이 4의 4라면 이것은 5의 5라고 할 수 있다.

7도(1－7)

이것은 구포석(舊布石)으로 '수책류(秀策流)'의 초반이다.

흑 **1**, **3**, **5**의 특징에서 견고하게 소목으로 두고 있다. 백 **4**, **6**의 걸침에는 흑 **7**의 마늘모가 좋은 수이다. a 나 b 를 맞보기로 한다.

이 포석이 당시에 견고하게 두었던 운석(雲石)이었다.

이러한 포석의 모양은 실전에서도 유용하게 쓰이므로 잘 익혀두기 바란다.

포석의 모양에 대해서는 꼭 이렇게 해야 된다는 어떤 법칙은 없다. 자기 자신의 바둑 취향이나 기풍(棋風)에 따라 유리한 포석을 선택하면 된다.

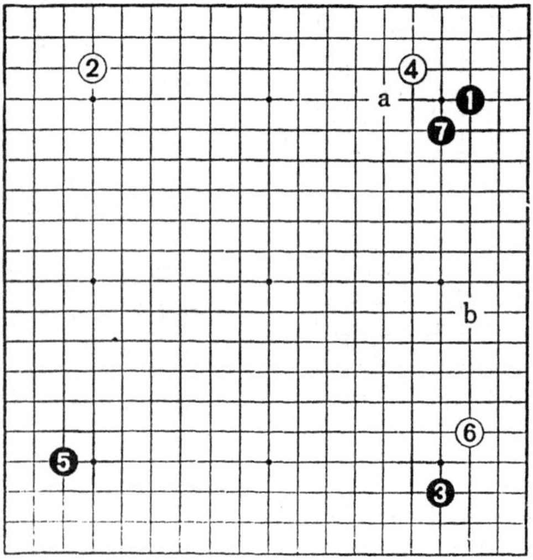

7도

8도(1 -10)
이것은 5집 정도의 덤이 있는 현대포석법의 초반이다. 흑 1, 3, 5는 수책류이다. 백 6의 걸침에는 흑 7의 2칸 협공이 엄한 모양이다.

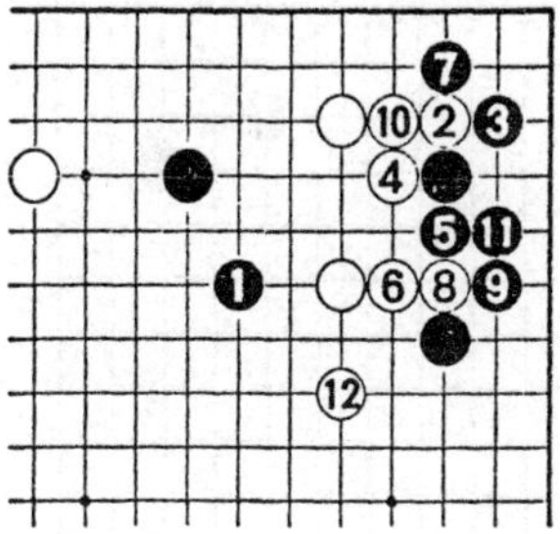

참고도

여기에서는 10까지 정형이다. 흑은 a, b 가 보통이다.

참고도 흑 1에는 백 2에서 12의 한칸 뜀까지 격전의 자세가 특색 있다.

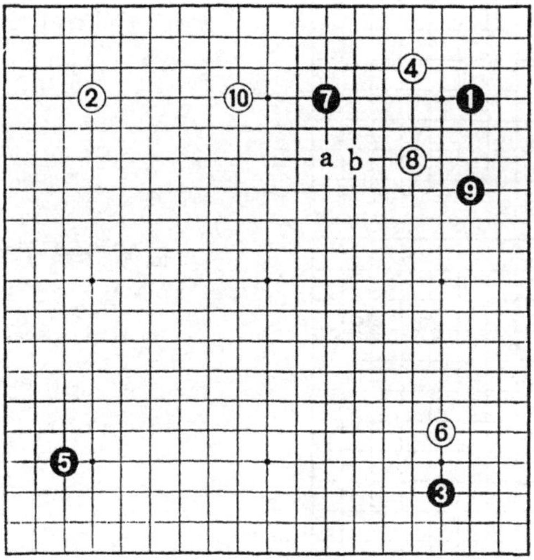

8도

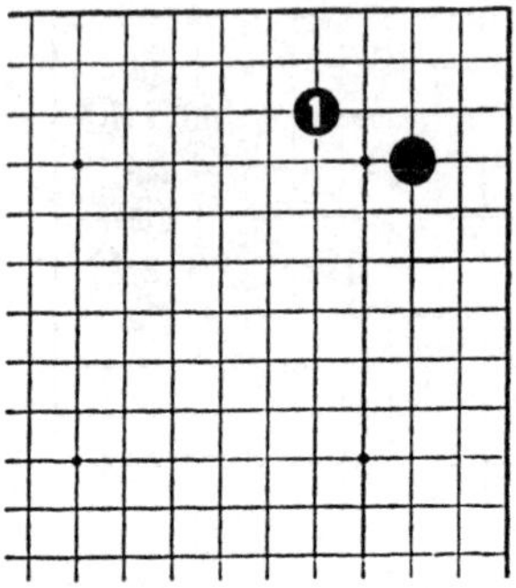

1
도

3. 굳힘

소목, 외목, 고목의 모양은 한 수로 귀를 굳힐 수가 있다.

1도(날일자) 소목의 모양에서는 흑 1의 날일자가 견실한 수법이다.

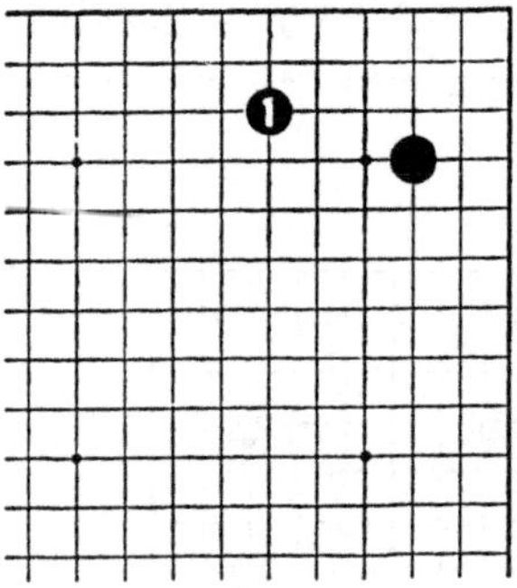

2
도

2도(눈목자)한칸 더 전진을 하면 눈목자이다. 상변에 영향력이 강한 반면 엷은 단점이 있다.

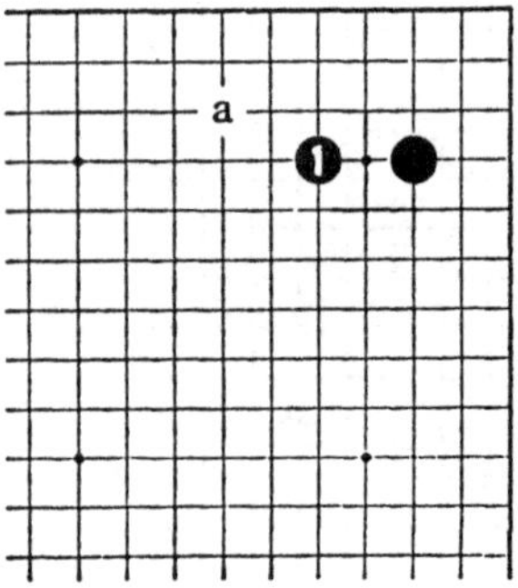

3
도

3도(한칸)흑 1의 한칸 뜀의 특징은 우변에 대한 영향력이 강하다. 백이 a 의 곳에 바짝 다가섬이 있다.

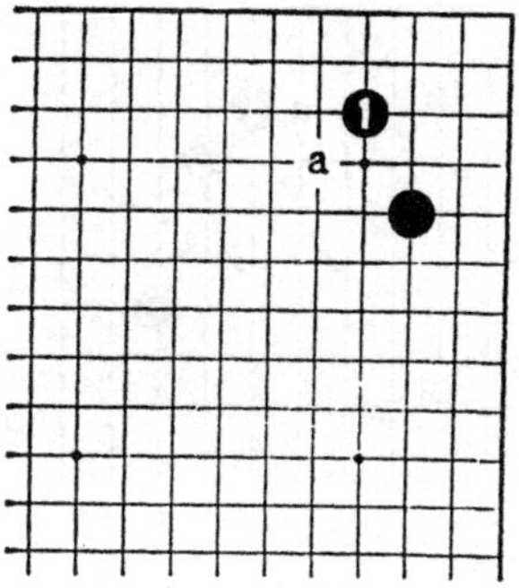

4도

4도(날일자)외목의모양에서 굳힘으로 두는수이다. 특수한 모양에서는 a 의 곳에 두기도 한다. 세력에 역점을 두는 것은 나중에 나오는 '신포석' 에서 후술 하기로 한다.

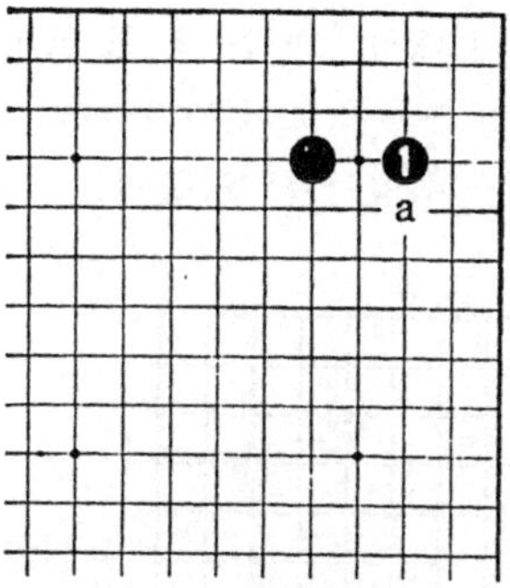

5도

5도(한칸)고목에서의 흑 **1**도 정형이다. 전도의 모양과 비슷하다. 3 · 3의 모양은 귀를 한 수로 지킬 수가 있다.

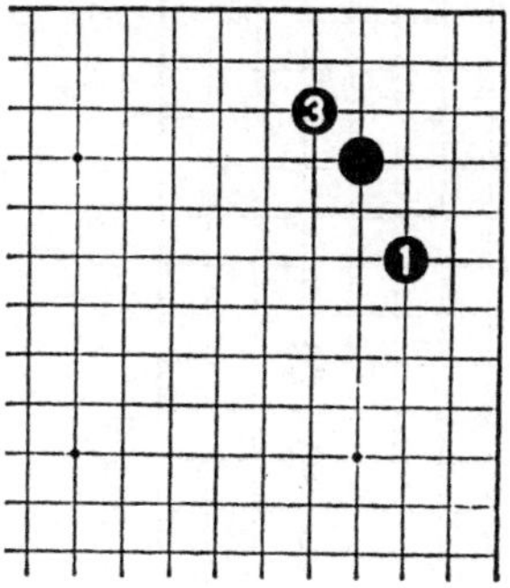

② 손빼

6도

6도(3수)화점의 모양은 흑 **1**, **3**등의 3수가 필요하다. 바꾸어 말해 화점은 집보다는 세력에 좋다는 점이다.

7 도(눈목자) 화점에서 눈목자의지킴 다음에는 흑 1의 마늘모의 지킴이 희귀하지 않다.

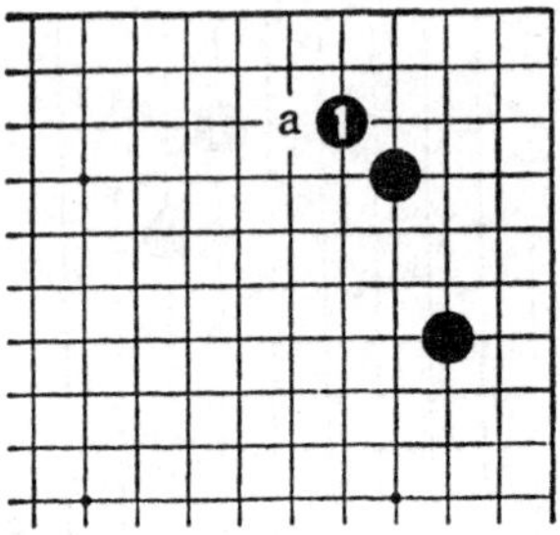

7 도

8 도(1 -10)

실전에서 많이 나타나는 포석을 소개하고자 한다. 흑은 우상귀를 날일자로 굳혔다. 이에 대하여 백은 4, 6 으로 한칸 뛰었다. 이에 대하여 변의 큰 곳으로 전개하였다.

소목에서 한칸 높게 두는 것은 취향이다. 이것에는 일장일단이 있다.

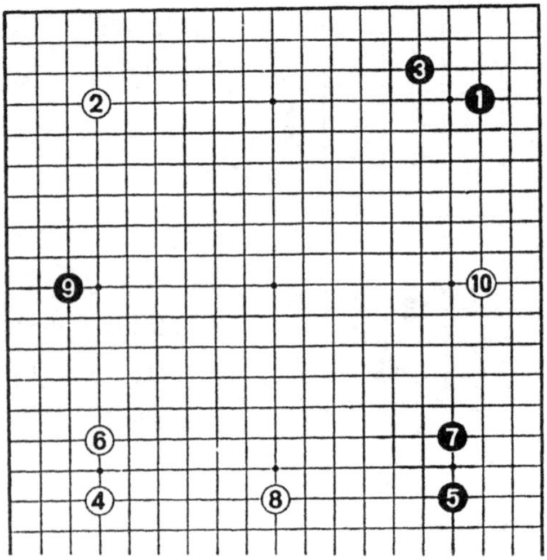

8 도

9도(1－16)

흑의 우상귀는 화점에 둔 다음 날일자에 마늘모로 행마하였다. 백은 좌하를 8로 3칸 협공을 하였다.

백10의 갈라짐에서 11다음 백12의 벌림, 흑은 15까지 3수로 포진하였다.

흑 1은 세력을 중시하는 것이지만 모양에 따라서는 임기응변의 대처가 필요하다.

전국(全局)에 관한 계획적인 착수(着手)도 중요하지만, 상대방의 응수를 보면서 즉각적인 대응책을 마련하는 지혜도 중요하다.

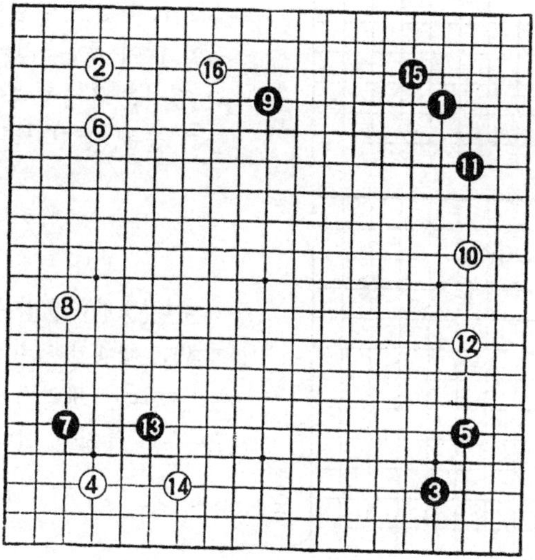

9도

4. 걸침

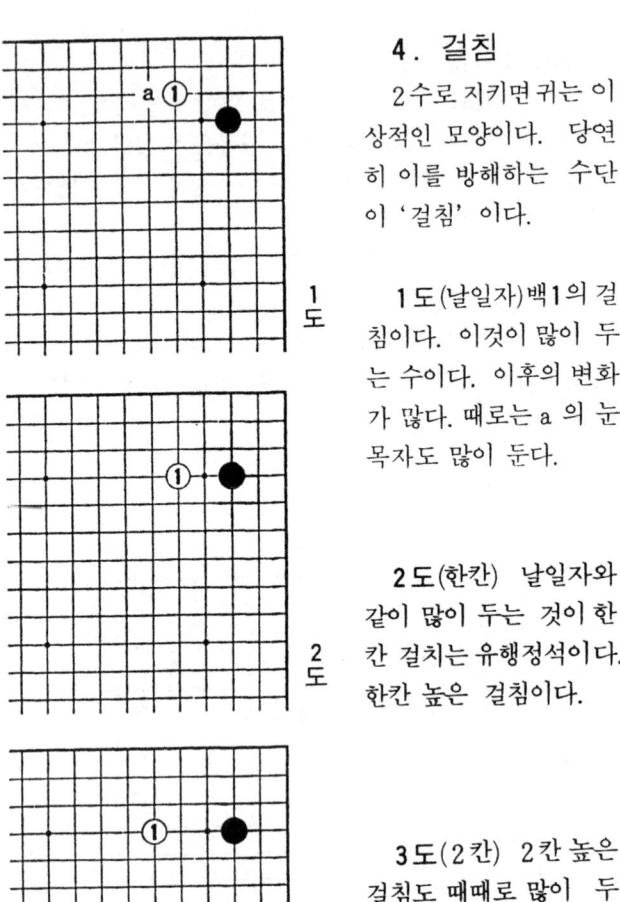

2수로 지키면 귀는 이상적인 모양이다. 당연히 이를 방해하는 수단이 '걸침' 이다.

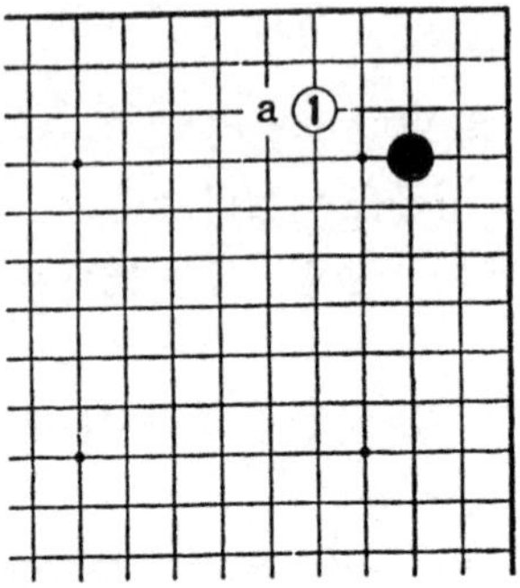

1도

1도(날일자)백1의 걸침이다. 이것이 많이 두는 수이다. 이후의 변화가 많다. 때로는 a 의 눈목자도 많이 둔다.

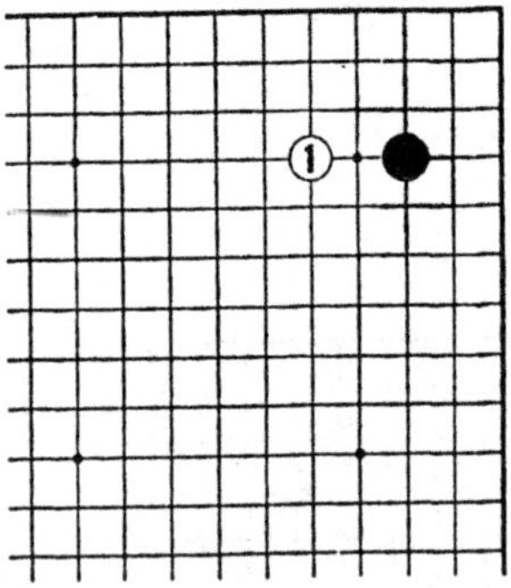

2도

2도(한칸) 날일자와 같이 많이 두는 것이 한칸 걸치는 유행정석이다. 한칸 높은 걸침이다.

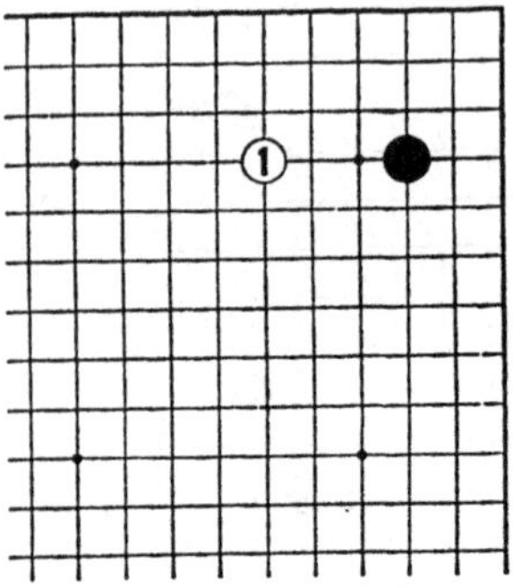

3도

3도(2칸) 2칸 높은 걸침도 때때로 많이 두는 수이다. 세력에 중점을 두는 특징이 있다.

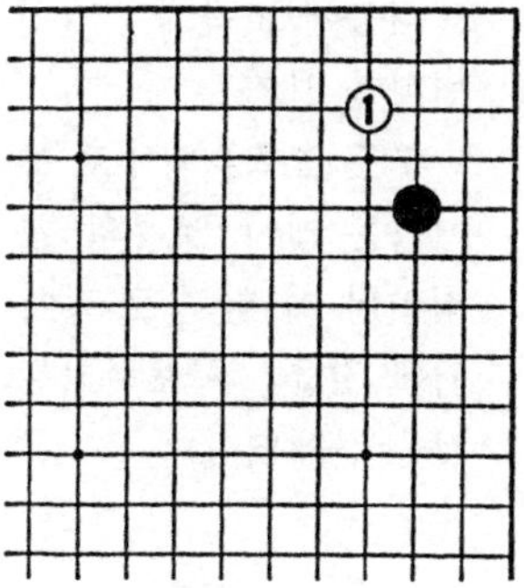

4
도

4도(소목) 백 1도 소목에서 많이 두는 수법이다.

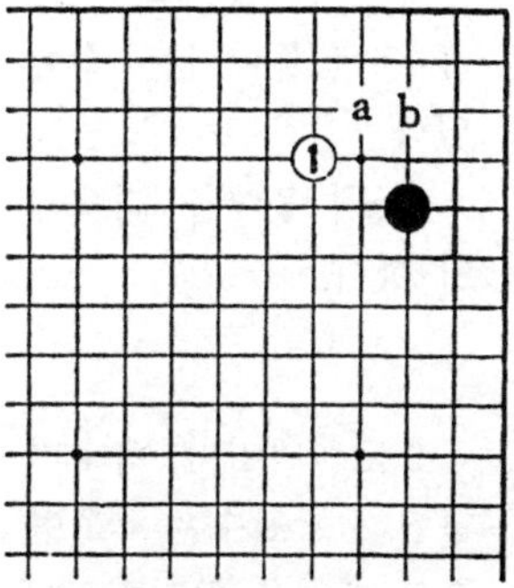

5
도

5도(고목) 백 1로 높게 걸치는 수단도 있다. 흑a나 b로 지켜서 집으로는 손해이다.

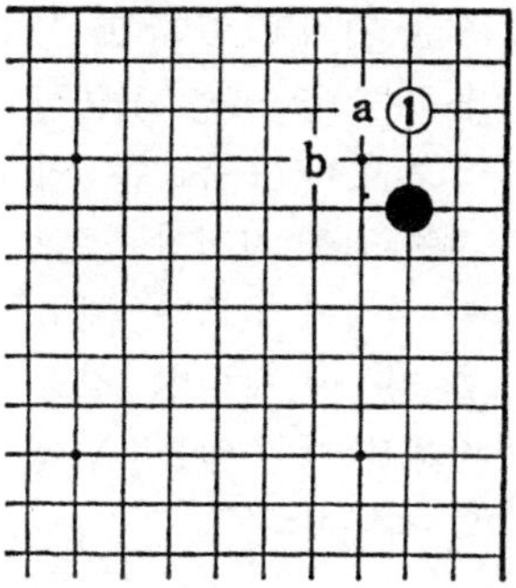

6
도

6도(3·3)백 1로 3·3에 들어가는 것은 a의 붙임이나 b의 곳을 씌우는 수단이 있다.

백의 입장에서는 1로 3·3에 뛰어든 이상 흑a나 흑b의 공격을 감안하고 이에 대한 대비책을 아울러 강구해야 한다.

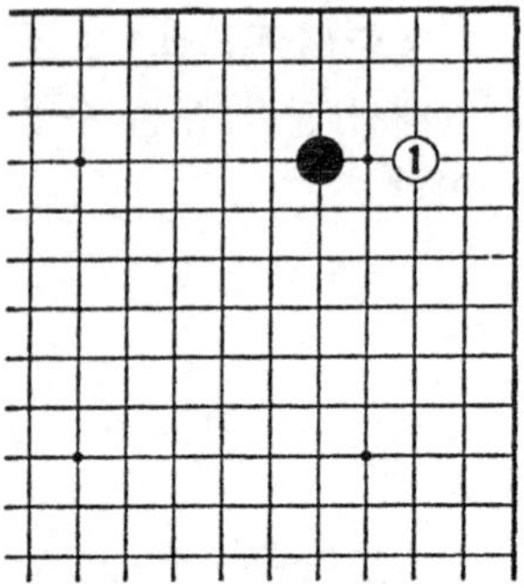

7
도

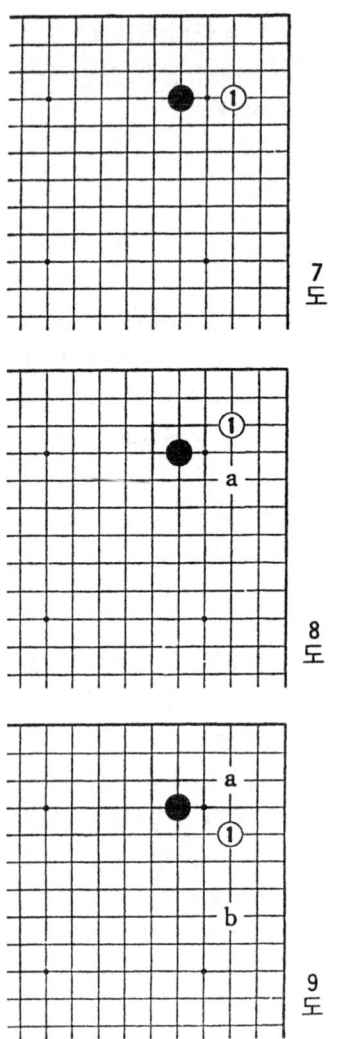

다음에 고목에 걸친 변화를 보자.

7도(소목) 백 **1**로 들어가는 것이 보통의 걸침인데 이 한 수로 흑이 귀에 집을 확보하려는 것은 분쇄되었다.

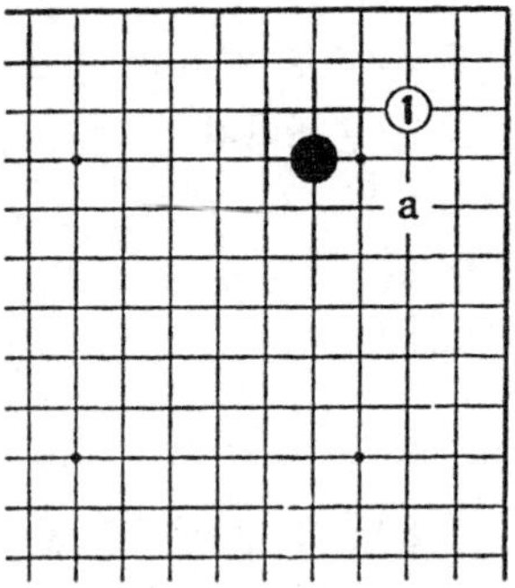

8
도

8도(3·3) 백 **1**로 3·3에 들어가는 수가 있다.

흑a의 봉쇄를 각오해야 한다.

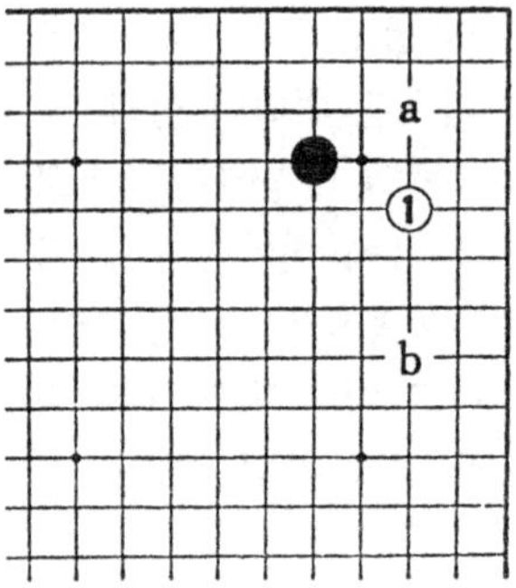

9
도

9도 (날일자) 백 **1**의 날일자 걸침수는 우변으로 세력을 확장할 계획을 가지고 있을 때 사용하는 수이다. 부분적으로 본다면 흑a로 인하여 귀를 차지할 수 없는 결점이 있으나, 백b를 염두에 둔다면 결코 손해볼 것이 없는 포석의 하나이다.

걸침의 예를 소개해 본다. 이것은 상당히 고급스런 문제다.

10도(1－11)

흑의 1, 3, 5는 수책류의 포석이다. 흑 1에 백 4의 날일자, 흑 3에는 백 6의 한칸, 7에는 백 8, 흑 9까지 모양의 하나이다.

여기에서 백 10의 걸침은 흑 11의 걸침으로 초반 전투의 양상이다.

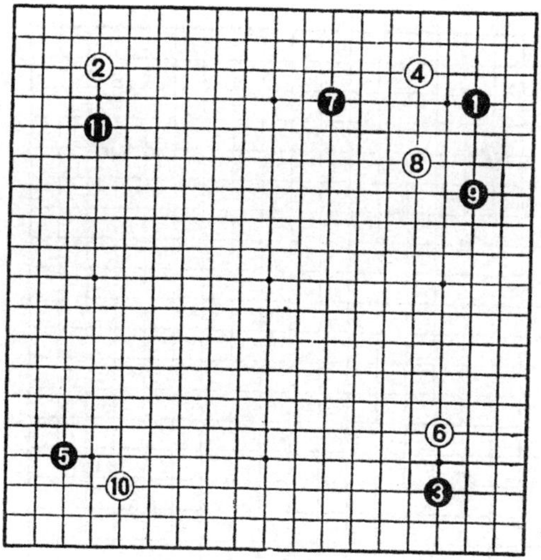

10
도

11도(1－7)

흑 1은 고목, 흑 3은 외목, 흑 5는 화점으로 귀를 점거하고 있다. 다양한 변화를 경험하여야만 기량을 향상시킬 수 있을 것이다.

흑 3에는 백 4의 소목걸침, 흑 1에도 백 6의 소목걸침이다.

흑은 세력을 중시하여 7까지의 걸침이었다.

이 다음의 진행을 생각하여 보자. 백a 나 b 의 2칸 높은 협공이 보통이다.

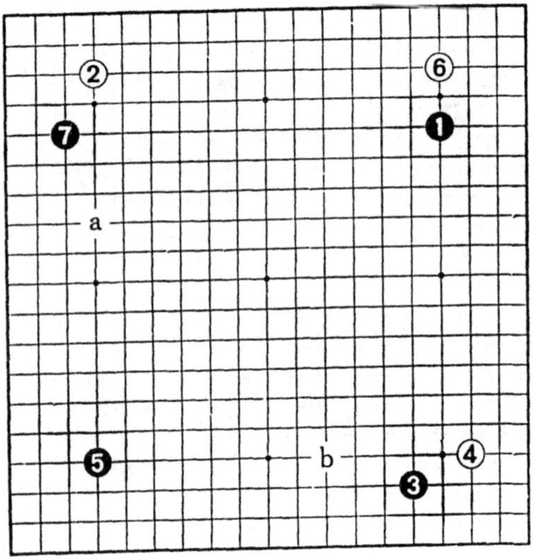

11도

5. 협공

걸쳐 있는 모양에서 협공을 하는 것은 당연한 돌의 흐름이다. 이 협공을 살펴보자.

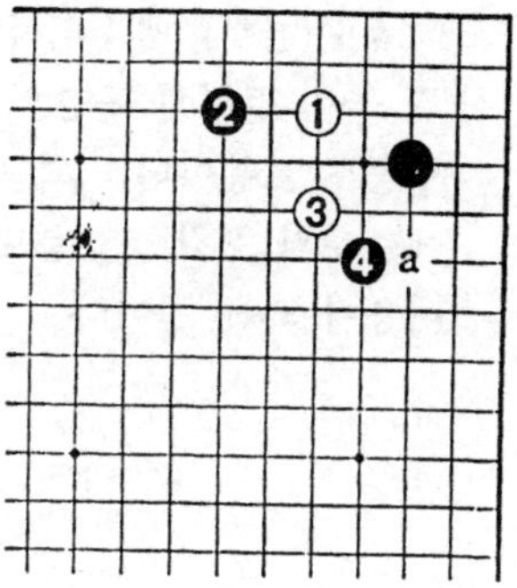

1도

1도(한칸 협공) 소목에 백 **1**로 걸치면 **2**의 협공을 생각할 수 있다. 백 **3**에는 흑 **4**가 상형이다. 흑 **4**를 생략하면 a의 곳 봉쇄가 있다.

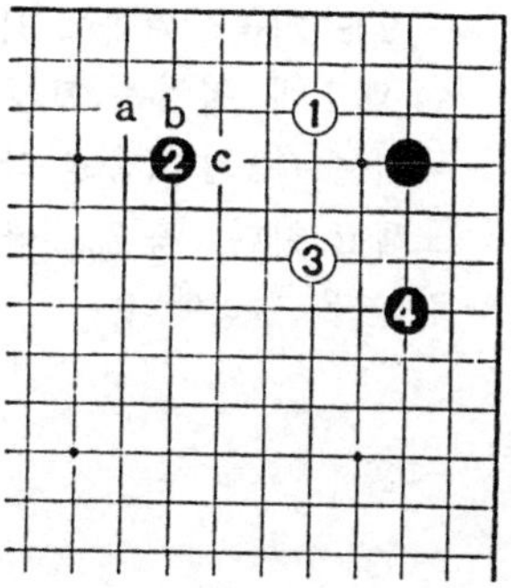

2도

2도(2칸 높은 협공) 흑**2**의 2칸 높은 협공은 **4**까지가 상형이다. 여기에서 a의 3칸, b의 2칸, c의 한칸 높은 협공이 있다.

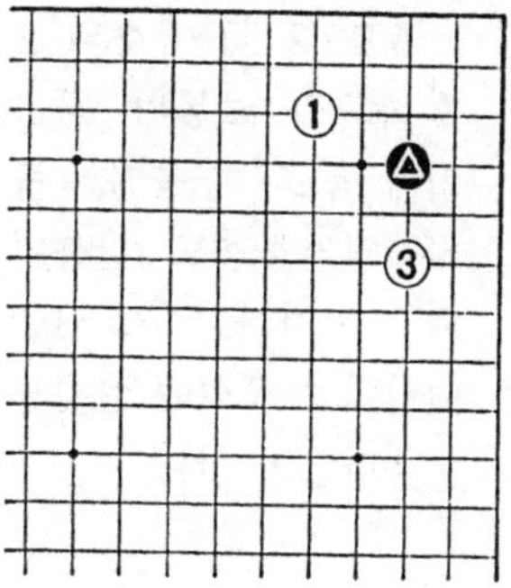

❷ 손뺌

3도

3도(손뺌) 백 **1**에 손을 빼면 백 **3**으로 흑▲를 협공한다.

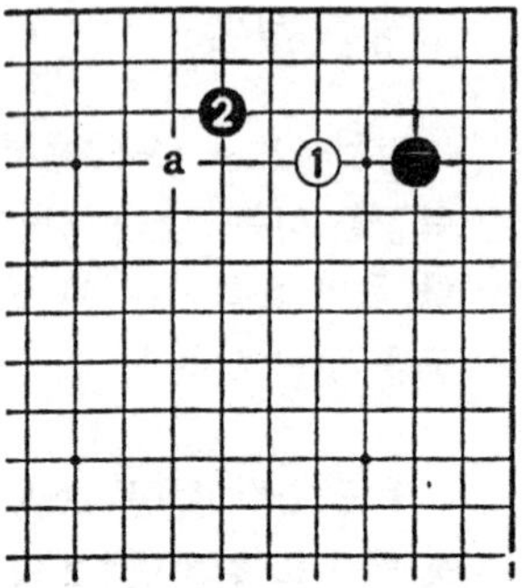

4
도

4도(한칸) 백**1**의 한칸 높은 걸침에 흑**2**의 협공도 보통이다. 최근에는 a의 2칸 높음도 애용이 되는 곳이다.

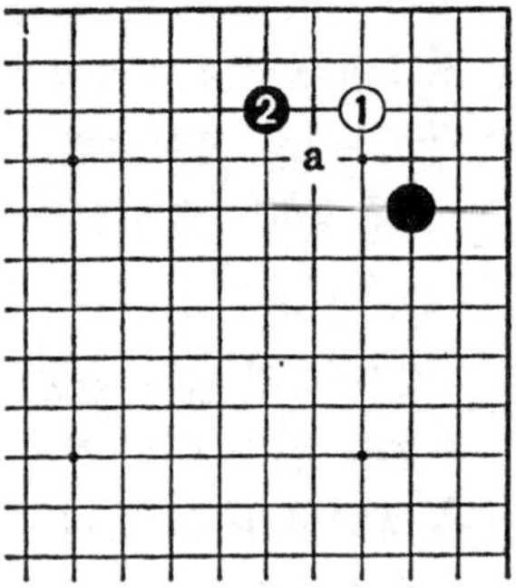

5
도

5도(외목) 외목에 있어 백**1**에 걸치는 모양에서는 흑a의 싸움을 각오해야 한다. 흑**2**도 한칸 높은 협공이다.

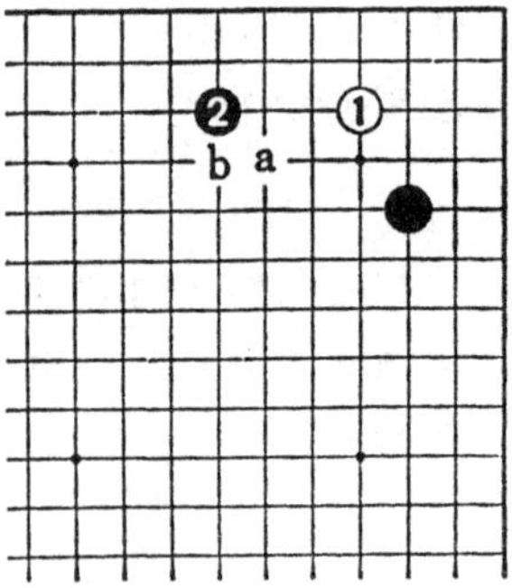

6
도

6도(2칸) 흑**2**의 2칸 협공도 보통의 착수인데 흑a의 눈목자, 흑b의 임기응용도 활용이 되는 곳이다. 주도권을 나타내는 포석의 실제를 소개하고자 한다.

7도(1－11)

흑1, 3, 5의 수책류에 백2, 4, 6. 여기에서 2칸 높은 협공이 있다. 이에 대하여 백8, 흑9, 최근의 유행정석이다. 백10으로는 a 의 협공도 있다.

여기에서 흑11의 2칸 높은 협공, 앞에서 나타내 보았다.

포석의 단계라고 하여 접전이 이루어 지지 않는다는 보장은 없다. 실리적인 세력 다툼의 포석은 오히려 중반전 못지 않게 격렬한 전투의 양상을 띤다.

여기에서의 흑11은 백10을 협공함으로써 비로소 전투의 양상으로 발전할 조짐을 보이고 있다.

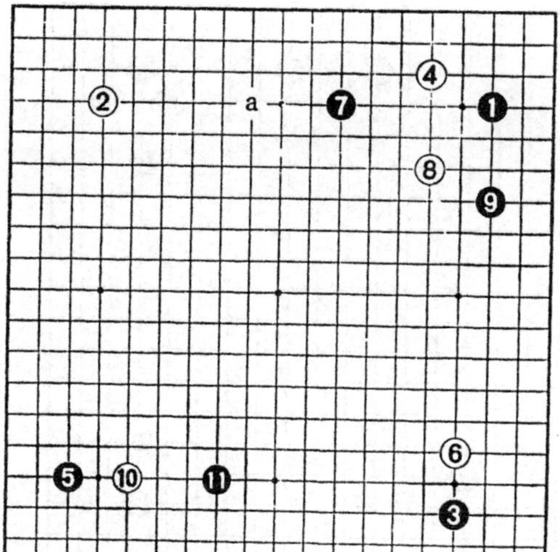

7
도

8도(1－14)

흑5로 좌하귀를 점하는 것이 수책류이다. 흑5의 3칸 협공에 백이 손을 빼면 6의 걸침에는 흑7, 9가 상용수단이다.

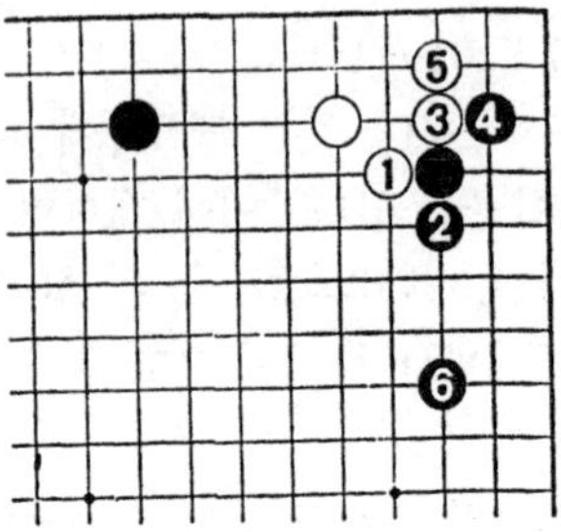

백4, 8의 2점을 공격하며 나간다. 흑13에 백14의 협공이다.

이 다음 흑은 a의 마늘모나 b의 붙임이 보통이다. 여기서부터 중반전에 돌입을 한다.

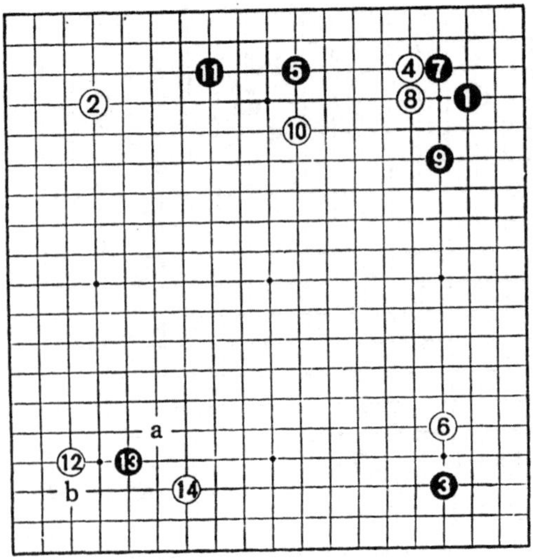

8도

6. 귀의 정석

집을 취하는 모양에서 당연히 귀의 쟁탈전은 전개된다.

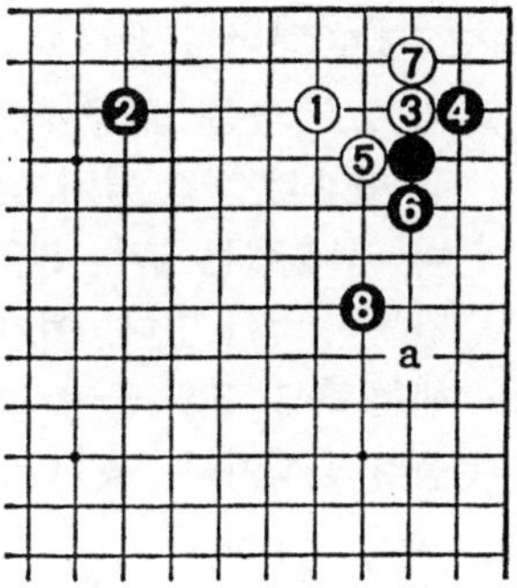

1 도

1 도(3칸 협공) 백 1의 걸침에 흑 2의 3칸 협공의 응접이다. 백 3에서 8까지 일단락이다. 8로는 a도 있다.

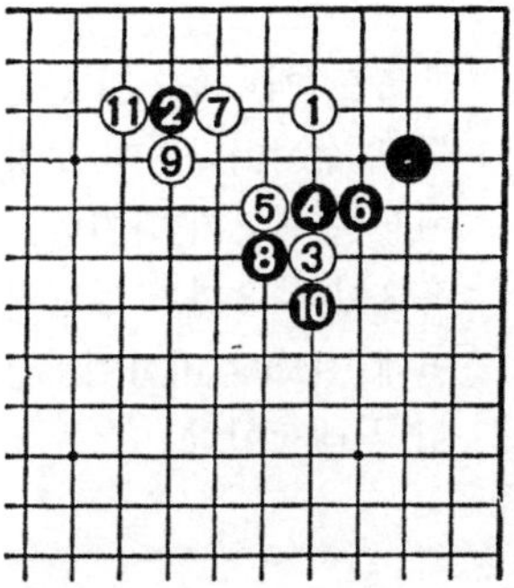

2 도

2 도(2칸 협공) 흑 2의 2칸 협공도 응수의 하나이다. 흑은 8, 10. 백은 9, 11까지이다.

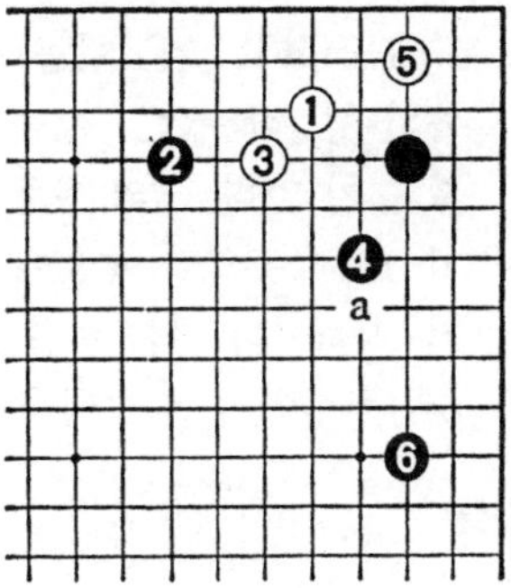

3 도

3 도(2칸 높은 협공) 유행의 정석으로 흑 4에는 a의 눈목자로 두기로 한다.

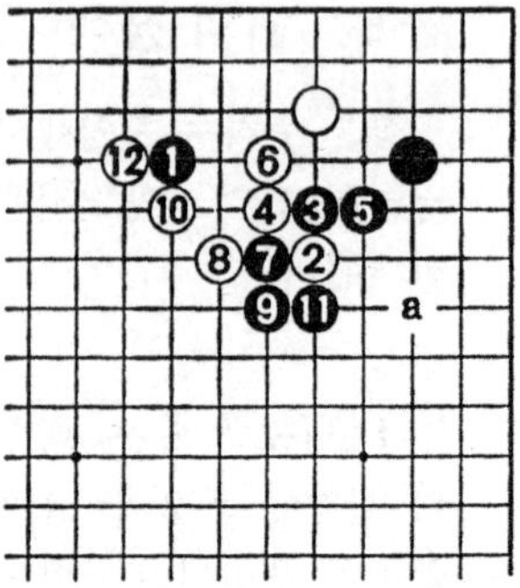

4
도

4도(붙여 늘음) 흑1의 2칸 높은 협공에서는 백2의 2칸 뜀이 있다. 백2에는 a의 곳을 받는 정석이 있다. 여기에는 흑3, 5의 붙여 늘음의 응접이다. 흑11로

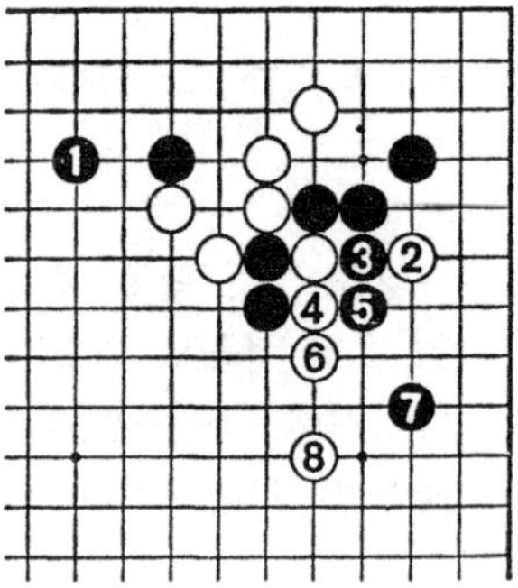

5
도

5도(맥) 흑1의 한칸 뜀도 정석이다. 이 모양에서는 백2가 맥이다. 흑3이하 8까지 일단락인데 전도에 비하여 경합의 태세이다.

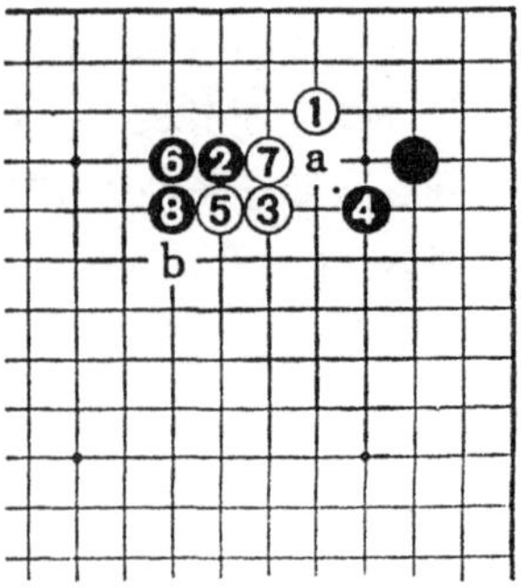

6
도

6도(한칸 높은 협공) 흑의 협공에 백은 손을 뺄 수가 없다. a의 봉쇄가 있는 곳으로 백8까지 정석이다. 이 다음 b의 젖힘이 좋은 수이다.

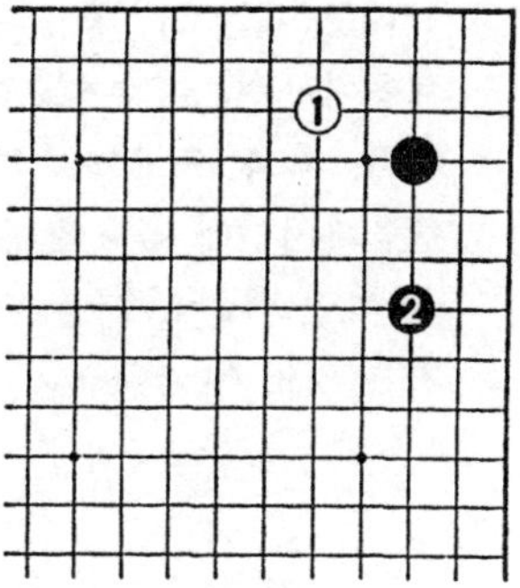

7
도

7도(2칸 벌림) 백 **1**에 흑 **2**의 2칸 벌림의 받음이다.

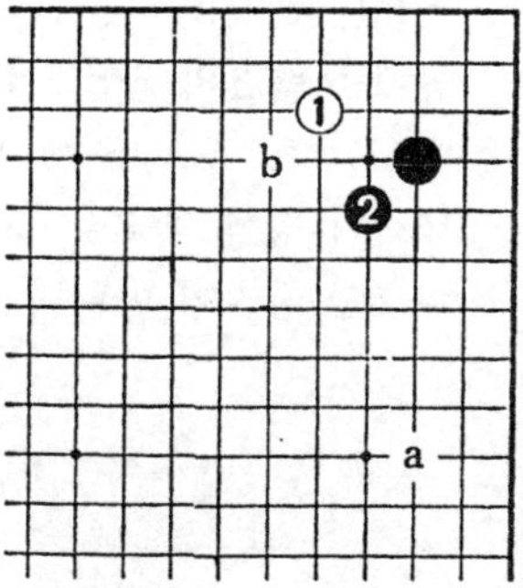

8
도

8도(마늘모) 수책류의 포석에 나타나는 견실한 수법이다. a의 벌림과 b의 씌움이 맞보기이다. 덤이 있는 현대에선 두지 않으나 주위의 상황에 따라 두기도 한다.

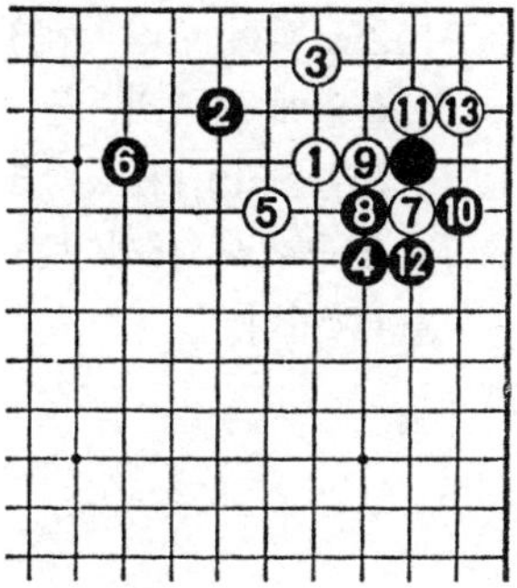

9
도

9도(한칸 뜀) 백 **1**의 한칸 높은 걸침에 흑 **2**의 협공은 응접의 하나이다. 흑 **4** 이하 **13**의 내려섬까지 일단락이다.

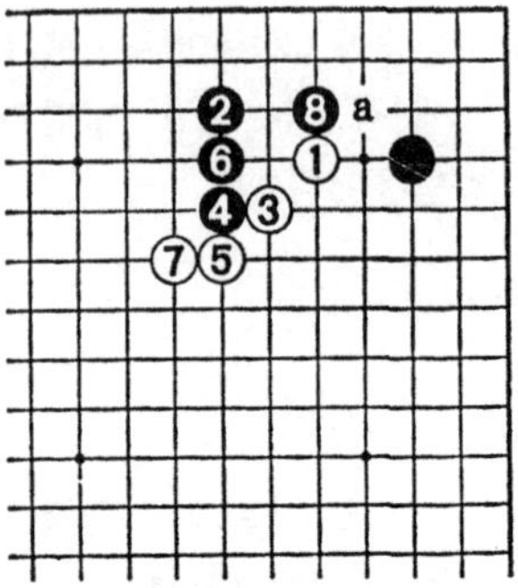

10
도

10도(마늘모) 흑 2의 협공에는 백 3의 마늘모이다. 흑 4, 6에서 7의 뻗음까지인데 흑 8에 손을 빼면 백a의 젖혀 나가는 맛이 남는다.

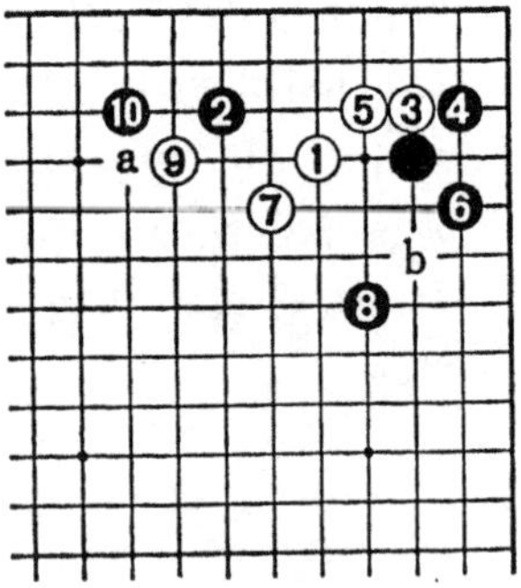

11
도

11도(붙임) 흑 2의 협공에는 백 3의 붙임으로 응수이다. 흑 4, 6 에서 10까지 정석. 흑 8을 a 나 b는 급소가 아니다.

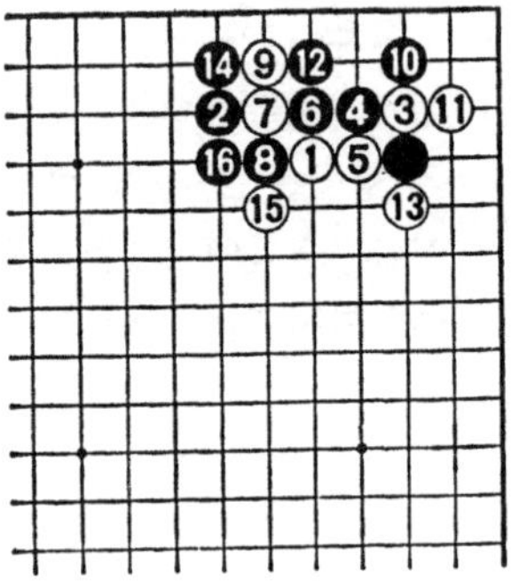

12
도

12도(젖혀 나감) 백 3의 붙임에 흑 4의 붙여 나감의 응접이다. 백 5의 끊음에서 16까지는 일단락이다.

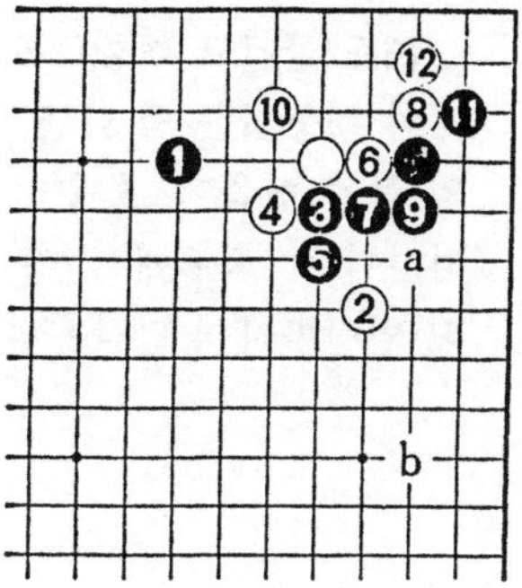

13
도

13도(2칸 높은 협공) 흑 1의 2칸 높은 협공도 최근 유행의 정석이다. 백 2로 5의 한칸은 흑a의 한칸 받음이 알기 쉽다. 이 다음 흑이 둔다면 b의 곳 벌림이다.

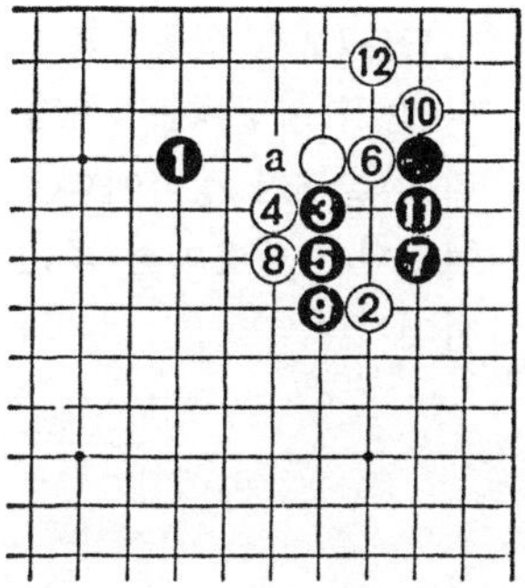

14
도

14도(젖히고 호수침) 백 6에 흑 7의 응수이다. 백 8의 미는 수에 10, 12까지이다. a의 끊음을 방지한다.

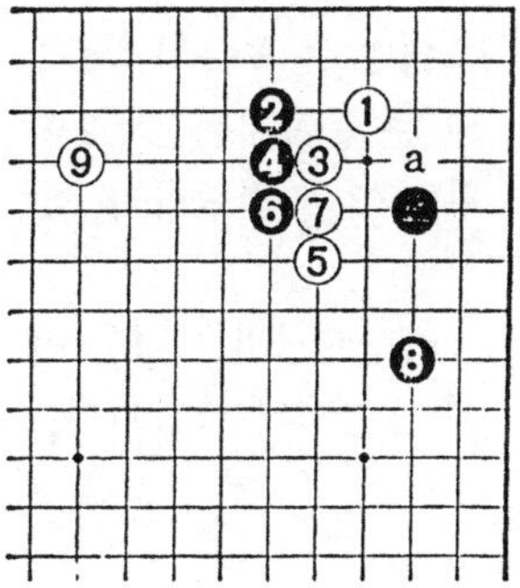

15
도

15도(한칸) 백 1의 걸침에는 흑 2의 한칸 협공의 응수이다. 귀의 백은 a의 곳 마늘모 붙임으로 근거를 확보한다.

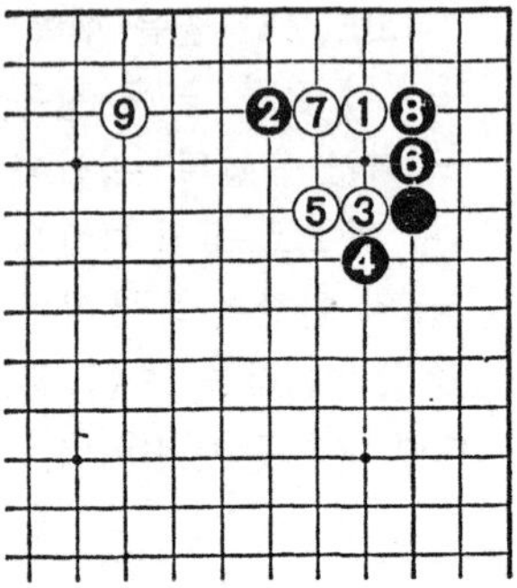

16
도

16도(붙이고 뻗음) 흑 2의 협공에는 백 3, 5의 붙여 뻗음이 응수의 하나이다. 흑 6에서 9의 벌림까지 일단락이다.

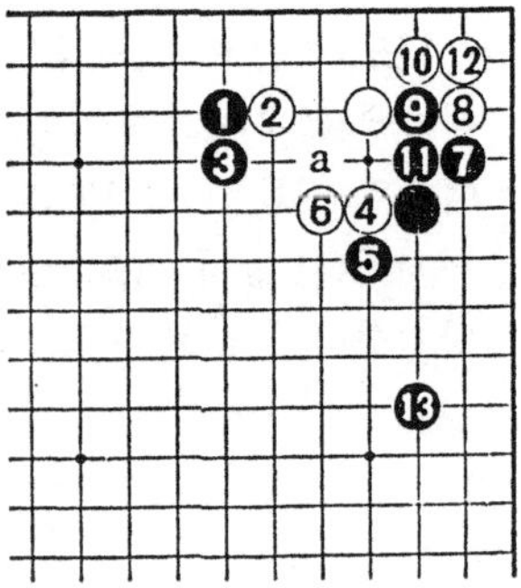

17
도

17도(2칸 협공) 흑 1의 2칸 협공에는 백a의 마늘모가 정석이다. 여기에서 백 2이하 흑 13까지이다.

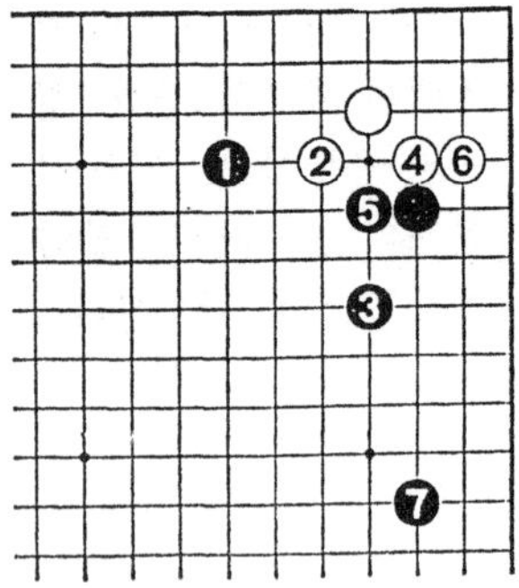

18
도

18도(큰 눈목자) 흑 1의 큰 눈목자는 백 2이하 흑 7의 벌림까지 호각이다.

이상에서의 요령은 귀의 쟁탈전의 나감이다.

7. 실리와 외세

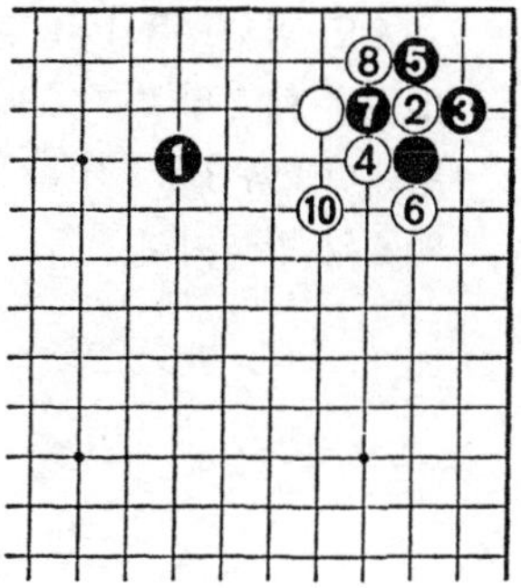

9 이음

1 도

이것도 귀의 응접과 관련이 된 정석의 하나이다. 실리와 외세의 절충으로 호각의 갈림이다. 외세도 집에 환산된다.

1 도(젖힘) 백 2, 4에 젖히는 것은 백10까지이다. 흑의 실리와 백의 외세의 절충이다.

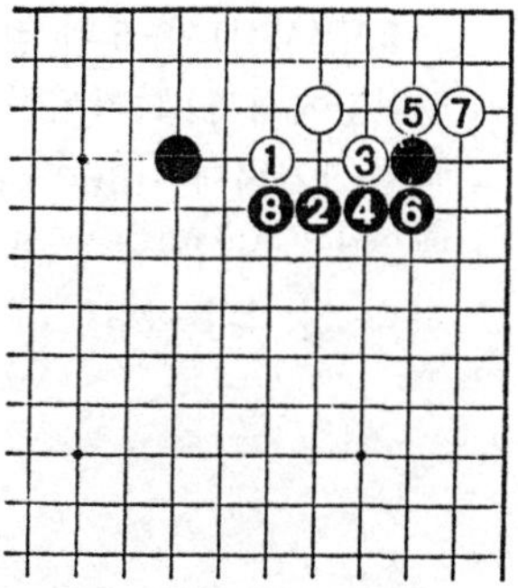

2 도

2 도(호각) 흑 2에 백 3, 5의 귀의 실리와 흑의 외세를 다투는 정석이다.

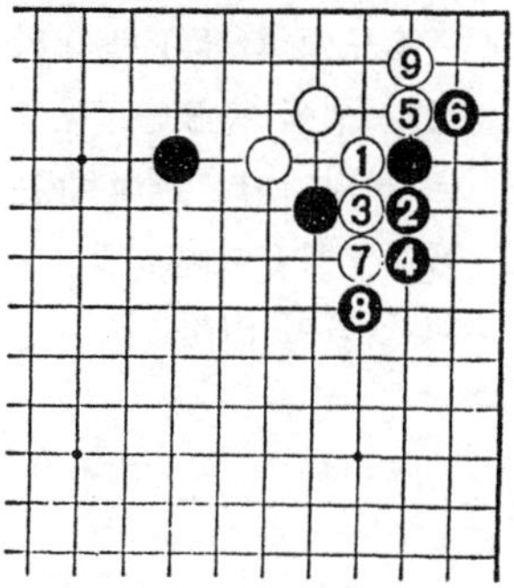

3 도

3 도(뻗음) 백 1에 흑 2의 뻗음은 백 3에 9의 내려섬까지이다.

흑의 외세와 백의 실리의 절충이다.

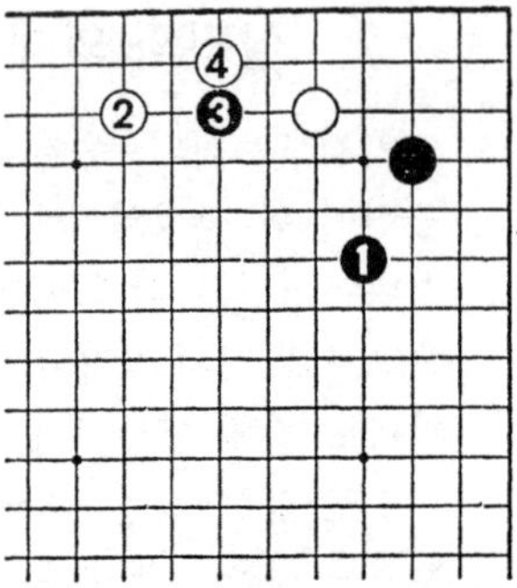

4
도

4도(침입) 흑**1**의 날일자에 백**2**의 3칸 벌림이다. 흑**3**의 침입에 백**4**의 받음이다.

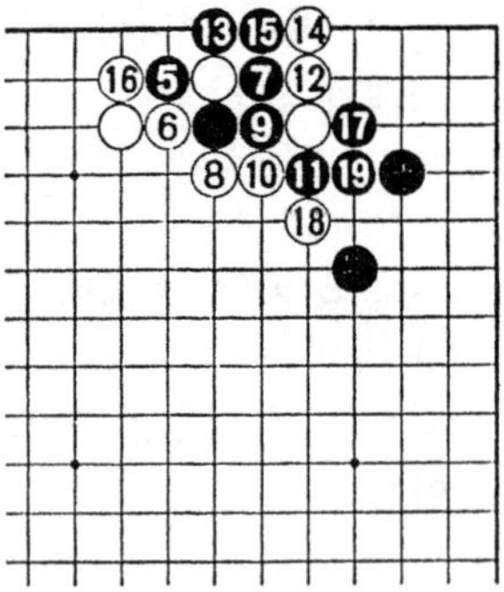

5
도

5도(사석) 흑**5**의 젖혀나감에서 **11**까지이다. 백은 **12**, **14**에서 **16**까지 백3점을 사석으로 이용한다. 호각의 갈림이다.

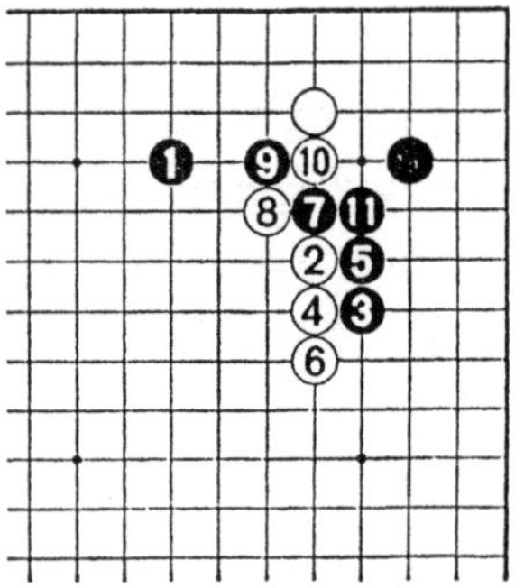

6
도

6도(2칸 뜀) 백**2**의 2칸 뜀에 흑**3**은 정석의 하나이다. 백**4**에는 흑**5**, 백**6**다음 **7**, **9**의 끊음이 있다.

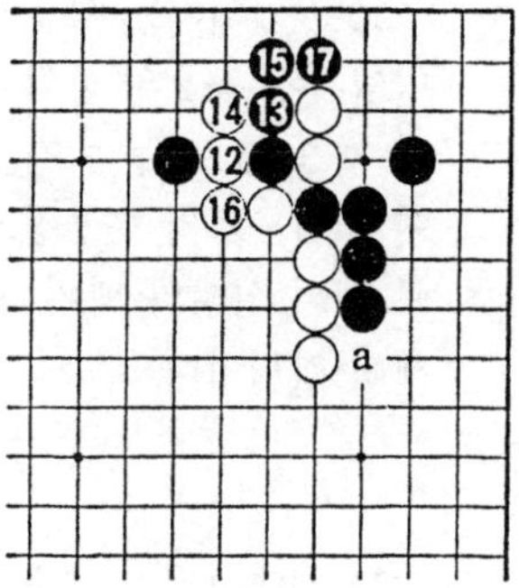

7
도

7 도(확정지) 백12의 단수에서 17까지이다. 전형적인 실리와 외세의 갈림이다. 백a의 막는 수를 생각해 볼 수 있다.

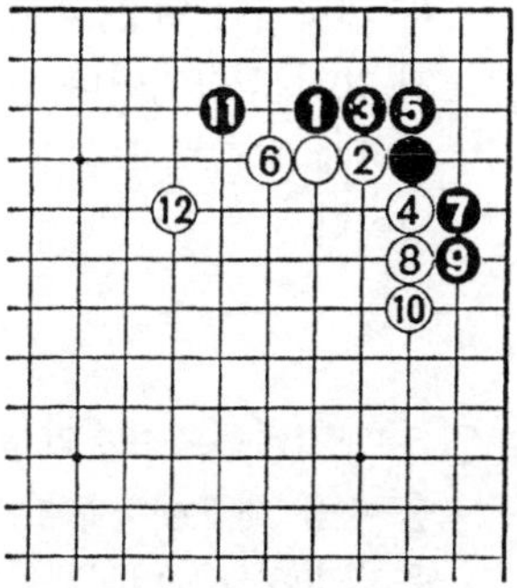

8
도

8 도(변화) 흑 1의 아래붙임에 백 2, 4는 정석모양의 하나이다.

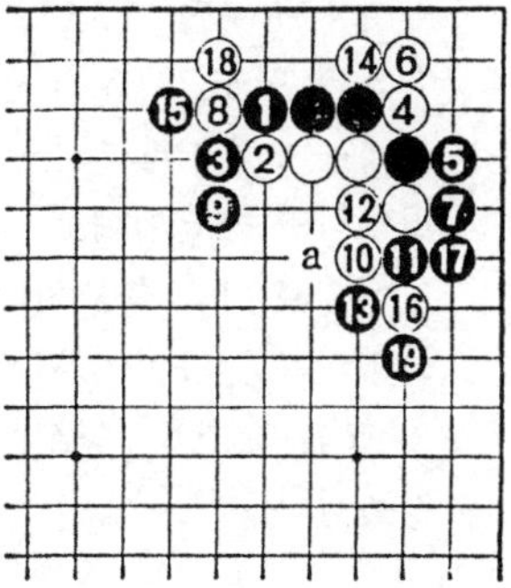

9
도

9 도(변화) 흑 1에 뻗음은 정석의 하나이다. 변화도이다. 이것은 흑 a의 젖힘에서 전도와는 반대로 백의 실리와 흑의 외세의 갈림으로 호각이다.

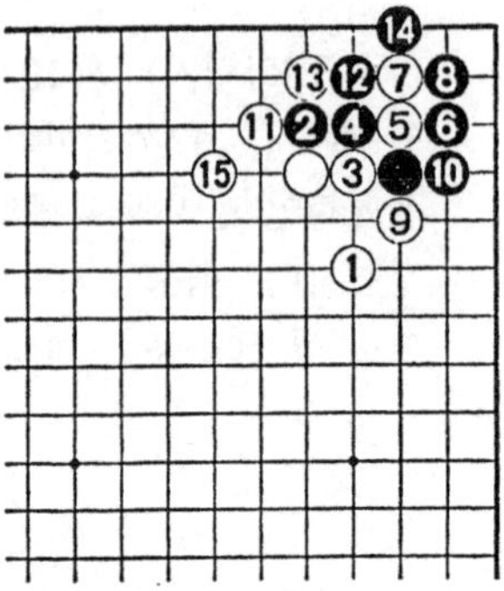

10
도

10도(날일자) 백 1의 날일자에 흑 2의 붙임에는 백 3, 5로 두는 정석이 있다. 15의 호구침으로 흑의 실리와 백의 외세의 갈림이다.

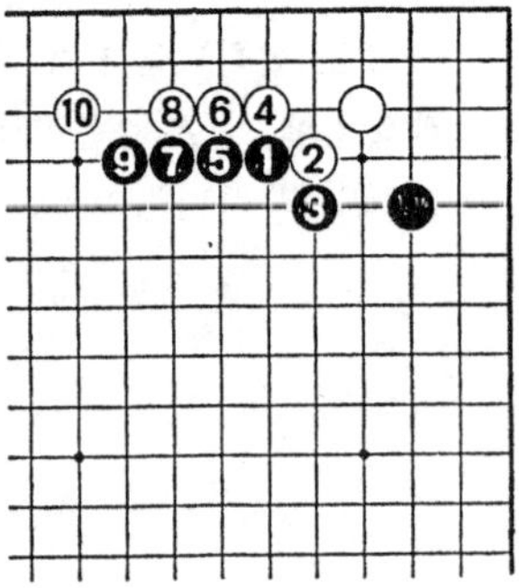

11
도

11도(대사백변) 흑 1의 대사에는 백 2, 4에서 10의 뜀까지이다. 철저하게 실리로 두는 방법이다.

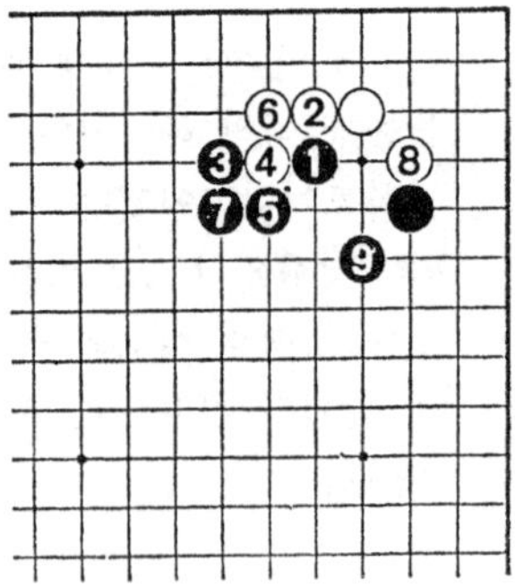

12
도

12도(씌움) 흑 1의 씌움 다음 백 2에 흑 3은 응접의 하나이다.

백 4의 젖혀 끼움에는 흑 5의 단수, 백 6의 이음에는 흑 7의 이음이 필연적인 수순이다.

백 8로 귀를 확보하려들면, 흑은 9로 외세와 오른쪽 변을 동시에 강화한다.

귀의 정석으로 실리와 외세의 관계를 실전에서 응용한 나의 실전보를 소개하고자 한다.

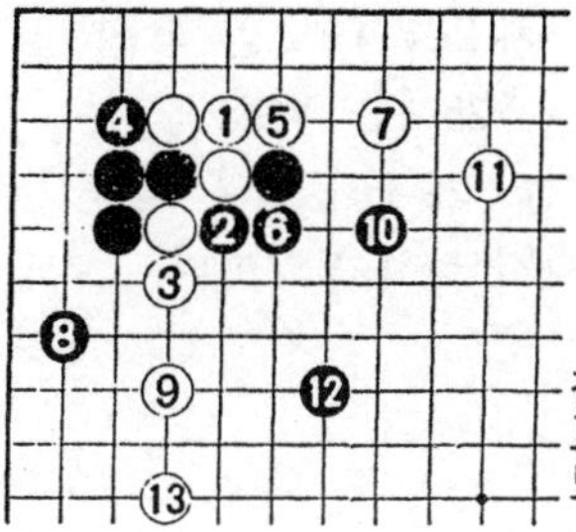

참고도

제 1 보 대사정석

흑 7의 대사씌움에서 실리와 외세의 응접이다. 백은 20의 씌움까지 대 모양을 쌓는다.

백12로

참고도 백1 로 잇는 것은 흑 2에서 13까지이다.

이것도 대사정석의 하나이다.

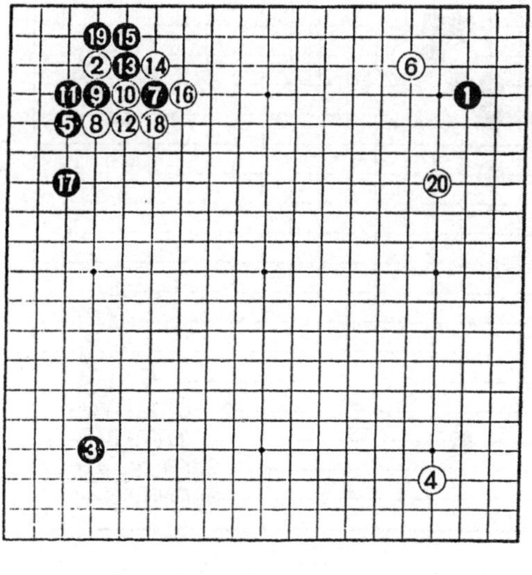

제1보(1—20)

제2보 대모양 작전

흑25에는 백28 붙임, 이하 29에서 34의 끊음까지 정석 모양이다.

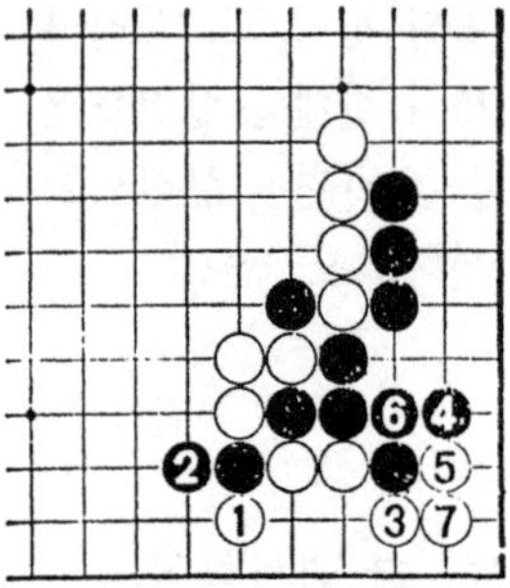

참고도

흑43의 끊음에 백44, 48로 두어 백의 대모양 작전이 노골화된다.

참고도 이상에서 실리와 외세의 사정을 설명하였다.

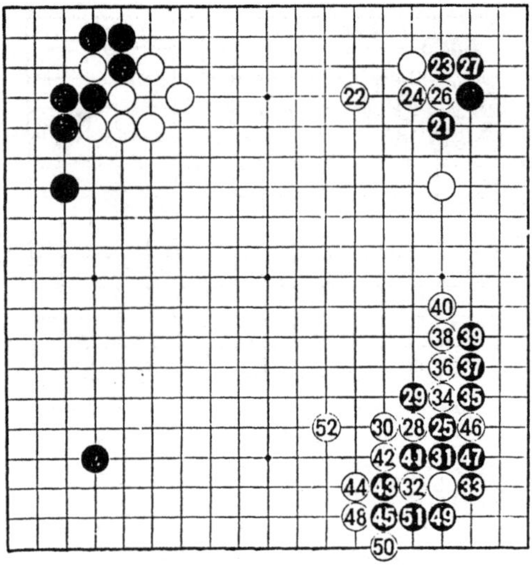

제2보 (21—52)

8. 굳힘에서의 변화

일응 귀는 결말이 나서 변에 수를 전개하고 있다.

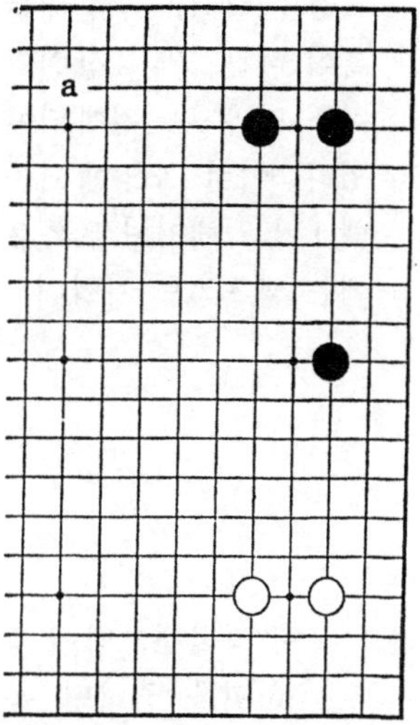

1 도

1 도(한칸 굳힘) 우상의 귀는 한칸 굳힘이다. 성질상 우변의 큰 곳을 두었는데 흑이라면 1의 곳이 절대이다.

흑 1을 a로도 둔다.

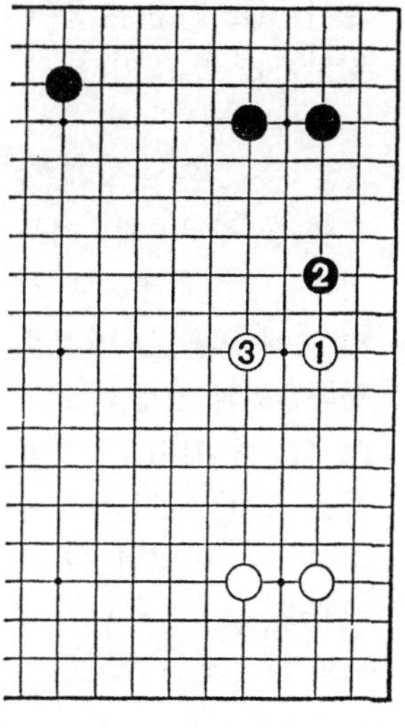

2 도

2 도(상자) 백은 1의 곳에 먼저 두어 흑 2이면 3으로 뛰어 상자 모양이다.

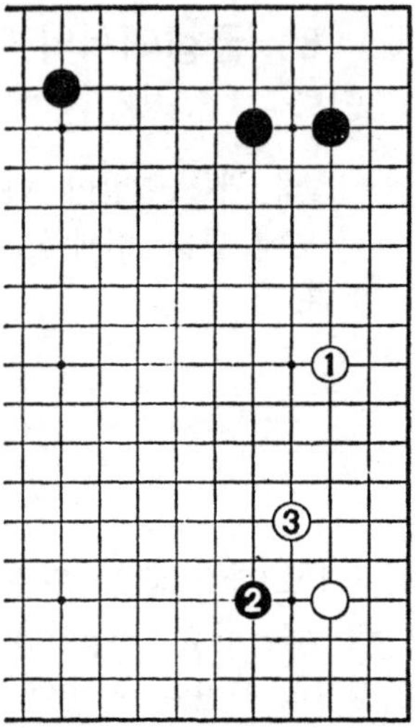

3
도

3도(백선) 우상에는 흑이 한칸 굳혀 상변의 화점 밑까지 전개되어 있다. 이런 모양에서는 백 1이 정해이다. 흑 2에는 백 3으로 가볍다.

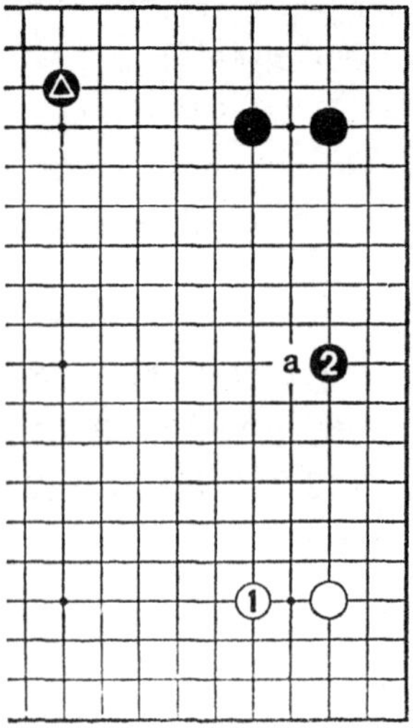

4
도

4도(양날개) 백이 1로 우하귀를 굳히면 흑▲가 있는 이상 백 2의 양날개는 큰 곳이다.

흑이 a로 두지 않고 2로 둔 것은 안정세(安定勢)를 원하였기 때문이다. 다음에 흑a로 서면 흑세(黑勢)는 막강해진다. 귀와 윗변, 그리고 오른쪽 윗변을 철벽같은 요새로 만든 흑에 비해 오른쪽 하변 귀의 백세력은 크게 뒤지는 결과를 가져오고 있다.

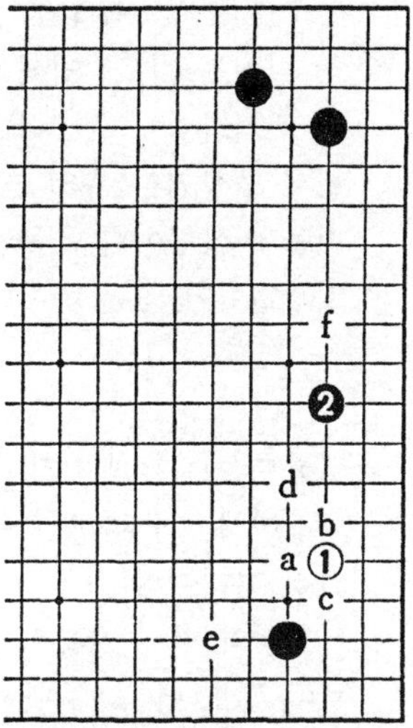

5
도

5도(일석이조) 우상에 흑의 날일자 굳힘이 있다. 백 1의 씌움에는 흑 2의 협공이다. 일석이조의 좋은 수이다. 백 1을 a로 두는 것은 1로 붙여 백b, 흑c, 백d, 흑e로 될 자리이다.

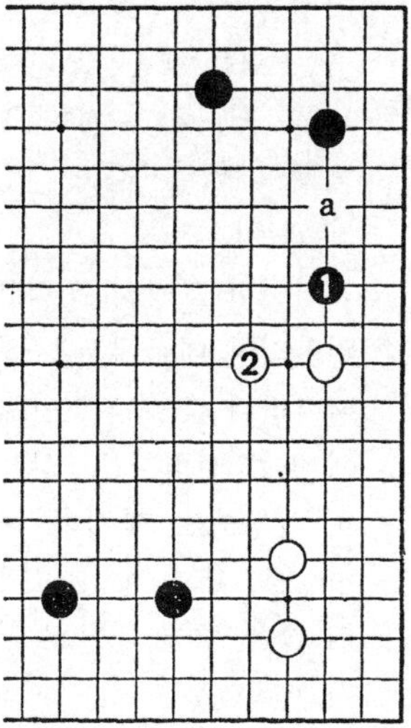

6
도

6도(벌림) 이 포진의 모양에서 1로 벌리는 것은 2의 한칸이 좋다.

a의 곳 침입을 겸하는 수이다.

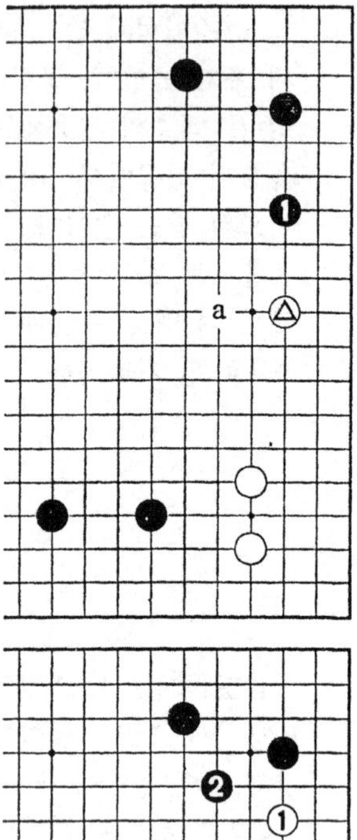

7
도

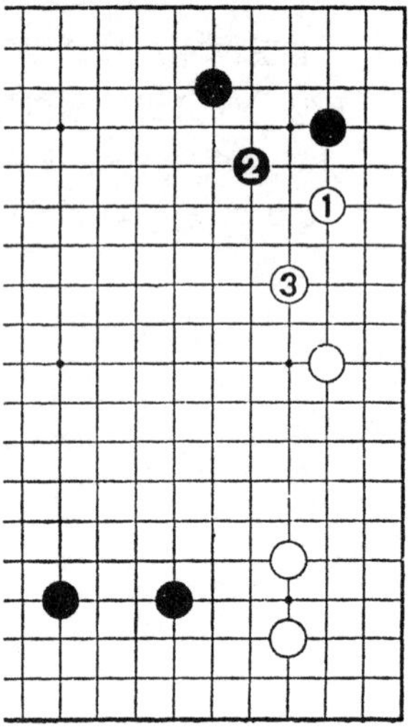

8
도

7도(2칸) 흑**1**로 2칸 벌리는 것도 입체적인 포석감각이다. 여기에서 우상귀의 흑의 포진은 이상형이다. 물론 일장일단이 있는 곳이다.

8도(쟁처) 백**1**의 다가섬이다. 흑**2**, 백**3**은 그런 자리이다.

포석의 진행 상황으로 보아 흑도 백도 무난한 착점을 시도하고 있다. 흑은 귀를 백은 오른쪽 변을 확보하기 위한 전략적인 포석이라고 할 수 있다.

이러한 모양의 포석은 일반적인 대국에서 자주 나타난다 초보의 단계에 있는 사람들은 상세히 살펴보고 암기해 두면 기력(棋力) 향상에 적지 않은 도움이 될 것이다.

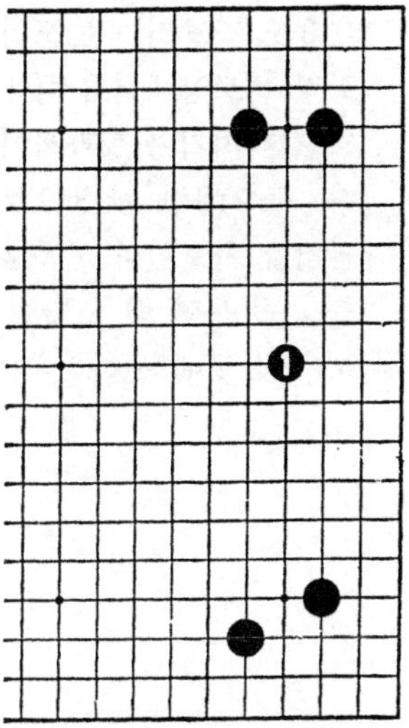

9. 갈라치기

1도(절호점) 본도에서는 우변과 상하에 흑의 세력이 있다. 흑1이 절호점이다. 흑모양의 이상형이다. 여기에서 당연한 백의 방법은 이상형을 막는 방법이다.

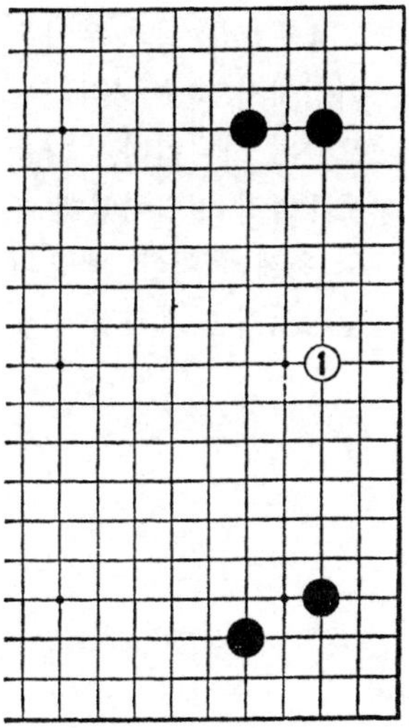

2도(갈라치기) 백1에 두는 수가 흑의 이상형을 막는 수이다. 보통 두는 갈라치기의 수이다.

그러나 상·하의 흑세가 너무 두터우므로 이에 대한 대비책을 세우지 않으면 안된다. 백1은 흑의 공격을 상하에서 다양하게 받을 수있는 상황에 놓여있다. 다음의 착수(着手)가 문제이다.

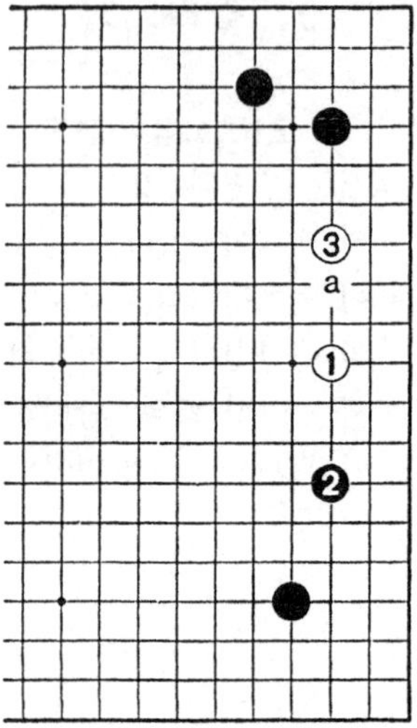

3
도

3 도(맞보기) 본도의 포진의 모양에서는 백 1의 갈라치기가 효과적이다. 흑 2에는 백 3으로 근거를 확보한다. 흑 2를 a로 두면 백은 당연히 2의 곳에 둔다

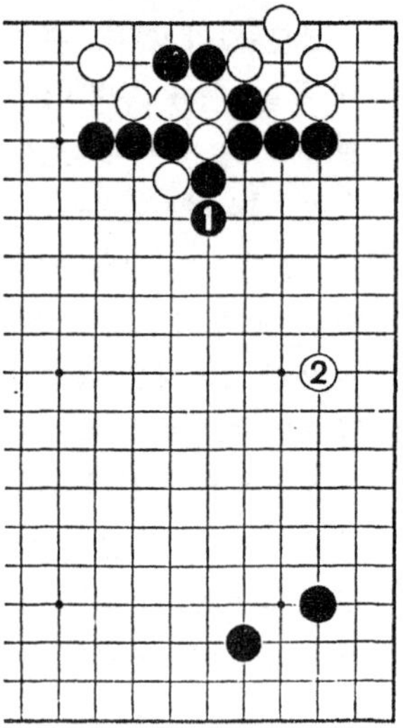

4
도

4 도(절호점) 우상은 화점에서 자주 나타나는 모양의 하나이다. 다음 흑 1까지 일단락인데 흑의 외세에 대한 백 2의 갈라치기는 효과적이다.

10. 벌림의 법칙

변의 큰 곳을 벌리는 것이 있는데, 여기에는 하나의 법칙이 있다.

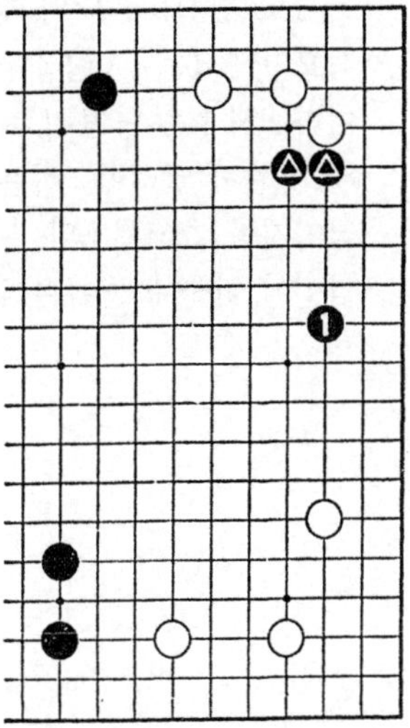

1 도

1 도(2 립 3 전) 본도에서는 흑▲의 2 점이 있다. 흑은 3 칸을 벌린다. 이것이 '2 립 3 전' 이다.

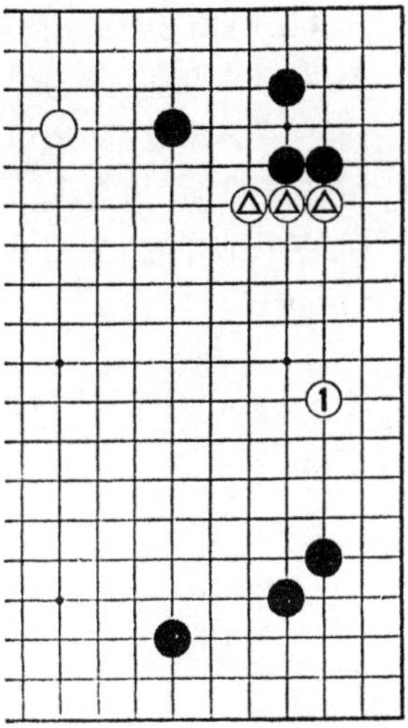

2 도

2 도(3 립 4 전) 이 모양에서는 백△가 3 점이 있어 3 립 4 전이 된다.

그러나 2 립 3 전 등도 모양에 따라서는 변화를 달리한다.

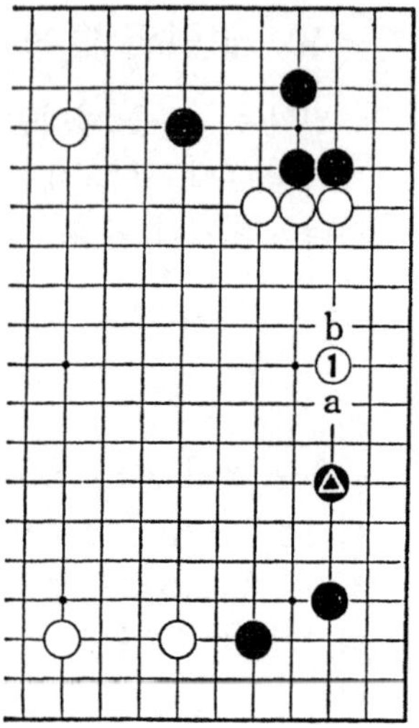

3
도

3도(한길) 본도의 배석모양에서는 3립 4전이다. 백 **1**은 당연히 a의 곳까지 벌려야 하는 점이지만 그러면 b의 곳 침입이 한눈에 들어온다.

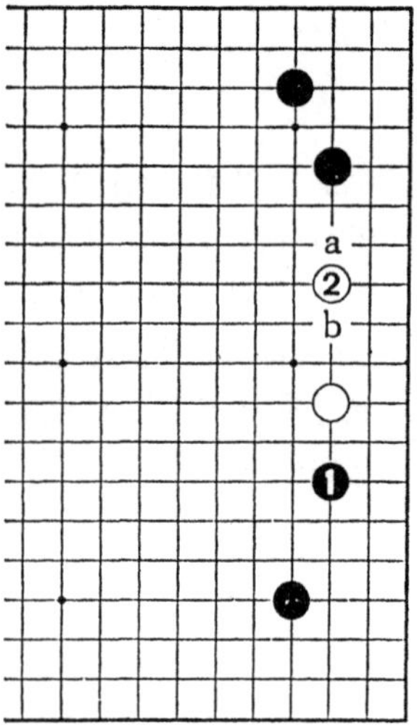

4
도

4도(1립 2전) 당연히 한점이 있는 모양에서는 백 **2**의 2칸 벌림이 보통이다. 백 **2**를 a에 두면 b의 곳 침입이 날카롭다.

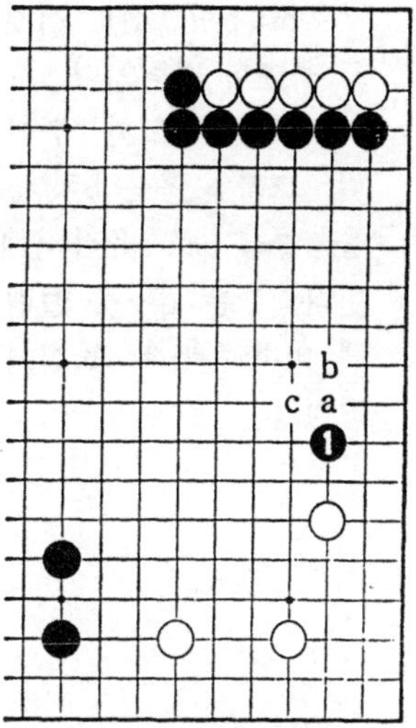

5
도

5도(가득히) 본도의 견고한 벽의 모양에서는 a의 곳까지의 벌림이 무난하다. 승세를 굳히는 모양이다. 그러나 흑 1로 바짝 다가서는 것은 어떨까? 백의 엷음에 대한 압력이다.

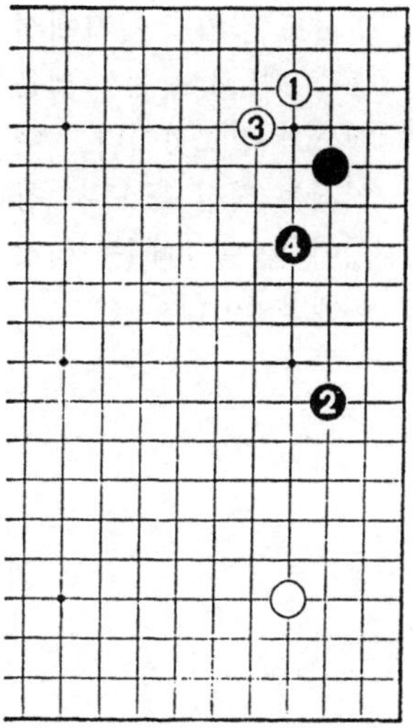

6
도

6도(5칸) 백 1의 걸침에 흑 2의 5칸의 모양이다. 이것은 흑 3의 씌움을 전체로 막는 수를 겸한 백 3의 마늘모에는 흑 4가 이상적인 모양이다.

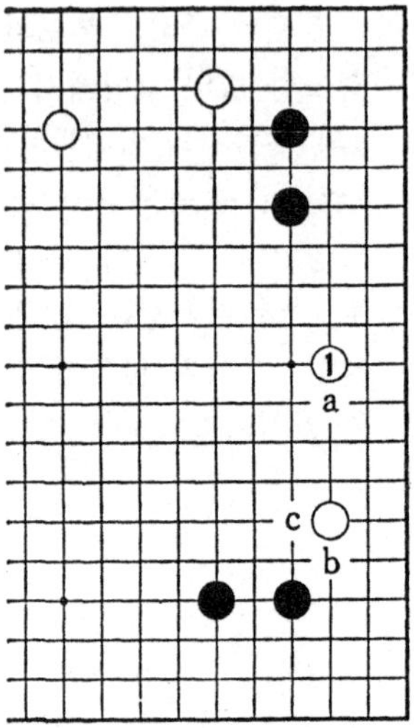

7
도

7도(1립3전) 이것도 특별한 벌림이다. a의 2칸이 견고한 수이다. 그러면 흑은 b의 곳을 눌러 c로 올라서게 한다. 물론 a의 곳 벌림에 비하여 백의 포진이 엷다.

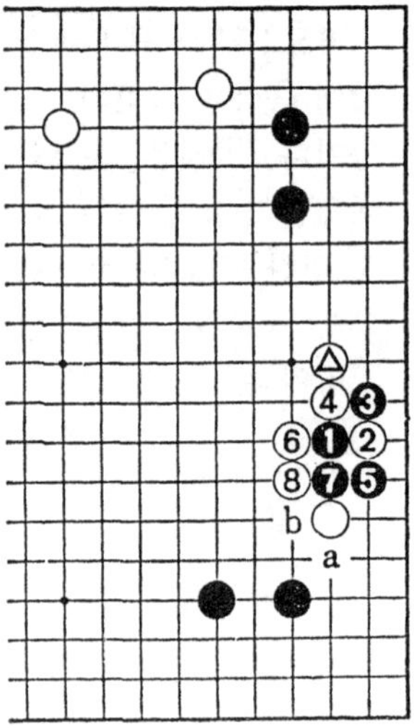

8
도

8도(침입) 여기에서 흑a, 백b로 두는 것은 백△가 절호점이다. 여기서는 직접 흑**1**의 침입이다. 흑**1**에는 직접 아래붙임이다.

11. 급한 곳

큰곳, 큰곳이란 넓은 벌림을 뜻하는 것이 보통이다. 그러나 바둑은 급한 곳이 있다. 큰 곳보다는 작은 곳이지만 단순히 집으로만 얘기할 수 없는 곳이다.

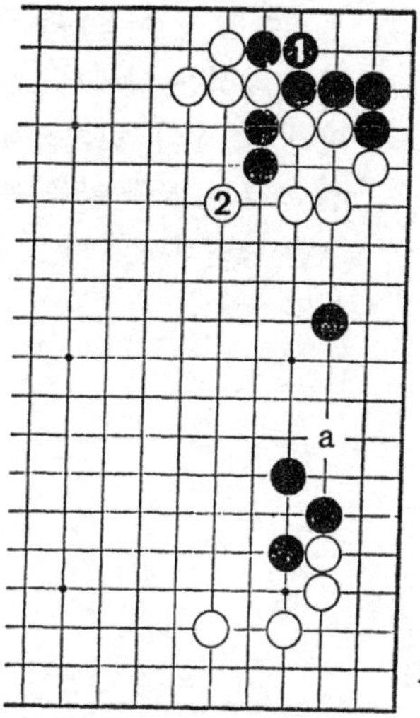

1 도

1 도(2점) 흑 1의 이음이다. 이 모양에서는 백 2의 씌움이다. 만약 백이 다른 큰 곳에 간다면

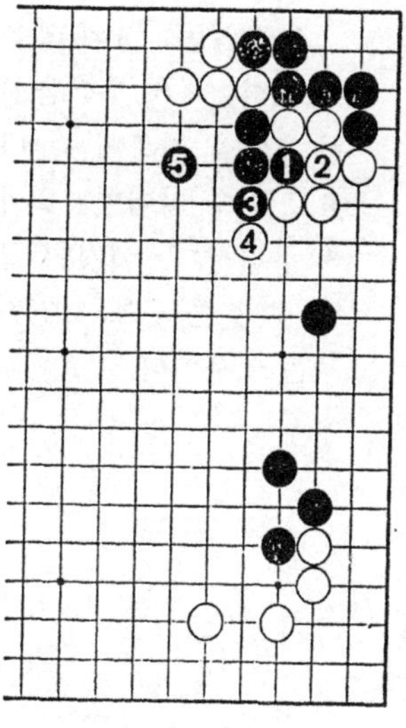

2 도

2 도(나쁜 모양) 흑 1, 3, 5로 움직여 나간다. 백일단의 모양이 곤란하다. 고전의 양상이다.

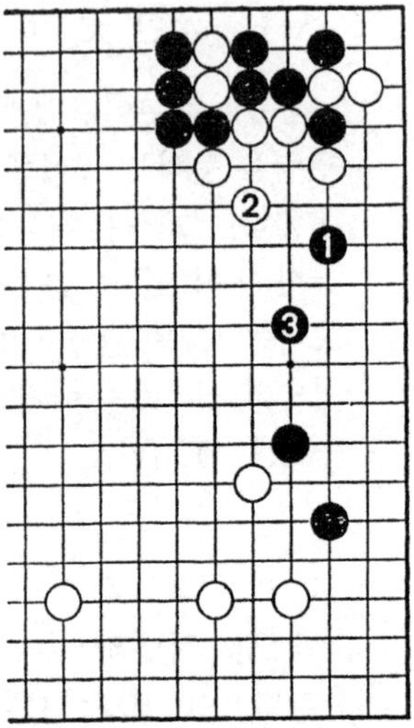

3
도

3 도(호구 이음) 우상귀의 정석은 앞에서 나왔다. 흑 1의 다가섬에는 백 2의 호구 이음. 흑 3은 당연하다. 백 2를 빼면 ——.

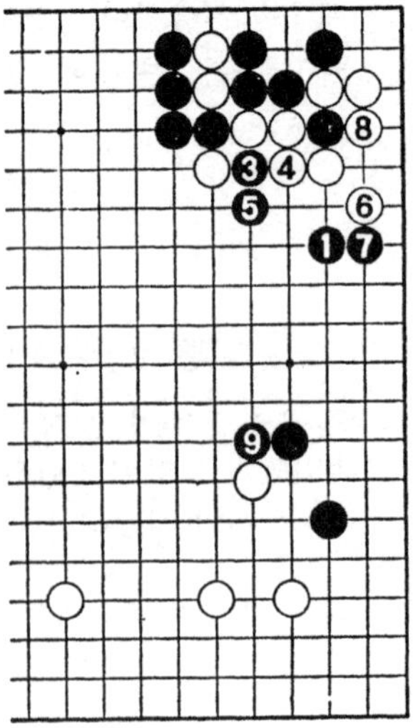

② 손뺌

4
도

4 도(끊음) 3의 끊음이 있다. 흑의 두터움이 큰 모양을 갖추게 된다. 8로 후수 삶이면 9까지 올라선다. 이것이 급한 곳이 큰 곳보다 먼저 두는 이유이다.

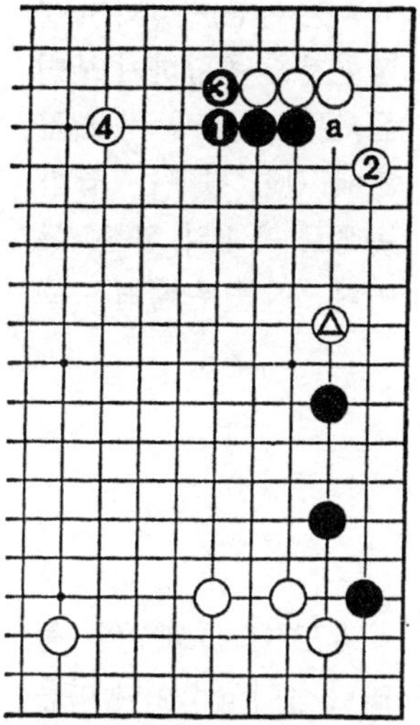

5
도

5 도(날일자) 흑 1의 뻗음에는 백 2의 날일자가 절대이다. 이 한수에 백◬의 성원을 보낸다. 흑 3에 백 4, 흑 전체를 공격하는 태세이다. 큰 곳은 백 2로 손을 빼면 a의 막음을 허락한다.

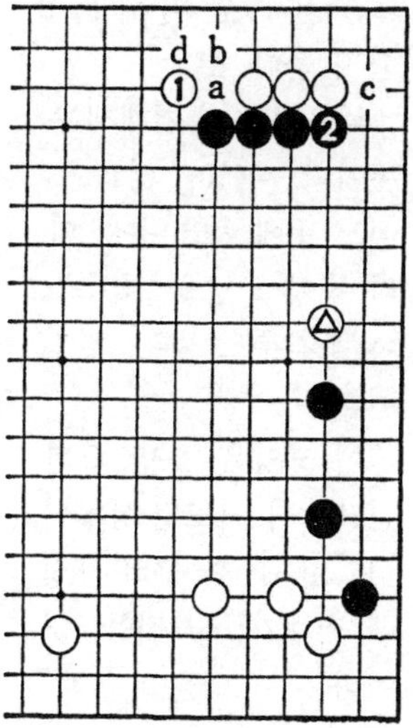

6
도

6 도(방향착오) 백 1의 한칸뜀이다. 이것은 방향착오로 맛이 나쁜 악수이다. 백 ◬에 대한공격은 흑a, 백b, 흑c, 로 젖혀 d의 끊는맛 다음 일거에 형세를 역전시킨다. 백 1로 상변에 두면 d의 날일자가 정착이다.

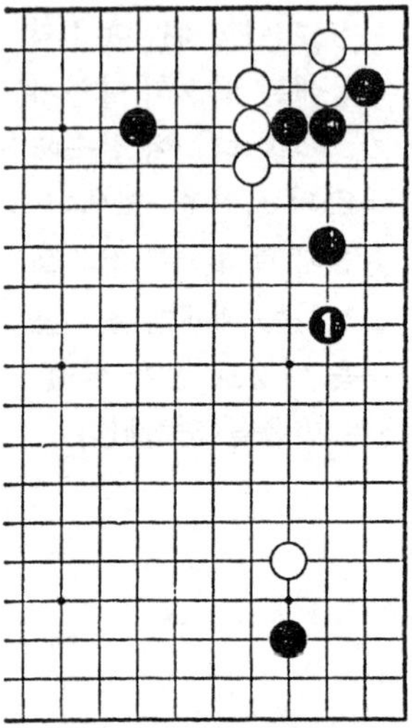

7
도

7 도(한칸)지금까지 설명한것을 종합하여 보면 큰 곳은 초반에 두고, 근거에 관한 착수는 급한 곳으로 흑 1의 한칸 등이다. 이를 손빼면——

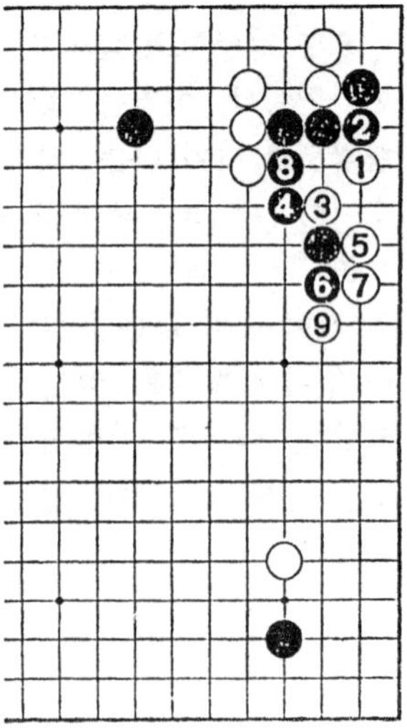

8
도

8 도(급소)백 1의 들여다 봄이 급소이다. 다음 3, 5의 수순 다음 7, 9까지 둔다.

다음 착수가 기대되는 곳이다. 흑10, 백11을 어느 곳에 두느냐에 따라 흑이 모양을 갖추느냐 못갖추느냐가 결정된다.

이 모양은 초반 접전(接戰)이 시도된 상황이다. 한 수 한 수의 착점에 귀추가 주목되는 곳이다.

12. 구포석의(旧布石)의 실전보(実戦譜)

백 명인 본인방 도책(道策)

흑 상수 안정산철(安井算哲)

참고보 1 백은 근대바둑에서 기초작업을 한 도책으로 비교해부학을 통한 이론을 확립시켰다. 여기에 대한 방법은 수학의 검산(檢算)과 같은 것이다.

사석을 이용한 백22까지 호각의 극세이다.

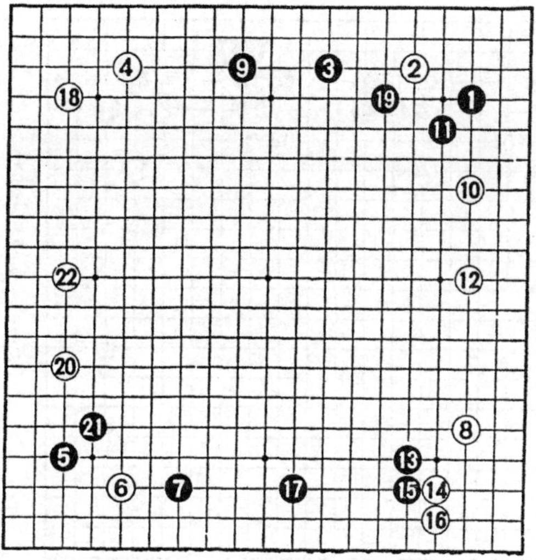

참고보 1 (1—22)

백 상수 7세안정 선지(安井仙知)
흑 상수 10세본인방 열원(烈元)

참고보2 7세 안정 선지는 화려한 기풍의 소유자로 근대바둑 창시자의 1인이다.

흑1, 3에 대하여 백은 2의 고목과 6의 외목이다.

백이 12, 14로 끌어 붙여 보강을 하면, 15는 생략할 수 없는 점이다. 백16에는 17이 절호의 곳.

백은 좌상을 18로 붙여 움직인다. 흑23의 뻗어나감과 24는 맞보기이다. 지금부터 중반이다.

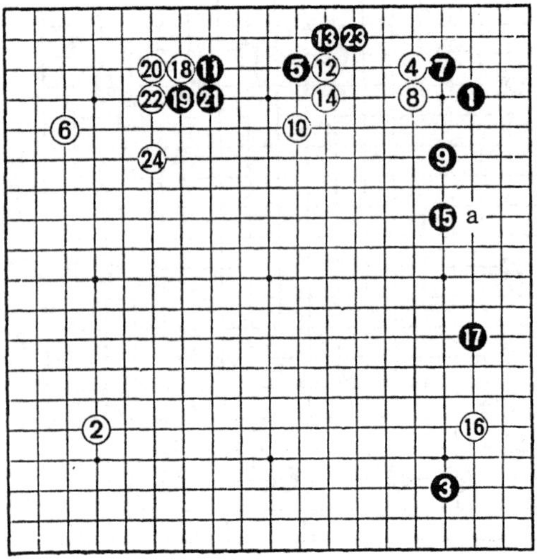

참고보2 (1—24)

백 준명인 14세본인방 수화(秀和)
흑 13세정상인석(井上因碩)

참고보 3 바둑은 쟁탈전의 기술인데 향상에는 가속도가 필요하다.

흑 1에 백 2의 걸침은 진귀한 포석모양이다. 흑의 의도를 찌르는 수이다. 흑 5의 붙임에는 백a 로 뛰는 것이 대사정석이다.

16의 날일자 다음 18의 다가섬, 흑21의 붙임에서 백22로 좌하에 선정하는 것은 발빠른 포석이다.

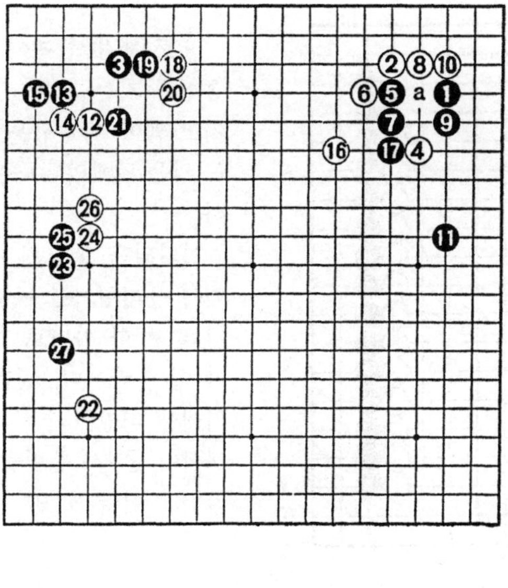

참고보 3 (1—27)

신포석(新布石)

'수책류(秀策流)'를 정점으로 하여 포석이론은 조금씩 달리하기 시작했다. 종래의 집짓기 중심의 포석이론이 세력을 중시하는 포석법으로 도전하여 나아갔다. 이른바 '신포석'이다.

프로의 세계에서는 압전이다. 지금도 진귀하지 않지만 당시에는 혁명적인 사고법이었다.

1. 세력과 집

외세는 실리에 환산되는 성질을 가지고 있기 때문에 전국적인 입장에서 생각해 볼 필요가 있다.

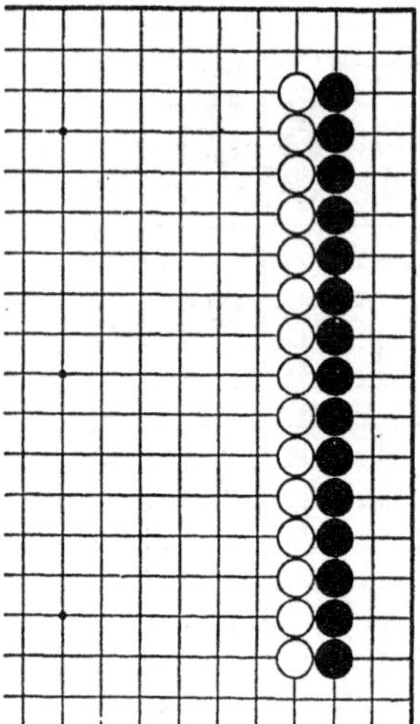

1도

1도(제3선)흑이 제3선을 기는 것은 실리이고 백이 제4선을 기는 것은 외세의 두터움이다.

이와같은 모양은 어느 편이 유리한가를 논하기에 앞서 한 마디로 피해야 할 수단이다. 실리와 외세를 다같이 중시하는 포석이 중반·종반을 유리하게 이끌 수 있다.

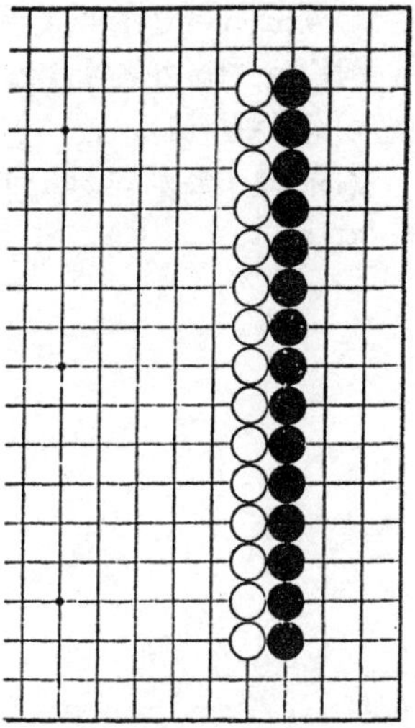

2
도

2 도(제 4 선) 흑이 4 선을 기는 것은 엄청난 실리의 모양이다. 그러나 제 5 선의 백의 세력도 나쁘지만은 않은 일이다. 이것은 세력을 중시하는 생각법이다.

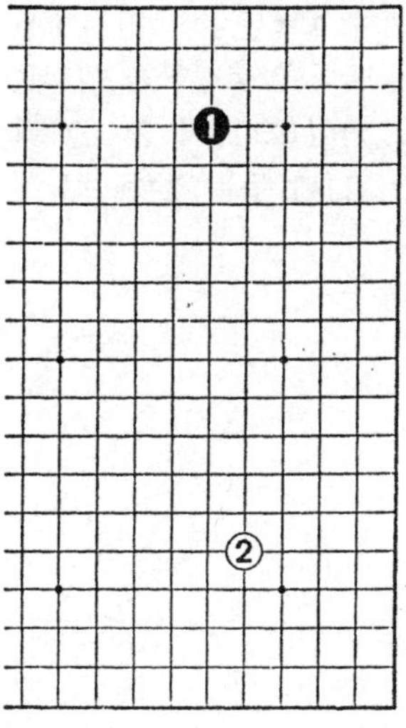

3
도

3 도(세력) 여기에서 흑 1 은 어떨까? 백 2 로 귀를 점거하여 두었다. 명약관화하게 세력에 중점을 둔다.

신포석 시대의 시초의 착수이다.

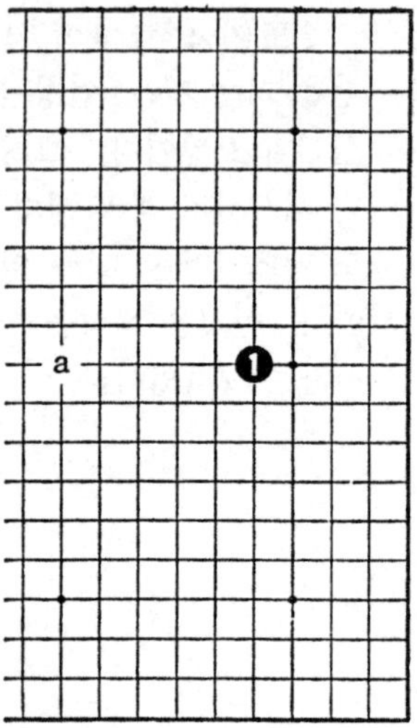

4도

4도(5의 10) 흑 1의 착수는 전대미문의 현상이다. 당연히 a로, 천원에 제 1착을 두는 것도 있다.

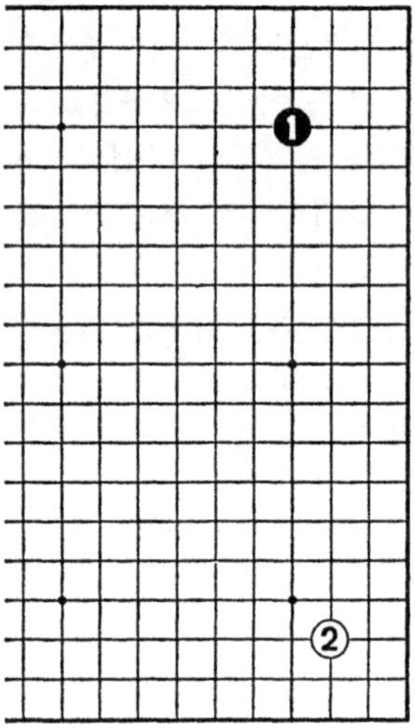

5도

5도(속도) 여기에서 속도를 중시하는 생각은 화점(흑 1)과 3·3(백 2)에 두는 경향이다.

2. 화점의 성질

옛날에는 가끔 화점에 두었지만 신포석 시대에는 화점에 두는 것이 다반사다.

포석에서 화점에다 두는 이유는 귀의 실리와 중앙으로 향한 외세를 동시에 추구할 수 있기 때문이다.

그러나 화점 포석(花點布石)의 단점은 상대방으로 하여금 3·3 침입의 여운을 남겨 준다고 하는 사실이다.

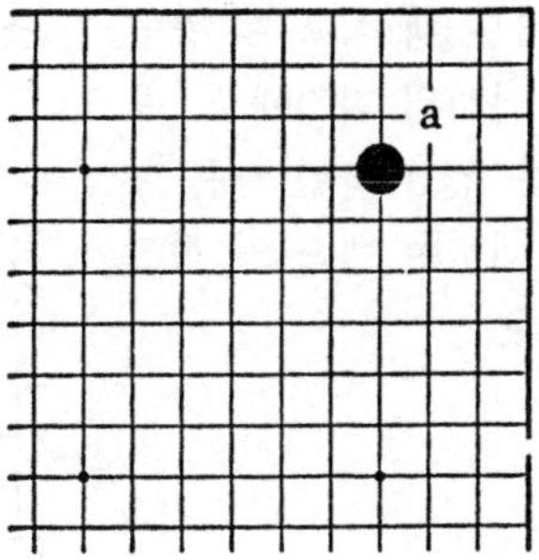

1도

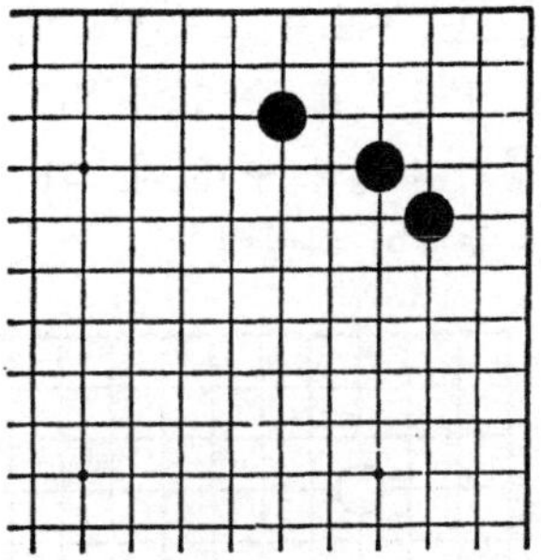

2도

1도(3· 3) 화점의 약점은 3· 3에 있다. a의 침입으로 귀는 백집으로 화할 염려가 있다. 이것이 화점의 약점이다.

2도(3수)귀를 지키는 모양에서는 소목이나 외목에 2수에 비하여 3수가 소모된다. 요는 집모양에 결점이 있다는 점이다.

이 특성이 신포석의 사상이다.

3도(백선)흑의 방법은 좌하의 화점에서 우상은 한칸 굳힘이다. 이에 대하여 백은 양 화점이다.

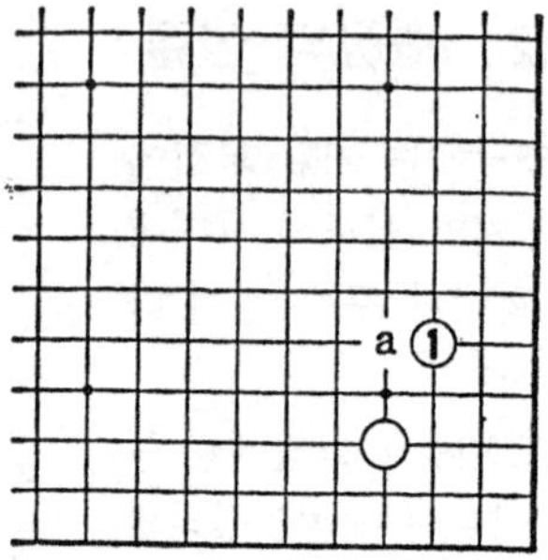

참고도

참고도 본도는 소목에서 백 **1**의 굳힘이다. 이 점으로는 a 도 생각해 볼 수 있다. **3도**의 우하가 화점에는 a 의 곳도 생각지 않을 수 없다. 화점의 성질에서는 3수가 소요되는 능률이 나쁘다.

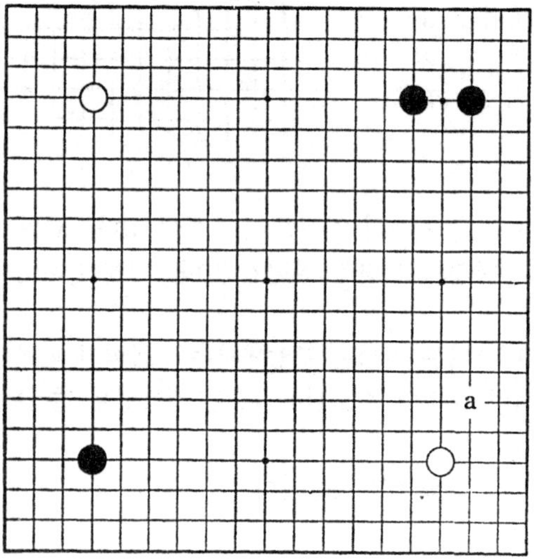

3도

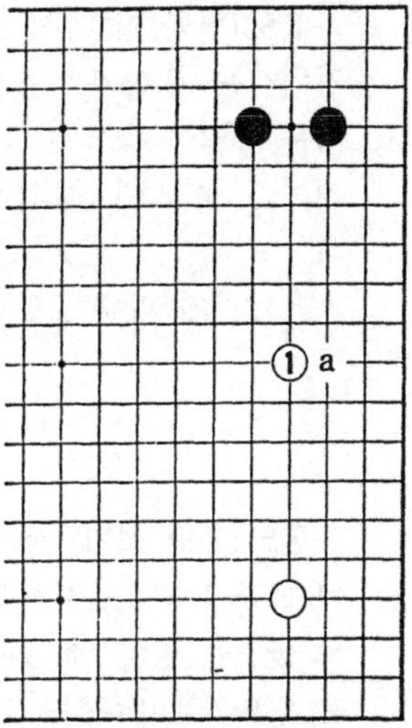

4
도

4도(우변)여기에서 큰 곳은 백 **1**이다. a의 곳과는 결론이 다르다. 귀는 한 수로 지킬수 없으므로 하변의 큰 곳에 전개를 한다.

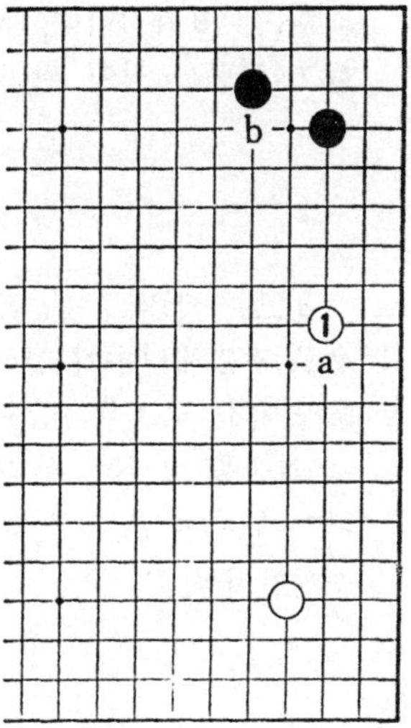

5
도

5도(한밭)변의 벌림에는 우상귀의 굳힘의 모양에 따라 다르다. 백 **1**로 한길 더 전진을 한다. 흑이 b의 곳에 굳힘이 있다면 1의 곳과 a의 곳은 상당한 차이가 있다.

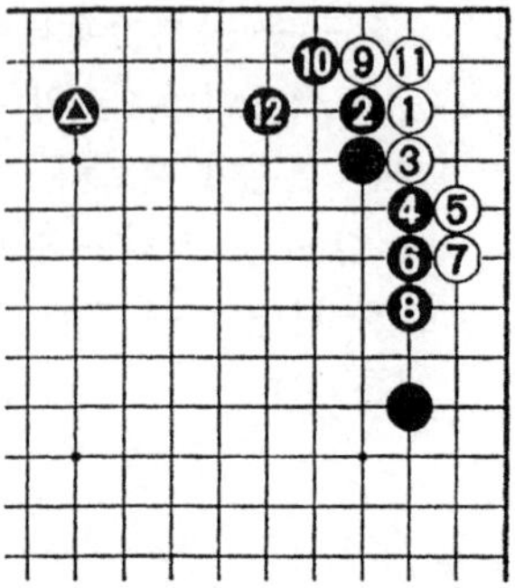

6
도

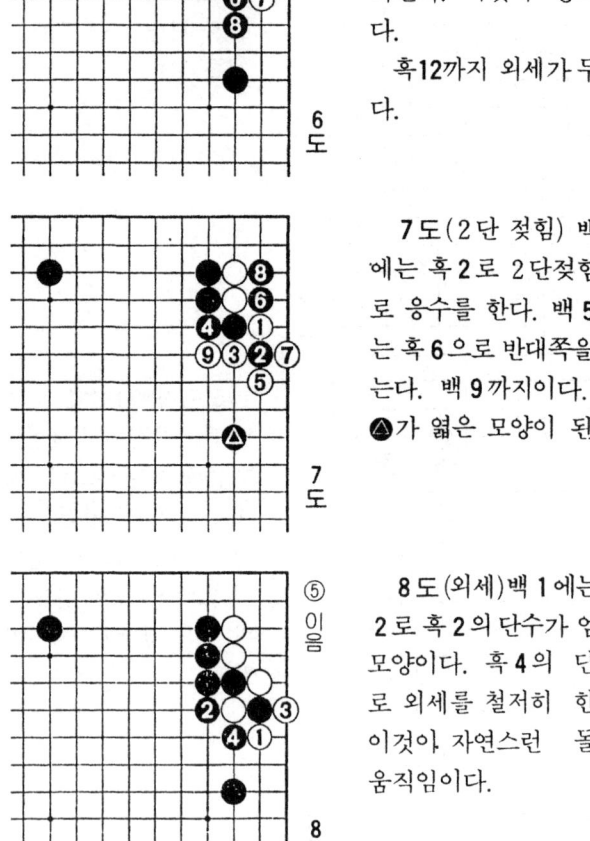

6도(변화)이 배석 모양에서는 흑◬가 있기 때문에 넓은 쪽으로 내려선다. 이것이 상식이다.

흑**12**까지 외세가 두텁다.

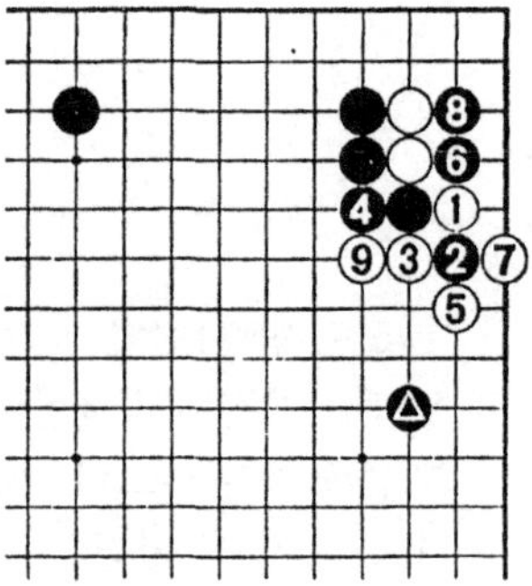

7
도

7도(2단 젖힘) 백 **1**에는 흑 **2**로 2단젖힘으로 응수를 한다. 백 **5**에는 흑 **6**으로 반대쪽을 끊는다. 백 **9**까지이다. 흑◬가 엷은 모양이 된다.

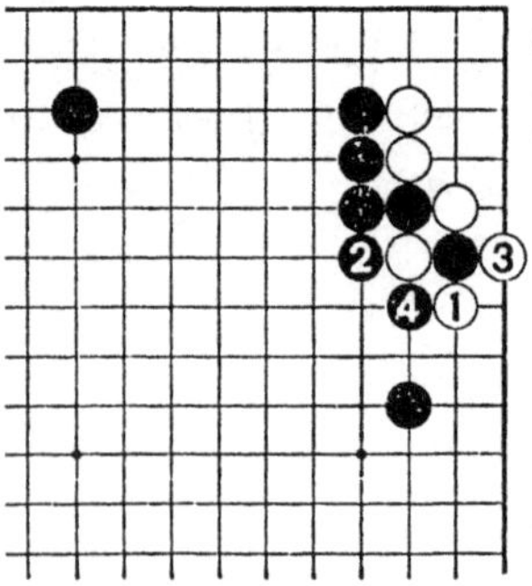

⑤ 이음

8
도

8도(외세)백 **1**에는흑 **2**로 흑 **2**의 단수가 엄한 모양이다. 흑 **4**의 단수로 외세를 철저히 한다. 이것이 자연스런 돌의 움직임이다.

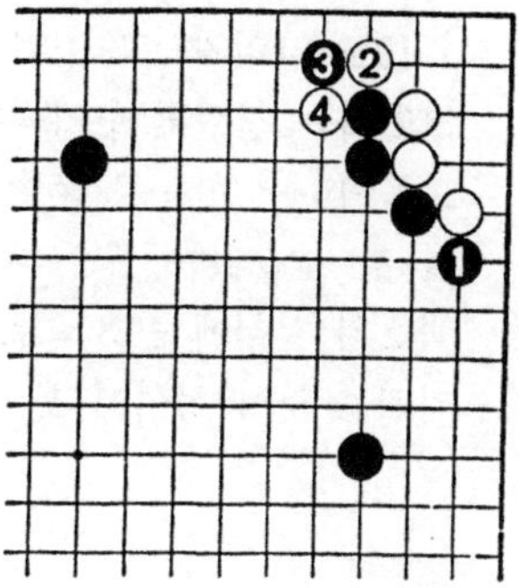

9
도

9도(끊음)이 포진의 모양에서, 흑1의 2단 젖힘의 모양에서는 백2의 젖힘 다음에 4의 곳을 끊는다.
이런 모양의 정석은 알고 있어야 한다.

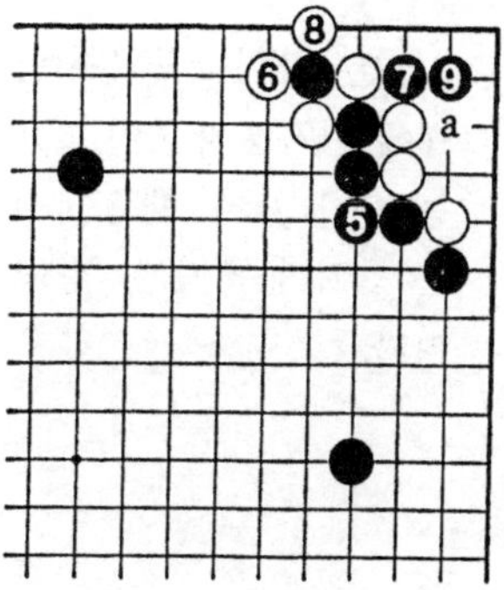

10
도

10도(반대쪽)흑5의 이음이 중요하다. 백6에서 9까지 바꿔치기를 한다. 흑9로 a 의곳 단수는 일장 일단이 있다.

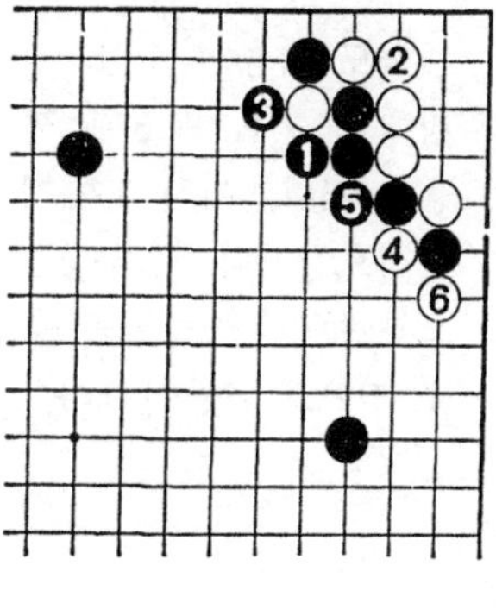

11
도

11도(나쁘다) 상변을 흑1로 두는 것은 백2로 잇고 4, 6으로 끊는 수가 있다. 이것은 외길 수순이다. 흑의 손해가 막심하다.

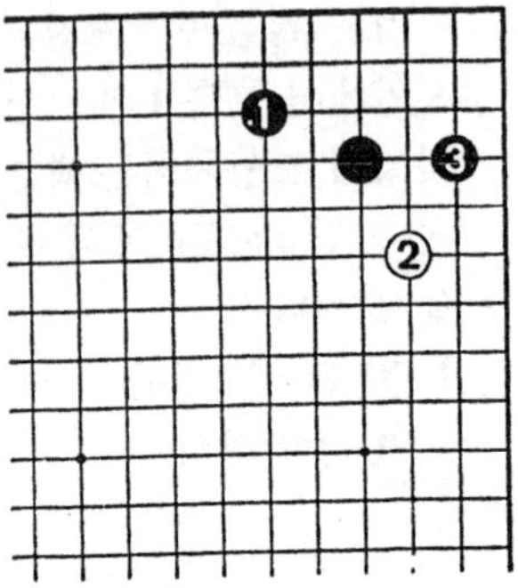

12
도

12도(날일자) 흑 1의 날일자는 견실한 수이다. 소목이라면 한수로 굳힘을 할 수 있는 수이다. 백 2의 걸침에는 3으로 지키는 것이 정석이다.

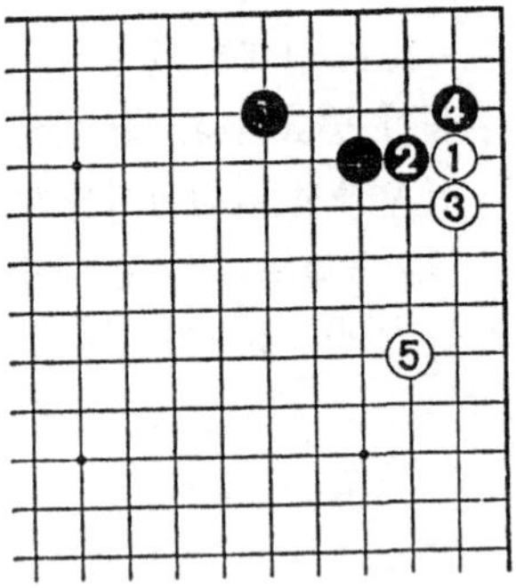

13
도

13도(붙이고 늘음) 백 1에는 흑 2의 붙이고 느는 수가 있다. 백 3에서는 5의 눈목자가 정형이다.

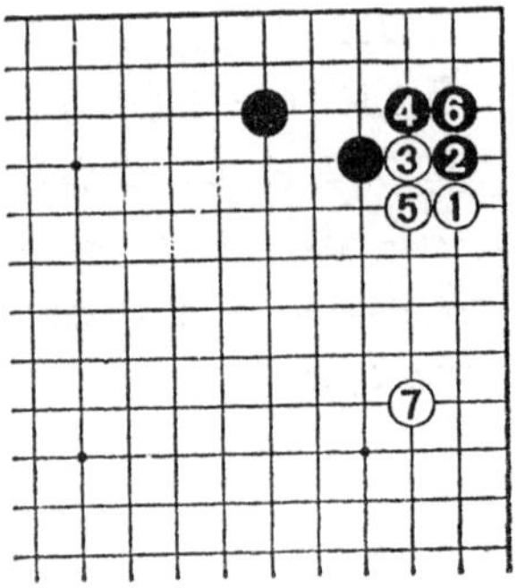

14
도

14도(끼움)백 1의 걸침에 흑 2는 백 3의 끼움이 있다. 이하 7까지 정석모양이다. 흑 2를 3으로 두는 것도 좋은 수로 전도로 되돌아간다.

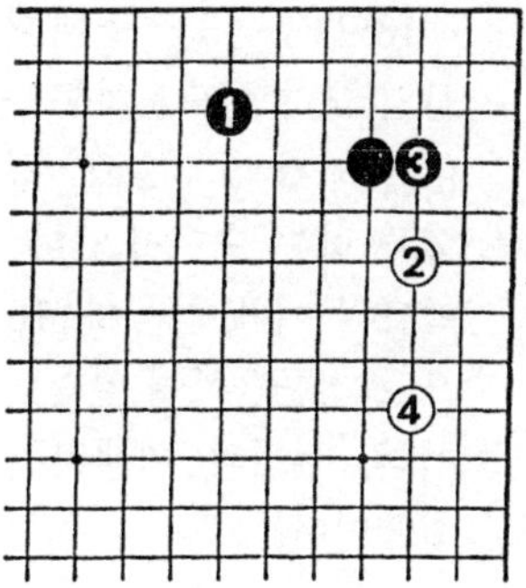

15
도

15도(눈목자) 화점에서의 눈목자 지킴도 유용하게 쓰인다. 백 2의 걸침에는 흑 3으로 귀를 지키는 것이 보통으로, 백 4의 뜀은 상형(常型)이 된다.

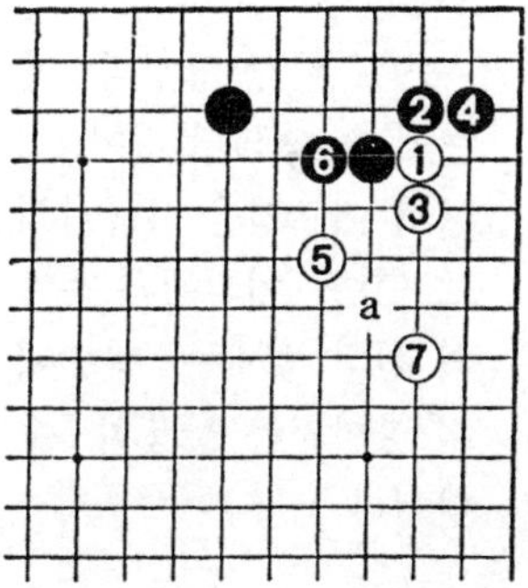

16
도

16도(붙임)백 1로 붙였을 경우의 정석(定石)의 일종이다. 백 5의 날일자 걸침에는 흑 6의 붙여섬이 견실하다. 백 7까지로 일단락 되지만, 이 모양은 흑으로부터 a로 공격당할 맛을 남기고 있다.

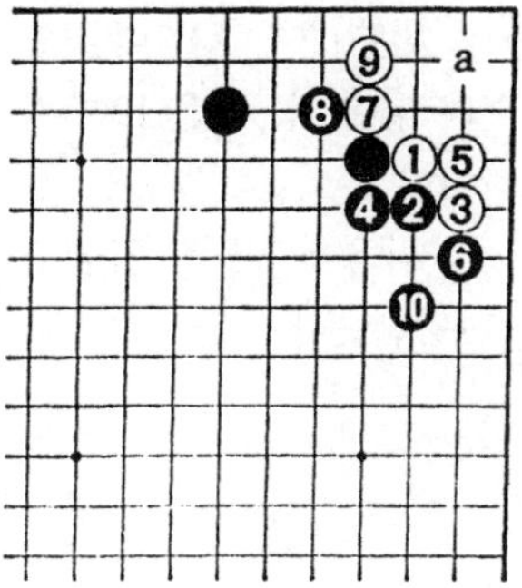

17
도

17도(외세)백 1의 붙임에 흑 2로 바깥을 막는 것은 10의 벌림까지 외길의 진행이다. 귀의 백에는 a 에 치중하는끝내기 패의 수단이 있다.

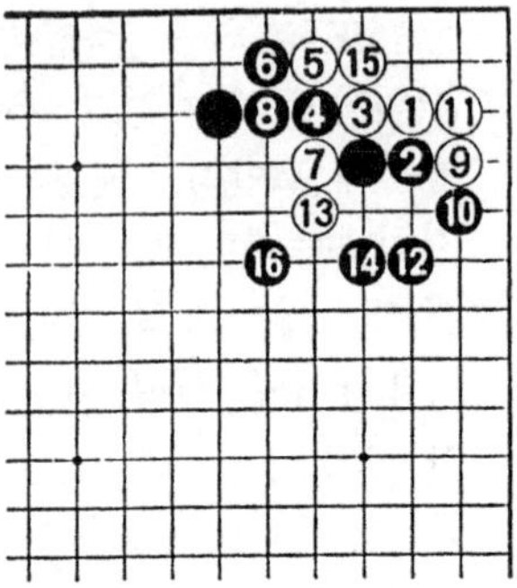

18
도

18도(3 · 3) 귀에서 삶의 모양을 도모하는수단은 직접 3 · 3에 침입을 하는 수단이 있다. 백15의 이음 다음에 16으로 장문을하여 일단락이다. 실리와 외세의 절충이다.

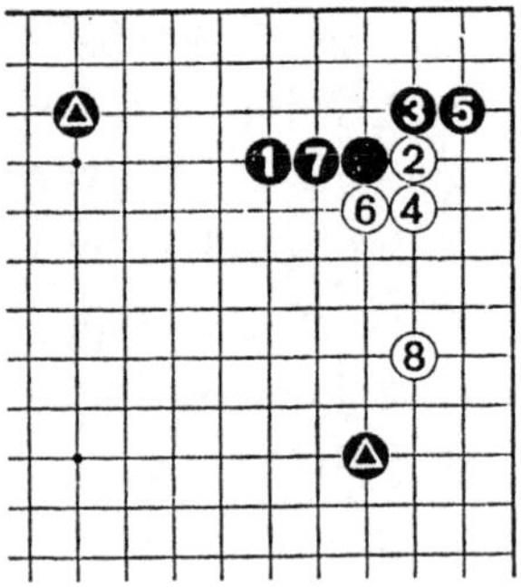

19
도

19도(한칸)상변과 우변에 흑▲의 벌림이 있어서 대모양을 성립시키고 있다. 여기에서 흑 1의 한칸 뜀에는 백 2에서 8까지는 상용의 수단이다.

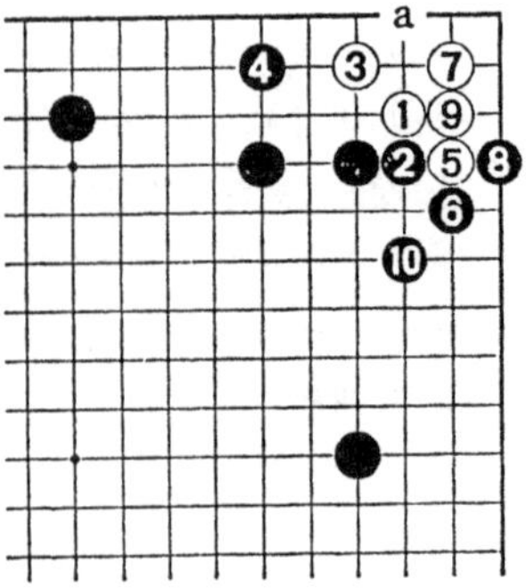

20
도

20도(3 · 3) 마늘모의 좋은 수. 다음 10까지이다.
이 다음에 흑a 의 치중수가 난다.

3. 화점의 걸침

화점의 걸침에는 한칸, 2칸, 날일자 등이 있다. 이런 모양에서의 쌍방의 응접을 살펴보기로 한다.

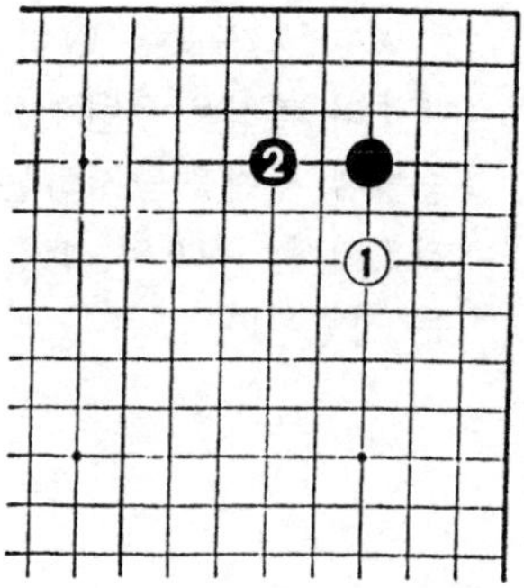

1 도

1 도(한칸걸침)백 1에는 흑 2의 한칸 받음이 많이 두는 모양이다.

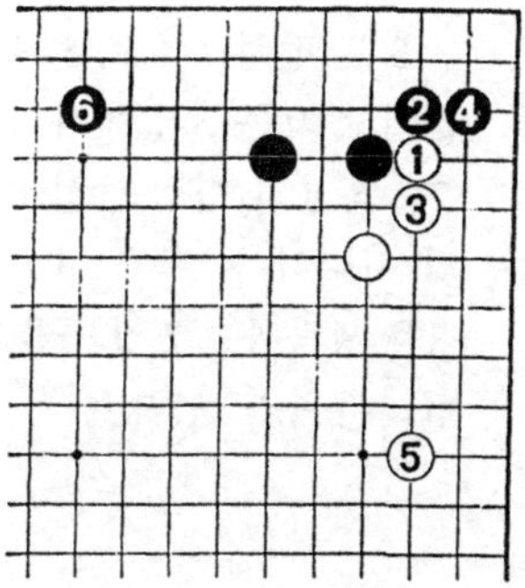

2 도

2 도(정석)백 1, 3의 붙이고 끄는 수는 백 5, 흑 6까지 일단락이다. 흑 모양이 유리하다.

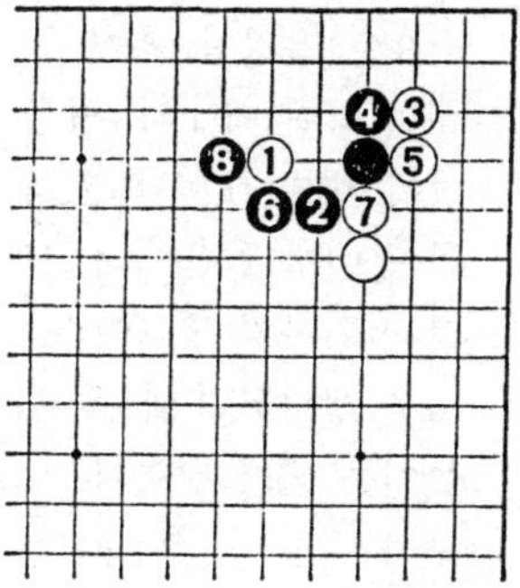

3 도

3 도(양 걸침)흑이 손을 뺀다음 백 1로 양걸침을 한다. 흑 2에서 8의 젖힘까지 정형이다.

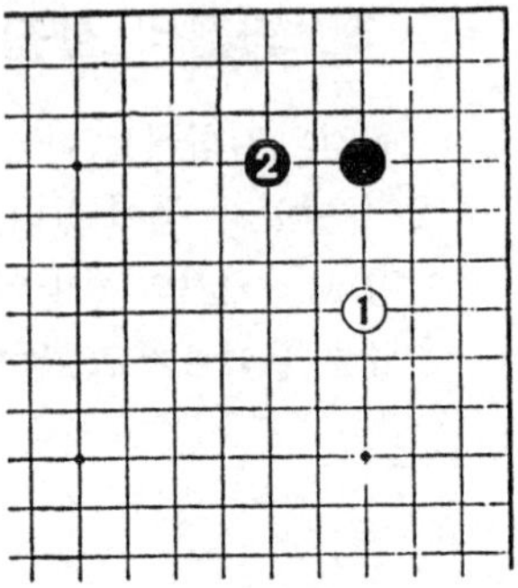

4
도

4 도(2칸 높은 걸침) 백 1의 걸침은 우변에서 중앙에 세력을 중시하는 걸침이다. 흑 2의 받음은 정형이다.

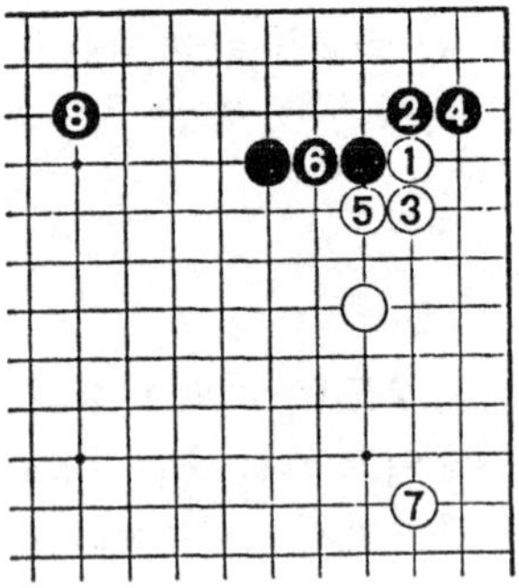

5
도

5 도(정석) 백 1, 3 의 붙이고 끄는 모양에서백 7, 흑 8의 벌림은 정석의 하나이다. 백은 1, 3을 생략하고 7 의 곳을 벌리는 수도 있다.

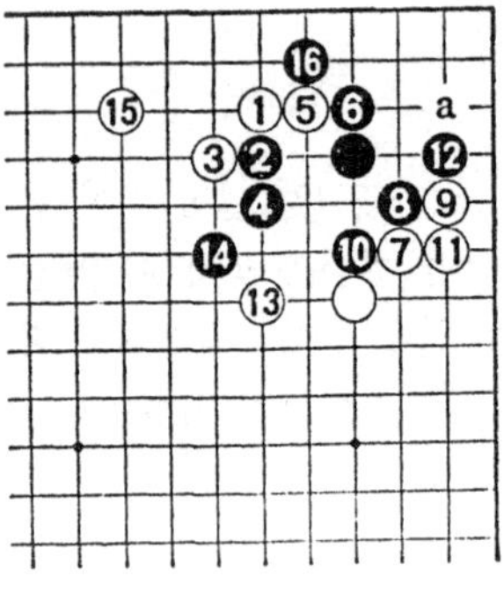

6
도

6 도(양걸침) 흑이 손을 빼다면 백 1의 양걸침이 보통이다. 흑 2, 4의 붙이고 늘음에서 16의 젖힘까지 정석이다. 16을 생략하면 백a의 껴붙이는 수가 남는다. 이 수가 엄한 수이다.

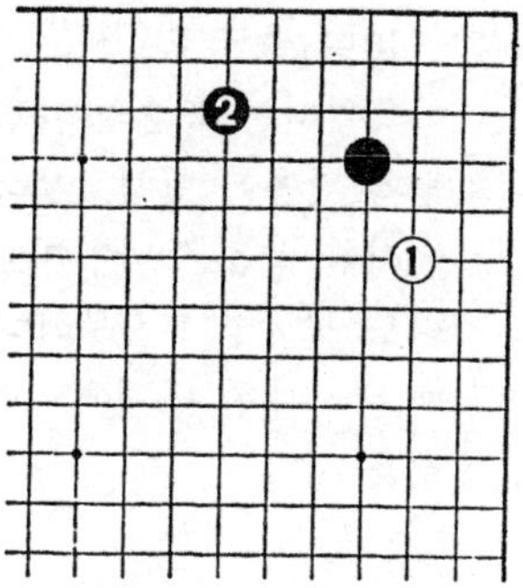

7
도

7도(날일자)백 1의 날일자 걸침도 많이 두는 수이다. 흑 2의 눈목자 받음의 응접을 소개하고자 한다.

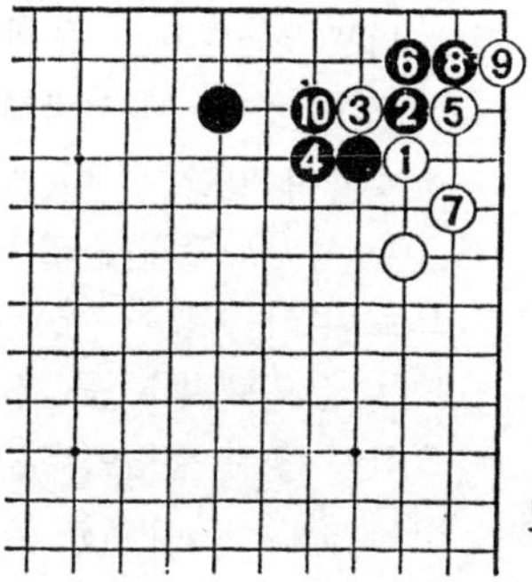

8
도

8도(붙이고 끊음) 백 1, 3의 끊고 붙이는 모양에서의 응접도 많이두는 수이다. 흑 4의 뻗음에서 10까지 일단락이다.

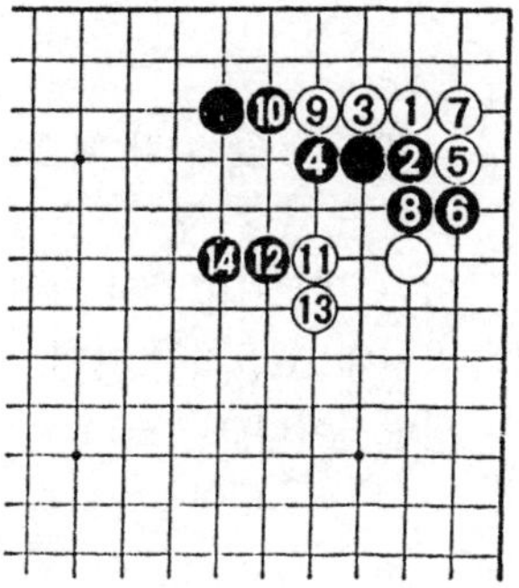

9
도

9도(3·3)백 1로3·3에 침입을 하는 수는 대표적인 정석이다. 백 13에는 14의 수가 중요하다.

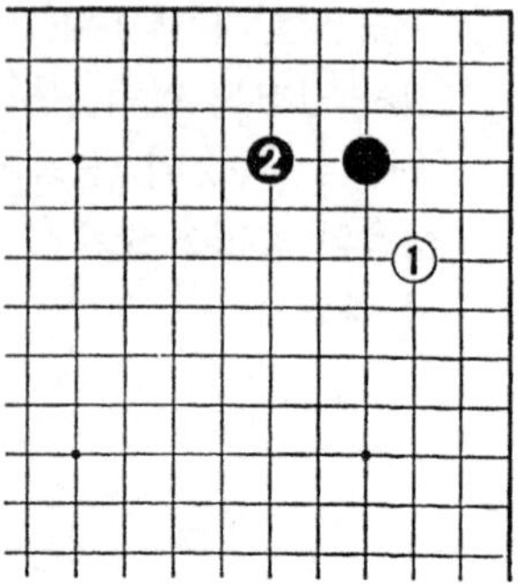

10도

10도(한칸 뜀) 최근의 바둑에서는 흑 2의 한칸 뜀의 받음이 단연 많다. 이러한 받음은 날일자보다도 적극성이 풍부하다. 백 1에 대한 공격에 중점을 둔다.

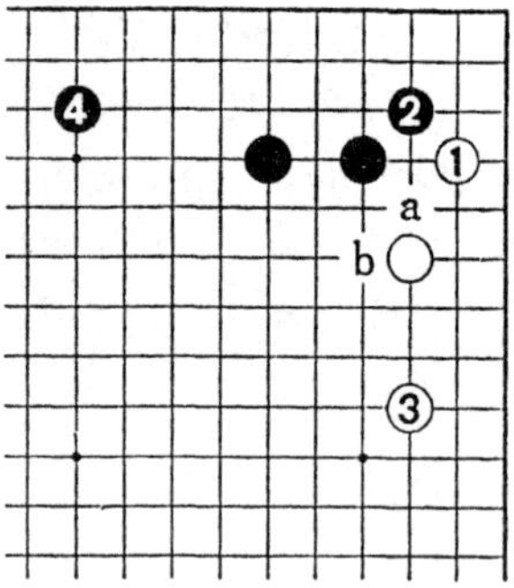

11도

11도(정석)최근 유행의 정석이다. 백 1에서 흑 4까지 일단락이다.백 1을 생략하고 단순히 3으로 벌리는 것은 흑a의 마늘모로 백b 를 강요하여 3의 벌림이 불만이 된다. 백 1에는 흑 2이다.

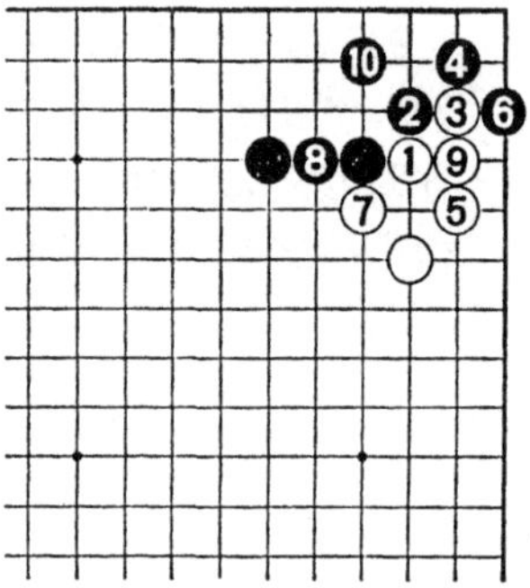

12도

12도(2단 젖힘)백 1, 3에는 흑 2, 4의 응접이다. 이하 10까지 일단락인데 노골적인 귀의 쟁탈전이다.

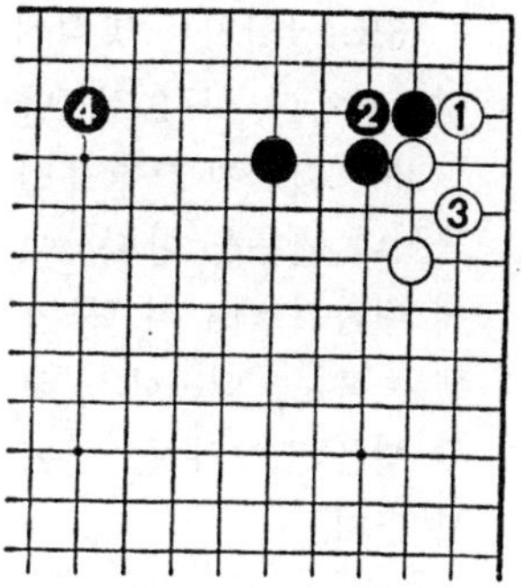

13
도

13도(선수)백 **1**의 젖힘에 흑 **2**의 이음은 선수다. 이 수는 귀에 대하여 다소 손해이다. 흑 **4**로 상변을 벌림이 큰 수이다. 백은 **3**으로 지켜 만족이다.

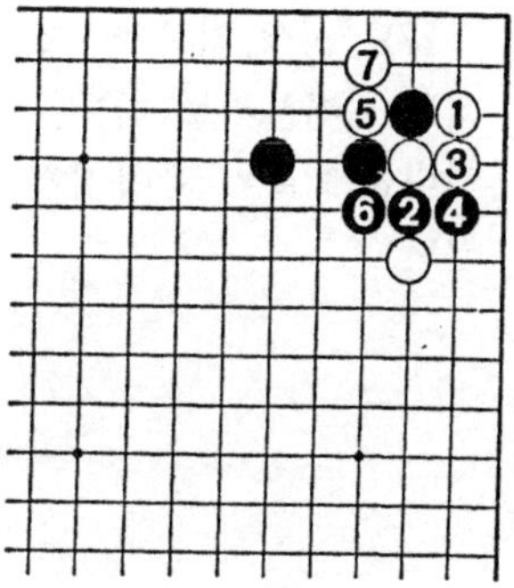

14
도

14도(실리와 외세) 백 **1**에 흑 **2**, **4**를 뚫고 내려서는 방법이 있다. 백 **5**에서 흑 **6**의 이음. 다음에 백 **7**까지 백의 실리와 흑의 외세의 절충이다.

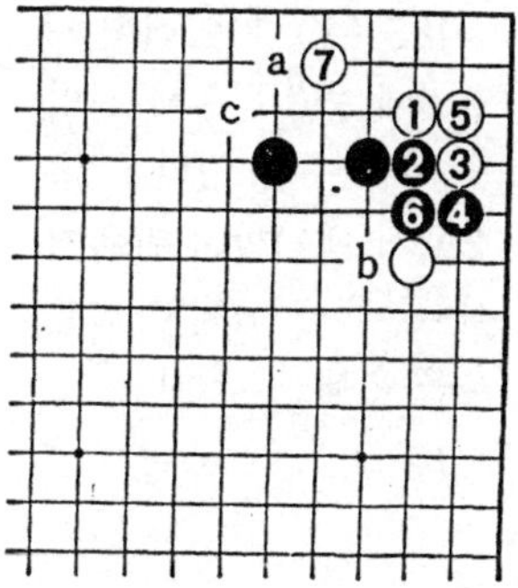

15
도

15도(3 · 3)백 **1**로3 · 3에 침입하는 것도 정석의 하나이다. 백 **7**다음 흑에서는 a 의 곳 붙임, b 의 젖힘, 때로는 c 의 마늘모를 생각해 볼 수 있다.

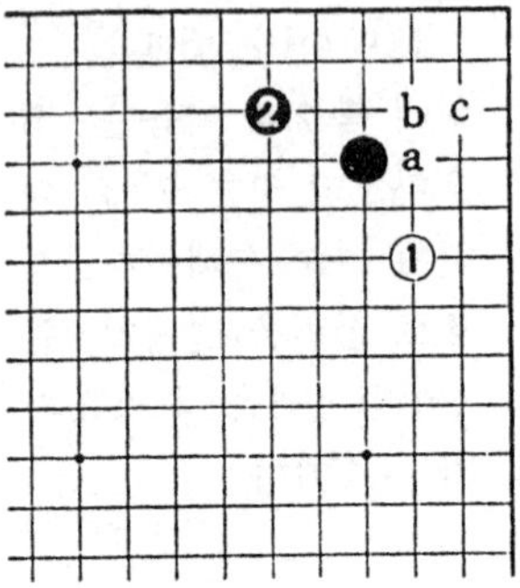

16
도

16도(날일자) 옛적의 발상법이다. 흑2의 날일자는 최근에 눈목자만큼이나 애용을 한다. 이에 대하여 백a 의 붙임에는 흑b , 백c 에서 한칸 뻗은 모양과 큰 차이가 난다.

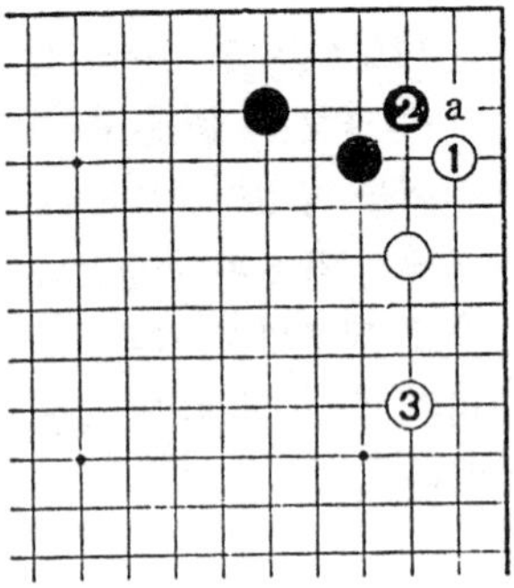

17
도

17도(정석)기본의 정석을 살펴보기로 하자. 이다음에 a 의 끝내기가 크다.

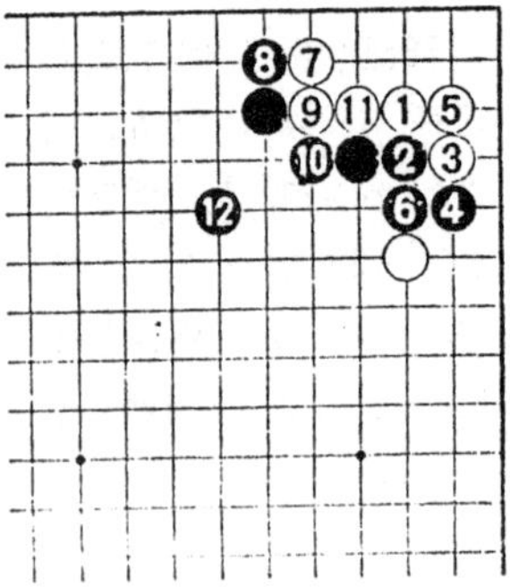

18
도

18도(3·3)이러한 날일자에는 3· 3에 침입을 하는 수가 있다. 흑2에서 백11까지 귀에서 산다. 백은 귀에서 집을, 흑은 외세를 갖는다.

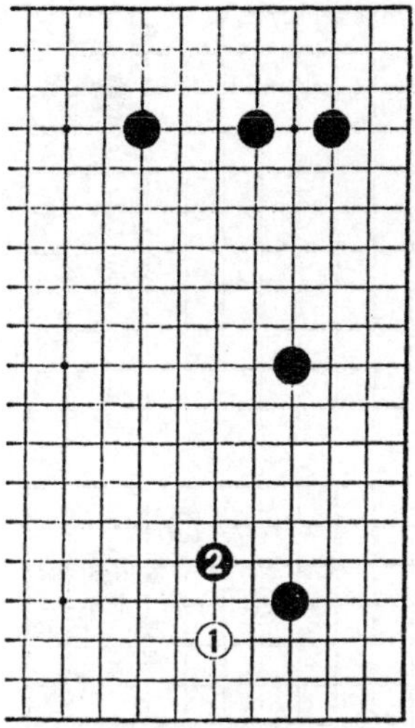

19
도

19도(날일자)이런 모양에서 백 1의 걸침에는 흑 2의 받음이 좋은 수이다. 이 수로 인하여 우변에서 중앙에 큰 세력을 쌓는다. 신포석에 나타나는 모양이다.

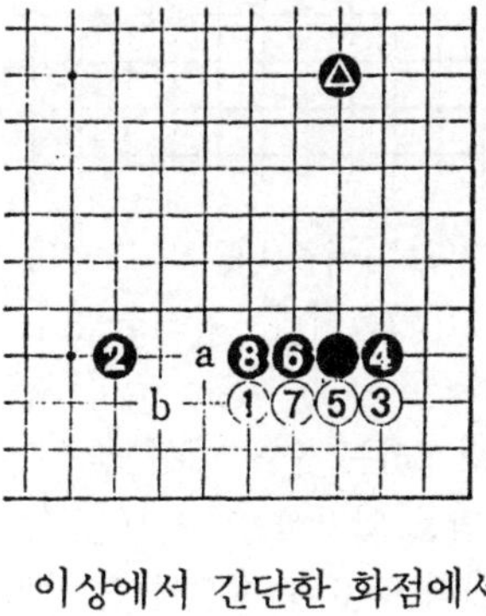

20
도

20도(협공) 백 1에는 흑 2로 협공을 하는 수가 있다. 백 3이하 8까지 정석의 하나이다. 이 다음 백이 둔다면 a 의 젖힘이다. 또, 흑 2로는 b 의 한칸 협공도 있다. 우변에 흑 ◭가 있는 모양에서는 흑 4의 내려서는 수가 정수이다.

이상에서 간단한 화점에서의 정석을 소개하였다. 이러한 응접을 이해하기 위해서는 생각하는 습관을 길러야 한다. 화점은 집보다는 세력을 중시한다는 것을 잊지 말아야 한다.

4. 3· 3의 성질

신포석의 제 1의 특징은 세력을 중시한다는 점이다. 이러한 특징이 발빠르다는 것은 앞에서 말한 바 있다. 3· 3의 성질은 한 수로 귀를 지킬수 있다는 점이다.

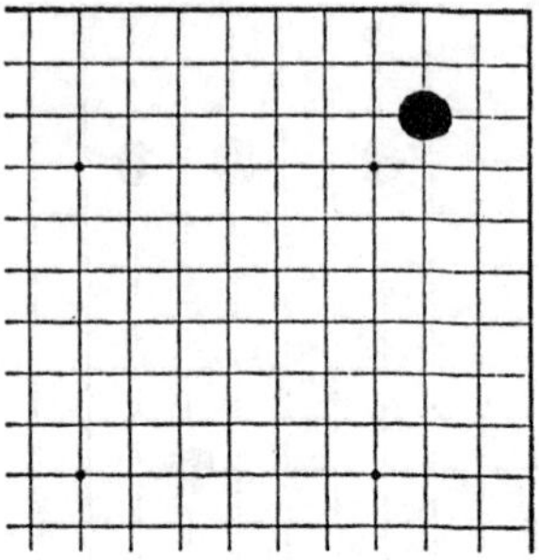
1도

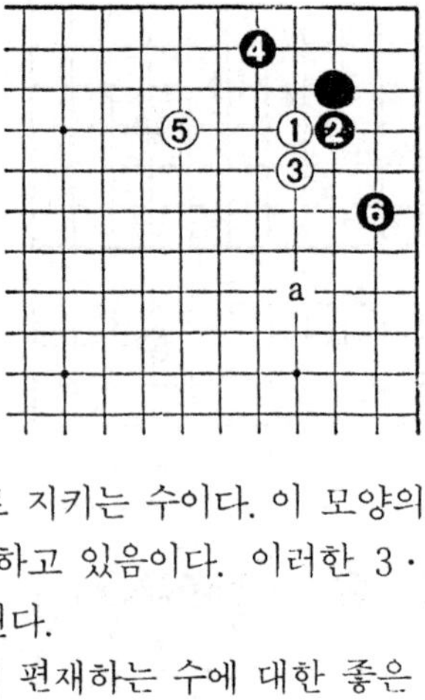

2도

1도(3· 3)귀를 한 수로 지키는 수이다. 이 모양의 결점은 세력보다는 귀에 편재하고 있음이다. 이러한 3· 3의 성질을 알지 않으면 안된다.

2도(정석) 3 · 3의 귀에 편재하는 수에 대한 좋은 수로, 백 1로 화점에 두는 것은 귀를 압박하는 수이다. 흑 2, 4가 보통의 운석이다. 백 5에서 흑 6의 지킴이다. 백a로 중앙을 지키는 수가 두텁다. 흑 6은 손빼는 케이스이다.

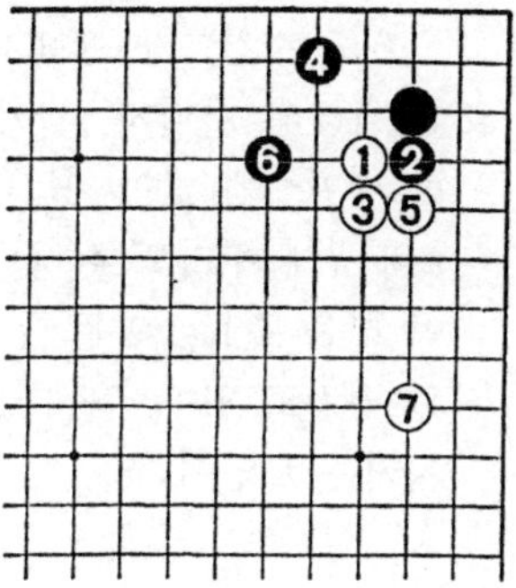

3
도

3 도(내려섬)흑 4 의 날일자에는 백 5 의 내려서는 정석이다. 흑 6 에는 백 7 의 3 칸 벌림까지이다.

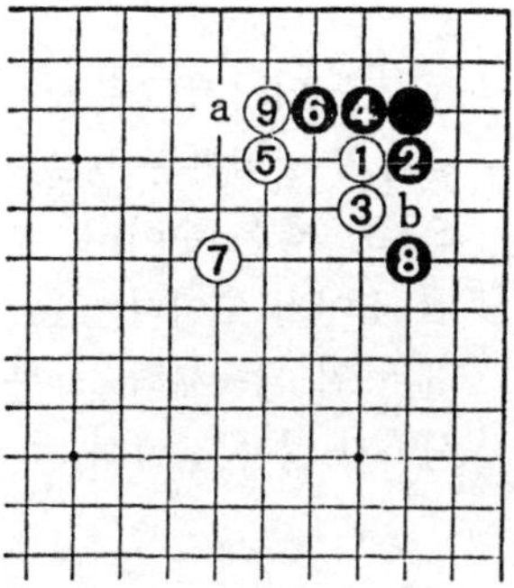

4
도

4 도(실리대 외세) 백 3 의 뻗음에 흑 4 의 꼬부림으로 두는 방법이다. 백 5 에서 흑 6, 백 7 의 날일자는 가벼운 수이다. 흑 8 에서 백 9 로 상변을 내려선다. 흑 8 을 a 로 뛰면 b 의 곳을 내려선다.

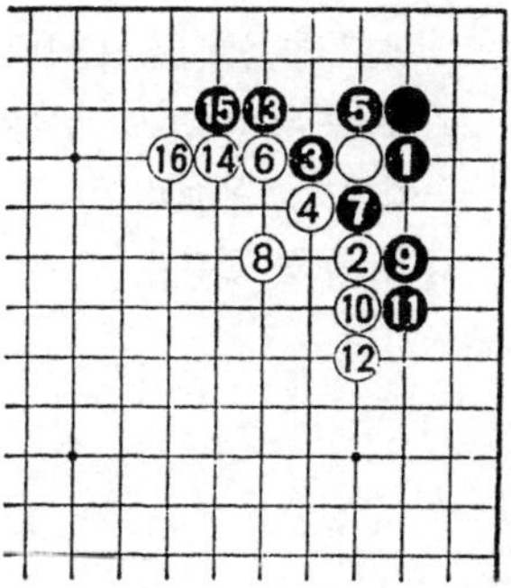

5
도

5 도(한칸 뜀) 흑 1 에 때로는 2 의 한칸 뜀도있다. 흑 3 의 껴붙임은 맥으로 백 4 에 5 의 단수 이하 16까지 이다.
실전에서 자주 나타나는 모양이다.

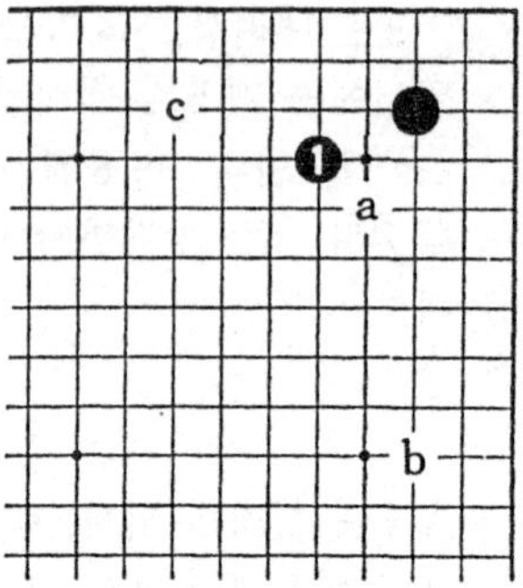

6
도

6도(지킴) 3·3에서는 흑1의 날일자 지키는 케이스가 많이 있다. a의 곳에 두기도 한다. 이 다음 흑b, 또는 c의 벌림도 있다. 흑1로 지키는 모양이다.

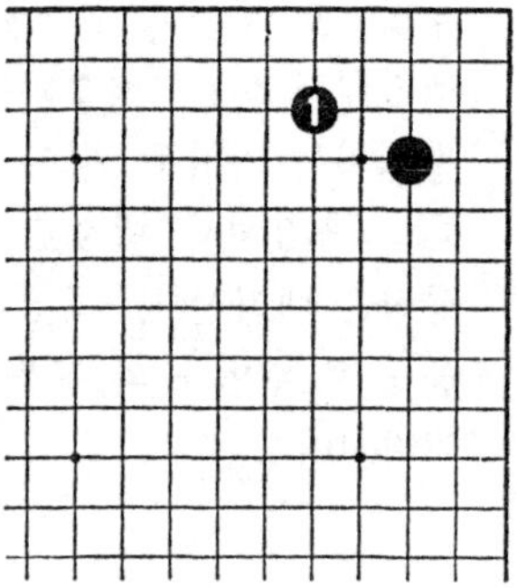

7
도

7도(이상적)소목에서 흑1의 날일자는 부분적으로는 좋은 수이나 조금 떨어진 수이다. 3·3의 위치는 세력을 중시하지 않는 점이다.

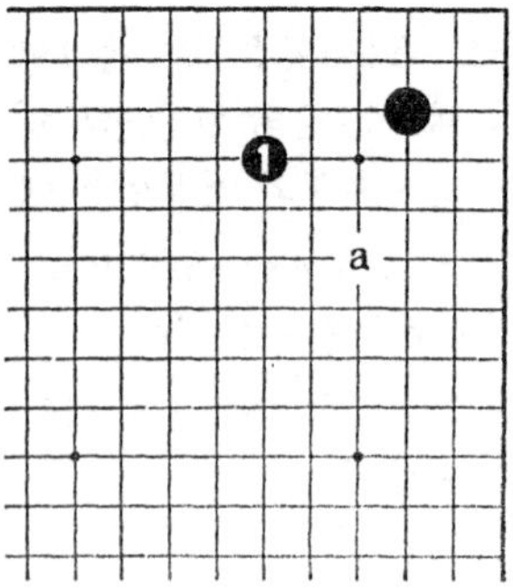

8
도

8도(눈목자)흑1이나 a의 곳의 지킴도 두는 수이다. 소목보다는 중앙에 더욱 중점을 두는 수이다.

5. 3·3의 걸침

3·3의 걸침에 대하여 간단히 설명을 해본다.

1도 우상귀의 3·3을 흑이 점거한 모양에서 백의 걸침을 생각해 본다.

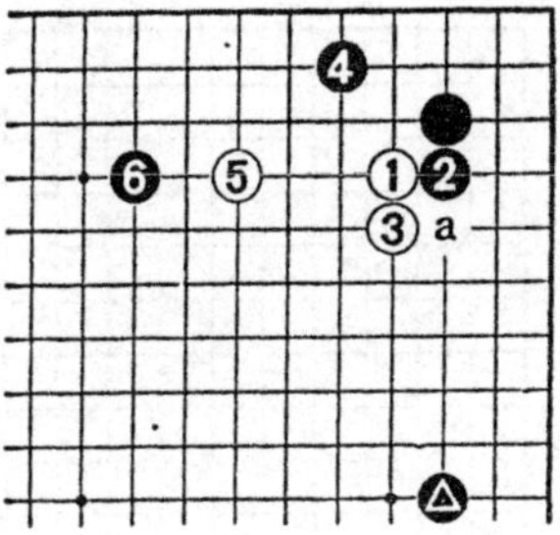

참고도

참고도 보통 백 1로 두는 수가 이런 모양에서는 부적당하다. 흑 2에서 백 5다음 흑 6까지 백전체가 공격당하는 모양이다. 백a 의 내려섬에는 흑△가 공격하는 모양이 되어 실패이다.

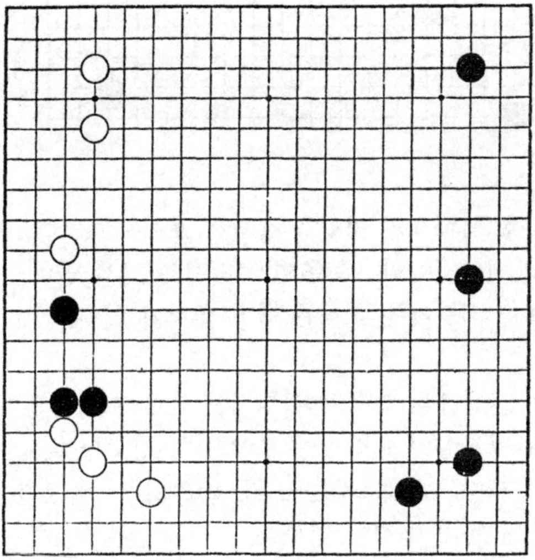
1도

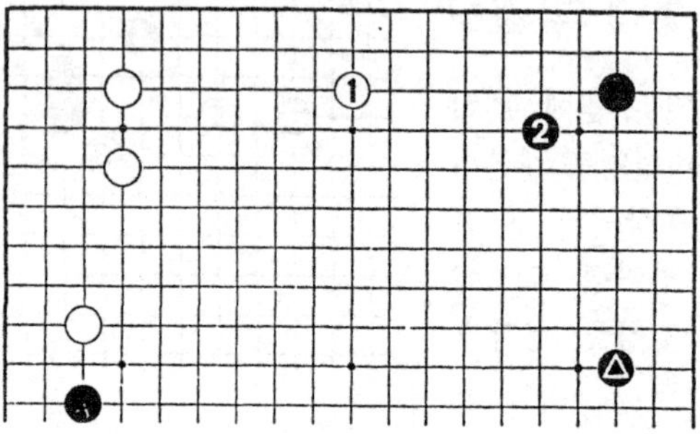

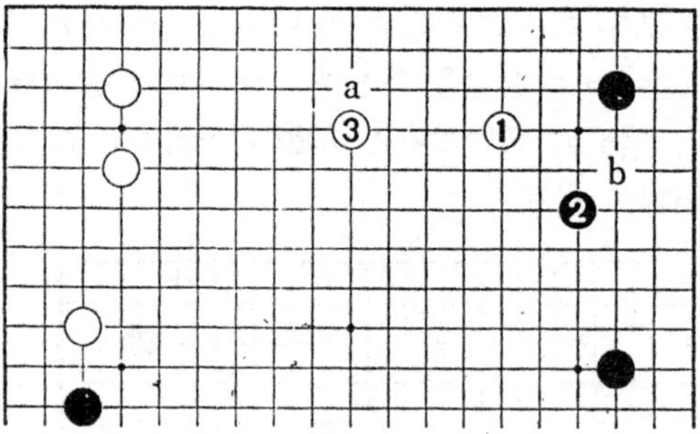

2도(절호점)백 1의 벌림을 생각해 보자. 그러면 흑 2의 지킴이 절호점이다. 흑◭의 간격이 있어서 좋다. 흑의 이상형을 허락하는 포석은 백이 좋지가 않다. 여기에는——.

3도(적절)백 1의 눈목자 걸침에는 흑 2에서 백 3의 벌림, 상변의 백모양이 이상적인 모양이다. 전도와 비교하여 이 차이는 크다. 백 3으로는 a의 곳도 있다. 흑 2를 손빼면 백b의 곳의 공격이 엄하다.

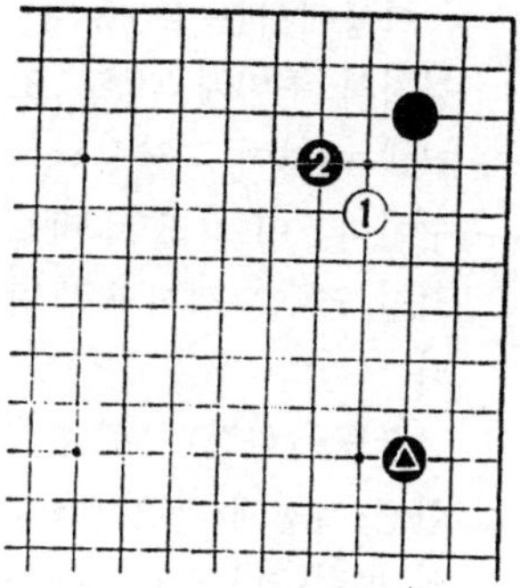

4도

4도 (협격) 부분적으로는 백1의 날일자 걸침이다. 이것은 실패이다. 흑2의 받음에는 백 모양을 흑●가 협격하고 있는 모양이다. 이것은 흑의 페이스이다.

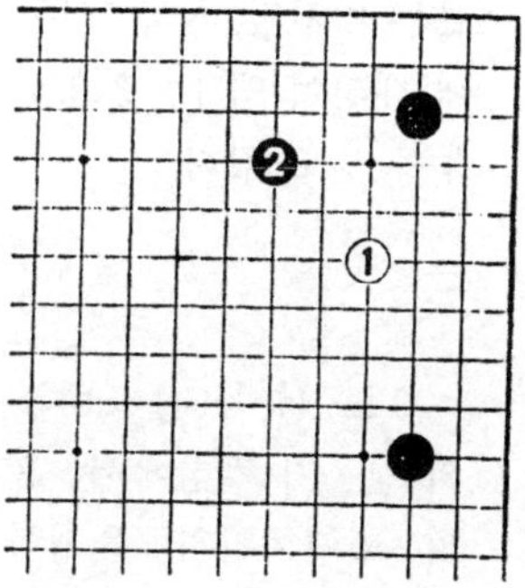

5도

5도 (대동소이) 백1의 눈목자 걸침에는 흑 모양은 방향 착오이다. 흑2 받음에서 전도와 대동소이한 결과이다.

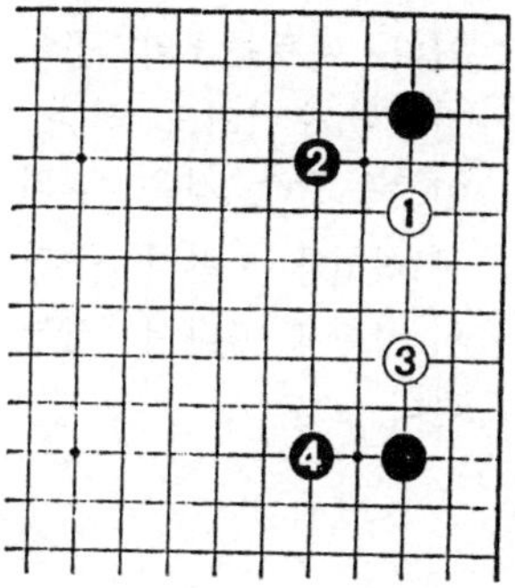

6도

6도 (한칸) 백1로 깊숙히 침입하는 한칸 걸침은 흑2, 4의 받음에서 백3의 벌림이다. 백의 실패도가 아닐 수 없다.

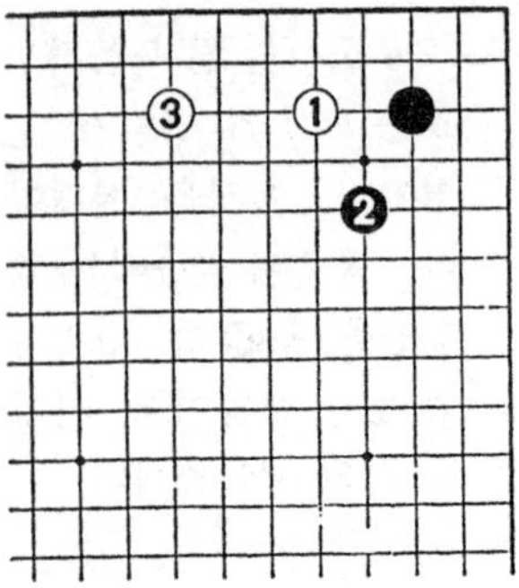

7 도

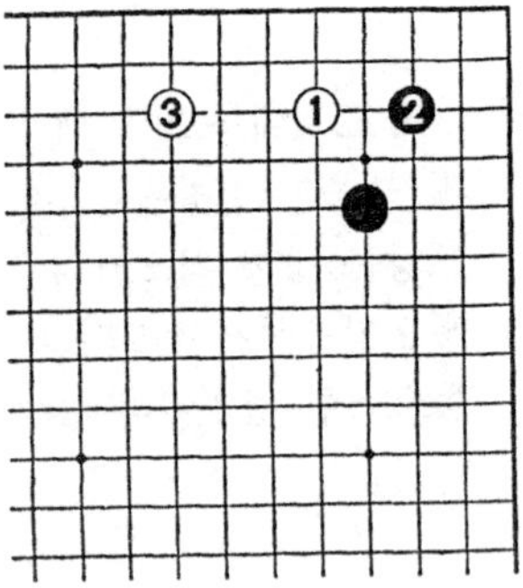

8 도

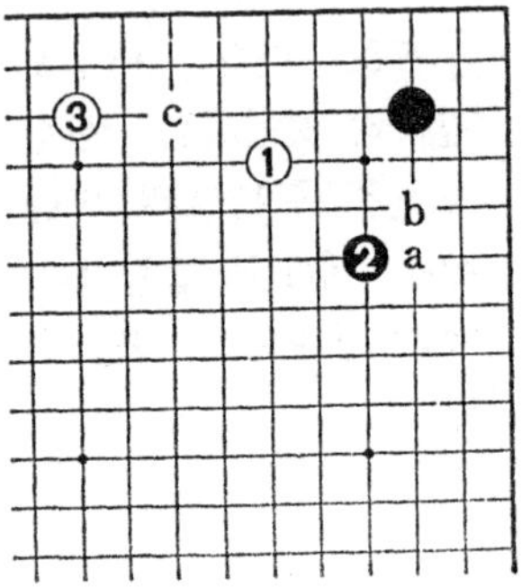

9 도

이상에서는 3·3의 걸침의 주위에 대한 조건에 대하여 결정하는 수이다. 이에 대한 대표적인 수를 소개하고자 한다.

7도 (한칸) 백 1의 한칸 걸침에 흑 2, 백 3의 벌림이다. 8 도에서 보는 것처럼 흑의 외목에 대하여 백 1, 3으로 두는 수도 같다.

9도 (눈목자) 백 1의 눈목자 걸침에서 3의 벌림까지의 응접이다. 흑 2를 a로 받음도 있다. 때로는 b의 곳이 견실한 수이기도 하다. 이곳을 두는 것은 c의 곳 침입을 노린다. 주위의 상황에 따라서 결정한다.

10도 (협공) 백 1의 걸침에 흑 2의 협공은 생각해 볼수 있는 점이다. 백 3으로 흑▲를 봉쇄한다.

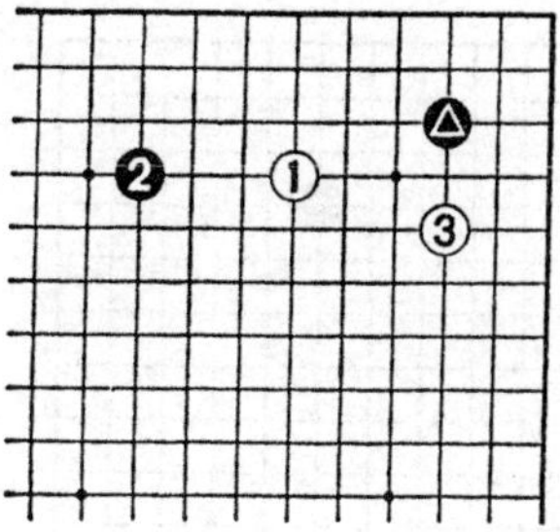

10도

이상에서 3·3의 주변의 사정에 대한 정석의 응용을 살펴보았다.

11도(응용) 본도를 살펴보면 좌상귀는 화점이고 우상귀는 3·3이다. 이런 배석에서는 어떻게 두어야 할까? 이중에서 타당한 예를 들어 본다.

백 1의 눈목자 걸침에서 이하 3까지이다. 백 1을 단지 3으로 두는 것은 돌의 조화가 없다.

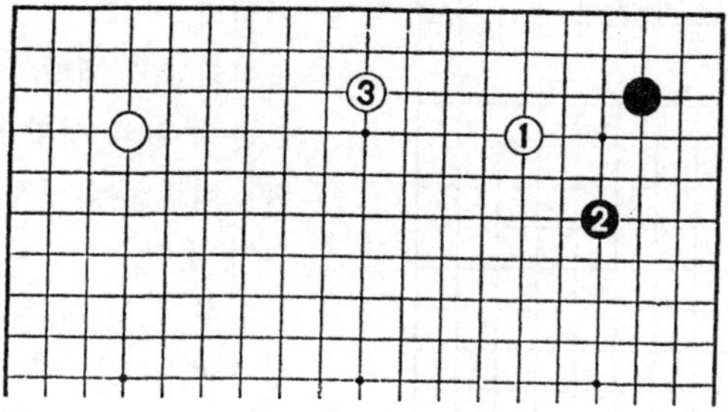

11도

6. 위치

세력의 포인트에는 여러 가지의 곳이 생각이 나는 곳이다. 신포석의 하나의 특징은 '위치'이다. 간단히 설명하고자 한다. 세력상의 위치가 전체적 우위에 설 수 있는 방법은 장기도 같다.

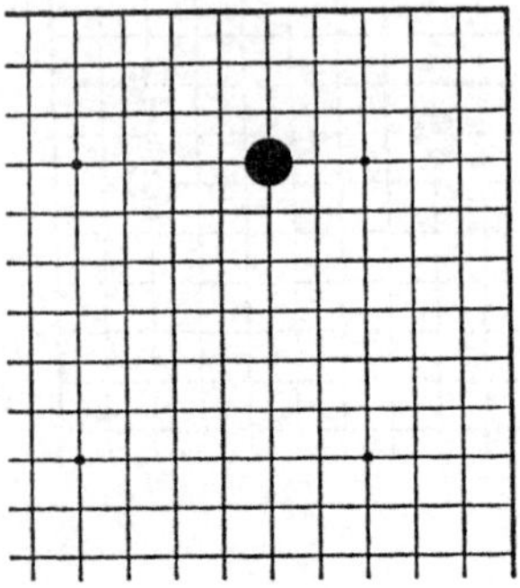

1도

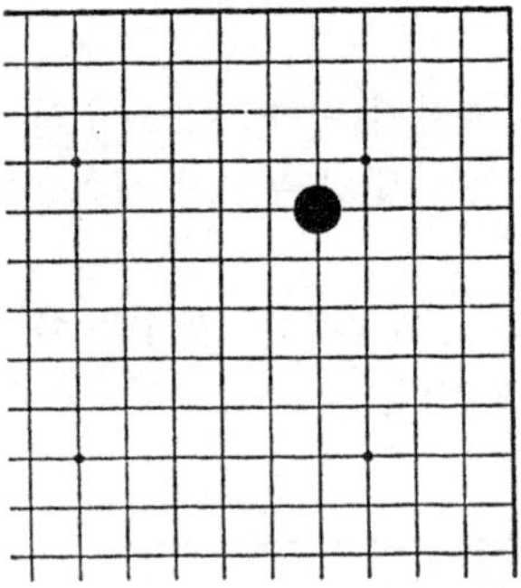

2도

1도는 초고목이고, 2도는 5의5이고 3도는 5의 10이다. 세력상의 위치방법의 여러 모양이다.

이와같은 세력의 포인트는 주위의 상황에 따라 적절하게 구사하는 것이 좋다.

실리(実利)냐 외세 중심(外勢中心)이냐에 따라서 포인트도 달라진다.

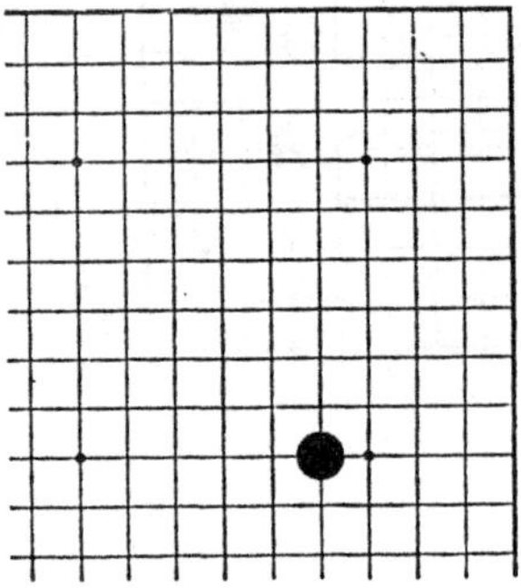

3도

7. 신포석(新布石)의 탄생(誕生)

1도는 앞에서 얘기한 구포석의 완성도로'수책류'의 초반이다.

이 구포석은 폭약을 수반한 도화선의 점화이다. 목곡실(木谷実)과 오청원 간의 대국이다.

이 두사람이 목곡 부인의 고향인 신주지옥곡(信州地獄谷)에서 한담을 즐기었다. 승단전에서 3연성의 시작이었다.

이것을 계기로 전국에 폭발적인 인기를 불러 일으켰다. 이것이 그 때의 진상이다.

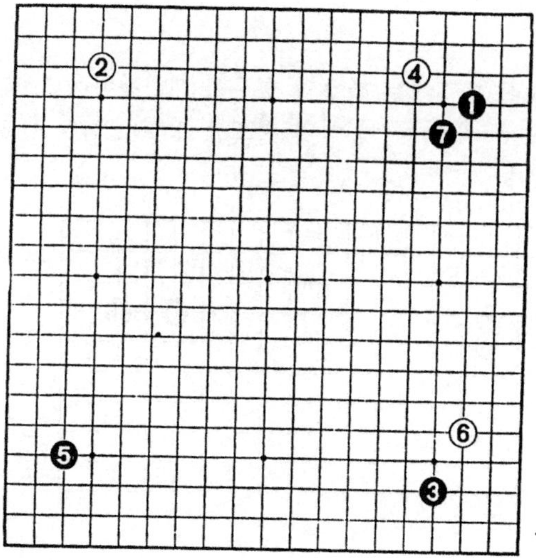

1도

수책류에 대한 대항책을 연구해 보자.

2도 (대사) 흑1의 마늘모에 백2의 대사 싸움도 대항책의 하나이다. 백8에 흑10으로 나감은 불리함을 면할 수 없다. 백에 이에 대한 대항책이 없는가 생각해 보자. 흑17까지는 흑의 태도가 넓다. 이것이 명치 말기에서 쇼와 초기까지에 유행한 포석이다.

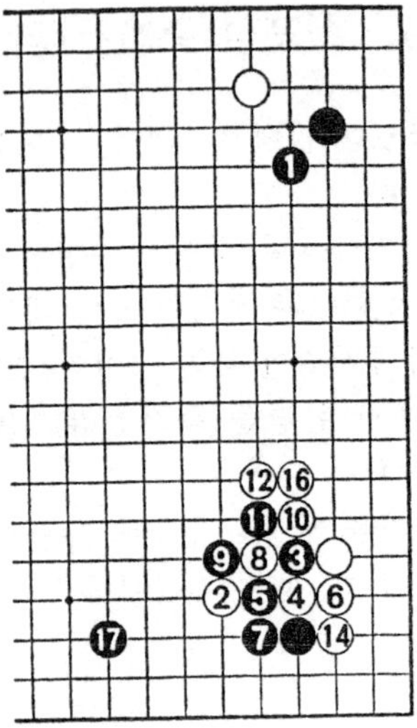

2도

3도(고목)흑1에는 백2의 고목이 대항책이다. 흑a에는 백b로 씌운다. 이 백의 의도를 잘 관찰하여 흑3의 한칸이었다.

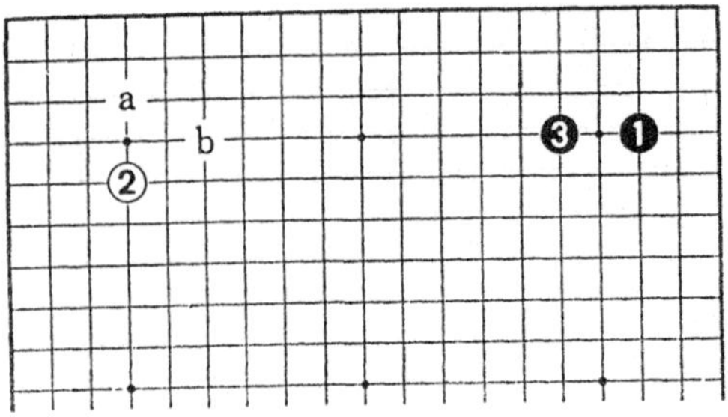
3도

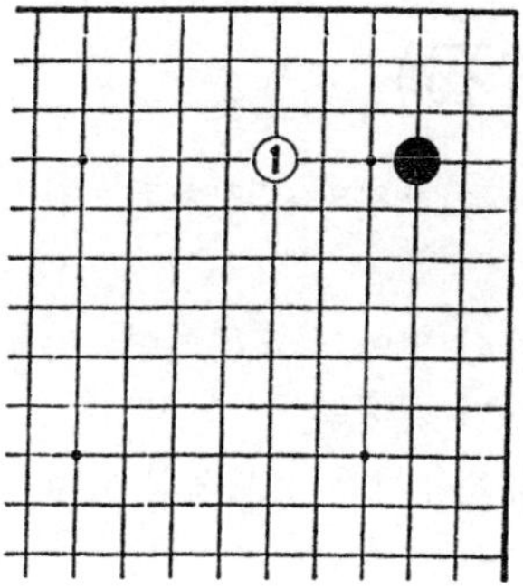

4도

4도 (2칸 높은 걸침) 소목의 흑에 백 **1**로 2칸 높은 걸침이다. 이 수법도 쇼와 초년에는 많이 두었다.

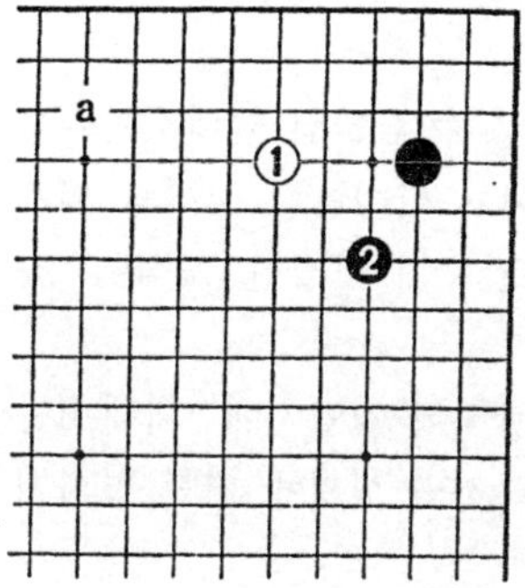

5도

5도 (날일자) 백 **1**의 2칸 높은 걸침에는 흑 **2**의 날일자 받음이다.

이 다음에 백이 둔다면 a의 곳이다.

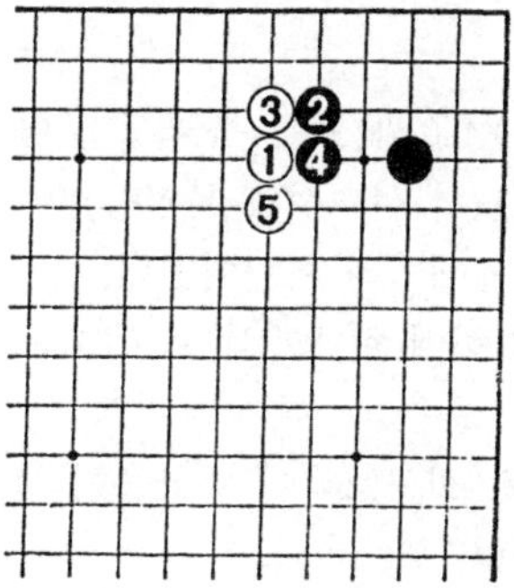

6도

6도 (실리대 외세) 선수를 겸하며 흑은 **2**, **4**로 두었다. 이 2칸 높은 걸침은 중앙에 영향력을 중시하는 착상이다.

현대포석(現代布石)

과거 일본에서 불붙은 신포석은 요원의 불길처럼 전국에 확산이 되었다.

이것은 신포석이 지지한 통쾌한 맛이 구태의연한 바둑계에 혁신적인 바람을 불러일으킨 것이다.

프로의 세계에서나 아마의 세계에서나 신포석의 여파는 대단한 것이었다.

수책류의 흑 1, 3, 5의 포석은 시대가 도래함을 볼 수 있다.

포석은 시대마다 발전에 발전을 거듭하여 왔다. 요즘은 과거의 실리(実利)위주의 포석에서 탈피하여 실리와 외세(外勢)를 함께 추구하는 측면으로서의 적절한 포석이 사용되어지고 있다.

어떤 유형의 포석이 가장 바람직한 것인지에 대해서는 한 마디로 단언할 수 없다. 왜냐하면 상황에 따른 변화가 있기 때문이다.

1. 신구통합(新旧統合)

명인 21세 본인방 수재(秀哉)는 쇼와13년, 목곡실 7단과의 인퇴기(引退碁)를 다음해 14년 선수전체 본인방전에서 개시하였다. 총호선으로 덤 4집반의 확립이었다. 이것이 계기가 되어 신포석을 통합하여 현대포석이 개화되었다.

다음에 최고의 기력연마법으로 신구포석이 통합을한 현대포석의 실례를 소개하고자 한다.

백 8단 본인방 소우(昭宇)
흑 7단 반전영남(坂田榮男)

참고보1 흑1, 백2의 화점과 백4의 3·3은 신포석의 영향을 받은 수이다. 흑3, 5는 한칸 굳힘의 대표적인 케이스이다. 5의5인 초고목은 포석의 속도를 중시하여 많이 두는 수이다.

'세력과 실리' 라는 본래의 포석법으로 되돌아간 모양이다. 신포석의 마무리 단계를 나타내고 있다.

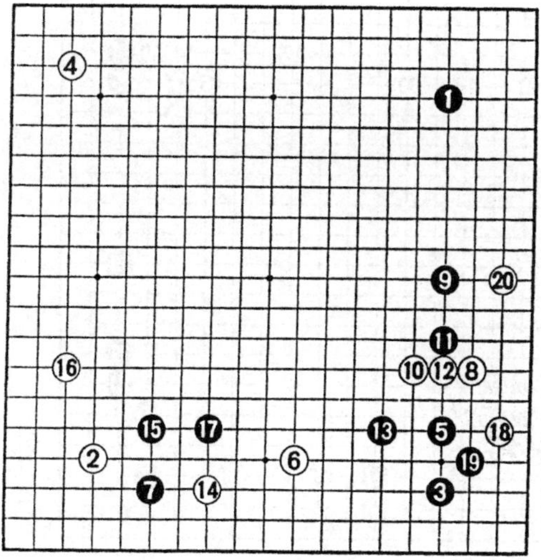

참고보 1

백 8 단 등택수행(籐沢秀行)
흑 9 단 목곡실(木谷実)

참고보2 이것은 제 1기 명인인 등택수행의 리그전으로 3패후의 일국이다. '완패' 라고 탄식하였듯이 목곡9단의 완승보이다. 흑이 1, 3 · 5의 구포석으로 백은 2, 4, 6의 수책시대의 포석으로 되돌아 갔다.

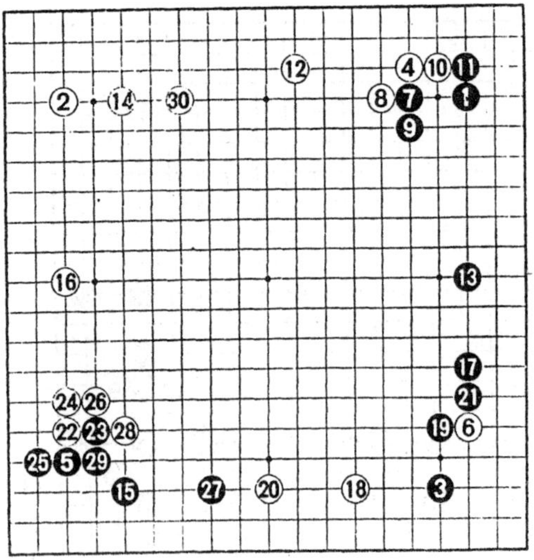

참고보 2

다음에는 신포석의 창시자 오청원의 기보를 소개하고자 한다.

백 9 단 오 청원(吳清源)

흑 8 단 본인방 수격(秀格)

참고보 3 10번기로 만천하에 이름을 날린 오청원 전성시대의 한판의 바둑이다.

본인방 수격이 흑 1, 3, 5의 수책류에 백은 2, 4, 6으로 심상한 걸침을 했다.

흑 7의 붙임에서 23까지이다. 24로는 견실하게 a 의곳을 때려내는 것이 일책이지만 덤이 있는 현대의 바둑에서는 손을 빼고 24로 걸쳐간다. 이 발빠른 포석이 신포석 시대의 특징으로 덤이 있는 현대바둑에 영향을 끼쳤다.

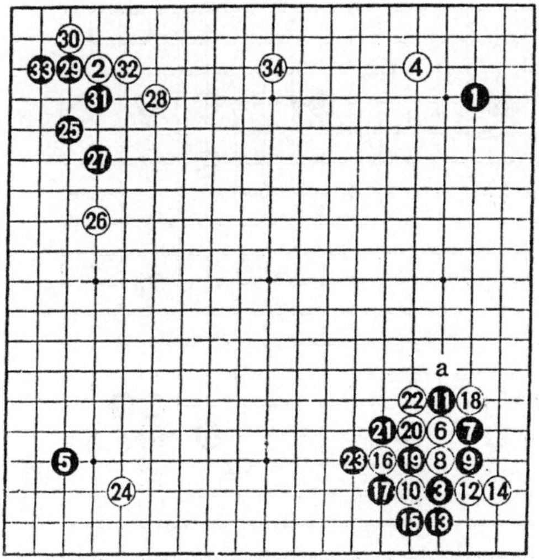

참고보 3

흑 7단 본인방 수격(秀格)
백 8단 목곡실(木谷実)

참고보 4 신구의 포석모양 통합의 바둑을 소개하고자 한다.

흑의 본인방 수격은 화점에 두는 것을 좋아 했는데 신포석시대, 나까무라(田中不二男)의 영향을 받았다.

발빠른 포석이 아닐 수 없다.

한편 목곡 8단은 백 2, 4의 견실함으로 하며 6, 8, 10, 12에서 흑17까지 대칭으로 두었다.

즉, 본인방은 3연성을 전개한 것이다.

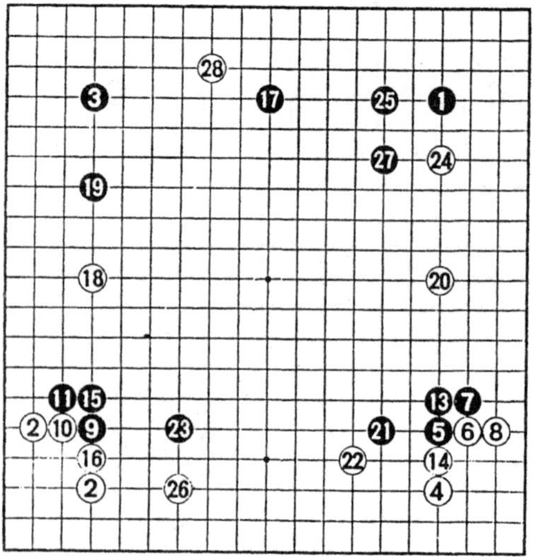

참고보 4

2. 집짓기

여기에서는 포석의 기초와 역사에 대해서 간단히 서술한 바 있다.

구체적인 설명을 하여보자.

1도(흑선. 문제)

왼쪽과의 관계로 대충 이런 배석모양이다. 무시할 수가 없다. 다음의 한수가 중요하다. 우상귀의 흑이 엷어서 중앙 전은 백이 두터운 의미가 있다. 문제를 생각해 보자. 백 a 로 나오는 수에 대처하는 문제이다.

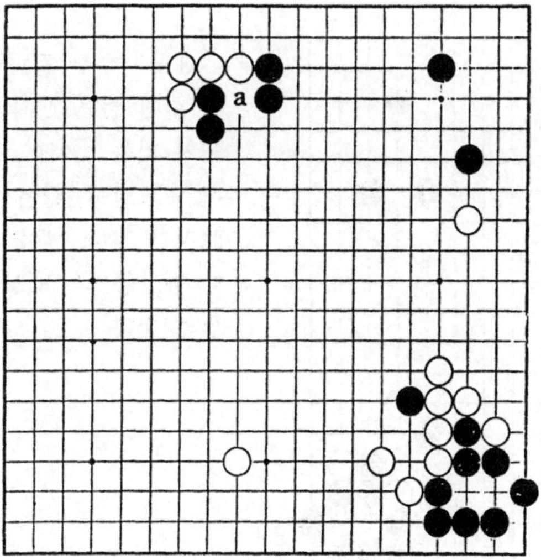

1도

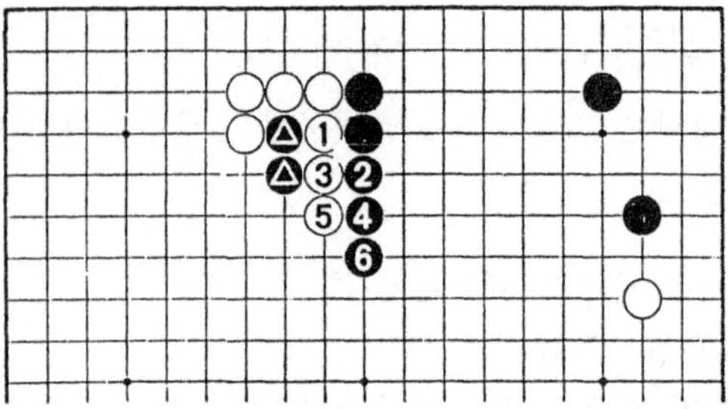

2
도

2도 (사석)백 1로 나가면 흑 2로 응한다. 백 3, 5에는 흑 4, 6으로 흑▲표 2점은 사석으로 이용한다. 흑 6까지 우상 흑모양은 일층 깊다.

흑 2를 3의 곳에 막으면 백 2의 끊음이 큰 문제이다. 주의하여야 한다

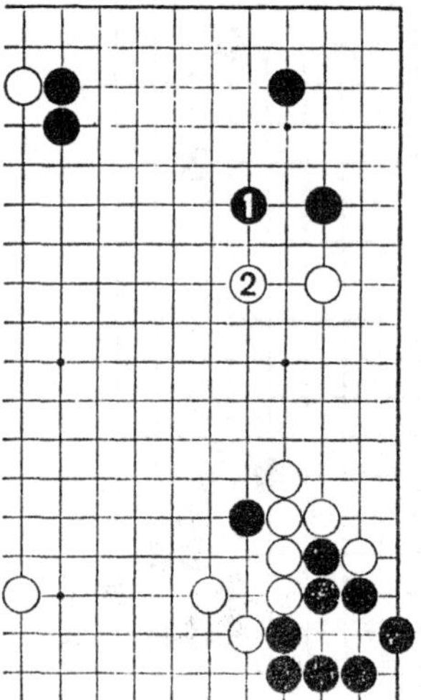

3
도

3도 (한칸 뜀) 흑 1의 한칸 뜀은 생각해 볼 수가 있는 곳이다. 우상의 흑모양이 넓어서 나쁘지가 않다. 백 2의 한칸 뜀, 중앙의 백모양이 십분 좋다.

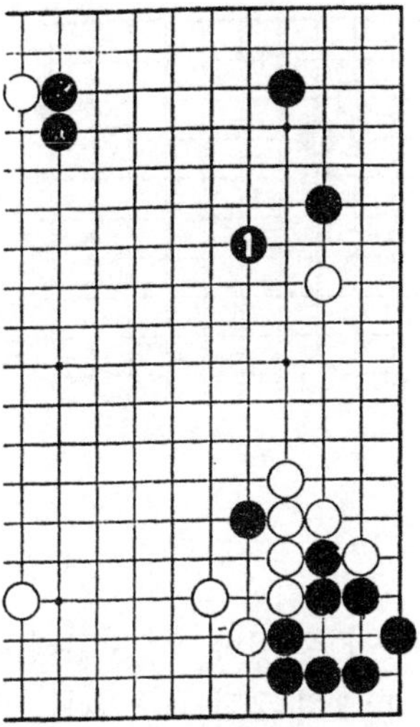

4
도

4 도 (날일자) 한칸 뜀이 충분하지 않다면 흑 1 의 날일자이다. 의표를 찌르는 착수이다. 흑 1 이 쌍방 모양의 분깃점이다. 그러나 날일자는 엷은 감이 있다.

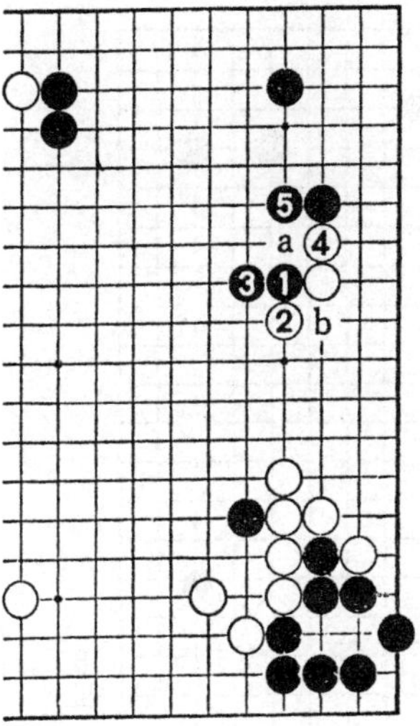

5
도

5 도 (정해) 흑 1 , 3 의 붙이고 늘음이 정해이다. 이 수가 이런 국면의 최선의 수이다. 백 2 , 4 에서 5 까지는 외길이다. 우상의 흑의 엷음을 십분 보강한다. 다음 백 a 는 흑 b 의 끊음이 있다.

바둑은 집을 짓는 것이 승패에 영향을 끼친다.

6도 (흑선 · 문제)

우변과 하변에 일응 포석의 골격이 짜여지고 있다. 남은 곳은 좌상이다.

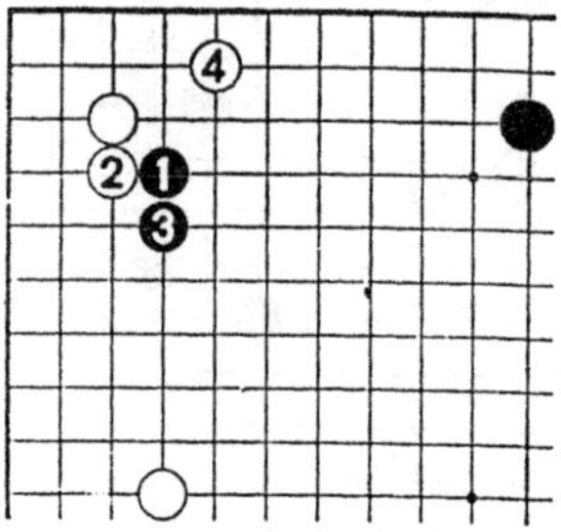

참고도

이것이 문제로 관점이 된다.

이곳을 생각해 보자.

참고도 3·3에는 흑**1**을 생각할 수 있다. 이 모양에서는 백**2**, **4**가 좋은 수이다. 흑**1**, **3**의 2점이 무겁다.

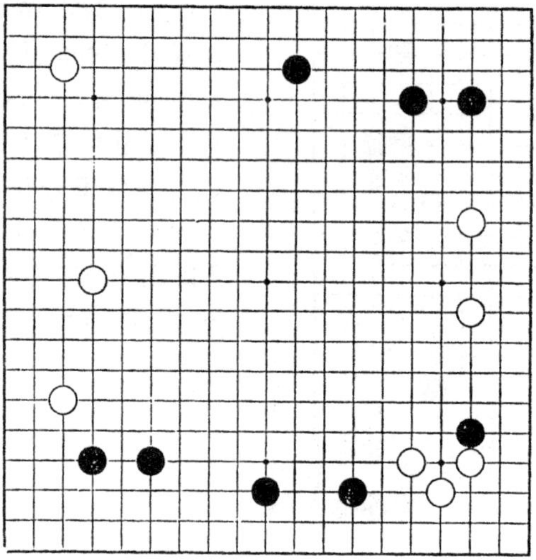

6도

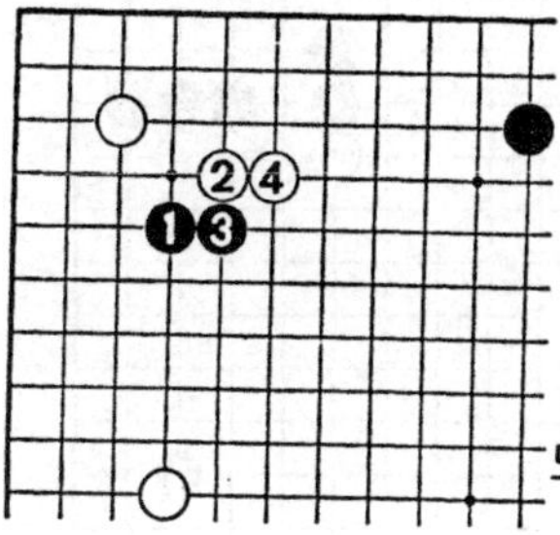

7도 (날일자) 3·3에 걸치는 방법을 생각해 보자.

이런 모양에서 흑 1의 날일자는 어떨까? 흑 1에는 백 2가 좋은 수. 흑 3에 백 4까지이다. 흑 1, 3의 2점은 무겁다.

이것도 명약관화한 실패이다. 자, 정해는—

8도(정해)흑 1의 한칸 걸침이 적절하다. 백 2에서 흑 3이 이상적인 지킴이다. 흑 1을 a의 곳,눈목자의 걸침을 생각할 수 있다. 백 2다음 흑은 적당한 곳을 지키지 않는다면, 백b의 침입이 남는다.

바둑은 항상 부분적인 것만을 생각하지 말고 전체적인 국면을 보고, 그 국면에 맞는 착점(着點)을 기획해야 한다.

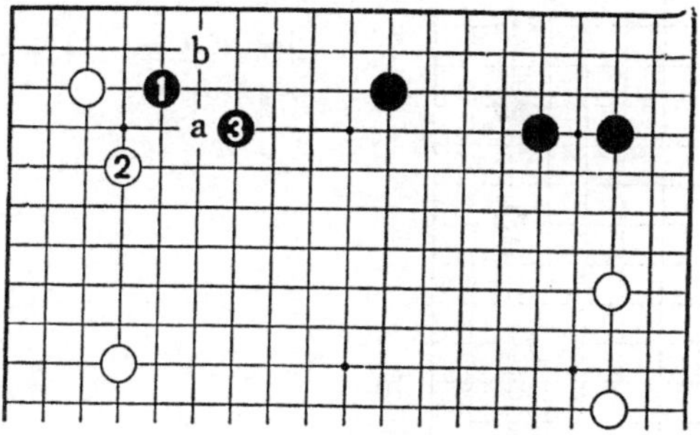

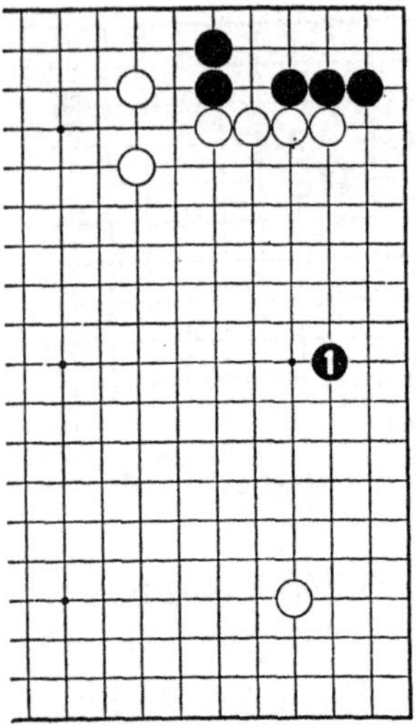

9
도

9 도 (백선·문제)

흑 1 로 갈라쳐온 국면이다. 백이 두는 방법은 어느 곳일까?

흑 1 은 백의 중간을 갈라친 수이다. 양쪽의 곳을 둘 수 있는 여유가 있다.

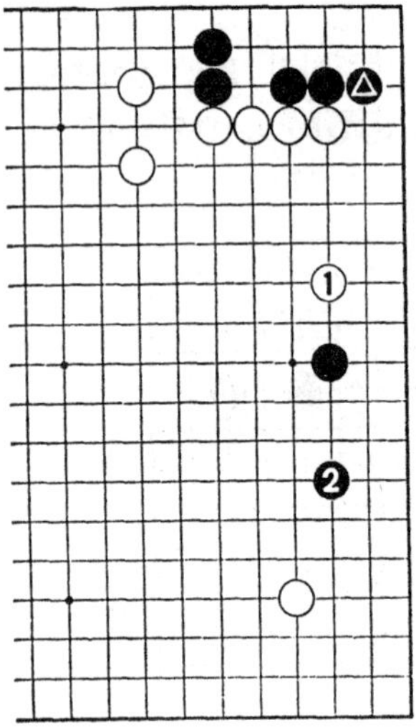

10
도

10도 (실패) 백 1 의 다가섬에는 흑 2 로 벌린다. 이것은 실패이다. 백의 엷음을 감안한 흑 2는 좋은 수이다. 그렇기에 백 1 의 다가섬은 실패이다.

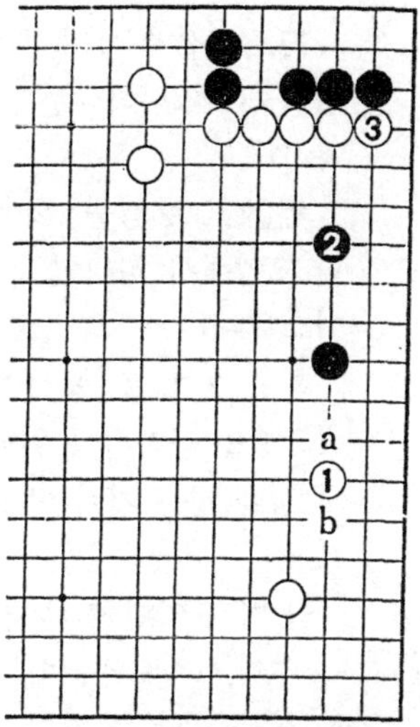

11
도

11도 (정해) 백 1 로 아래쪽의 곳에 눈목자로 다가서는 수이다. 이 모양에서의 최선이다. 흑 2 에는 백 3 으로 내려서 흑 2 점을 크게 공격할 태도이다.

백 1 로 a의 곳에 바싹 다가서는 것은 b의 곳에 침입하는 맛이 남는다. 백의 불만이다.

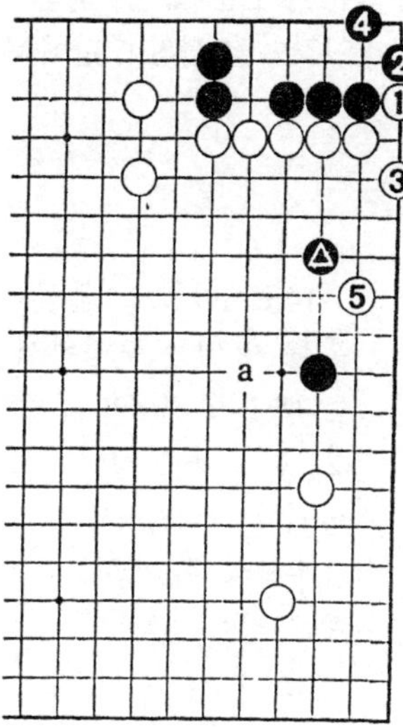

12
도

12도 (이 다음) 위쪽 귀의 흑에는 1, 3 으로 패 받음이 좋다. 흑 4 에는 백 5 로 침입을 한다. 우변 흑●의 엷음을 찌르는 수이다. 흑 2 점의 모양에서는 a의 곳에 한 칸 뜀이 적절하다.

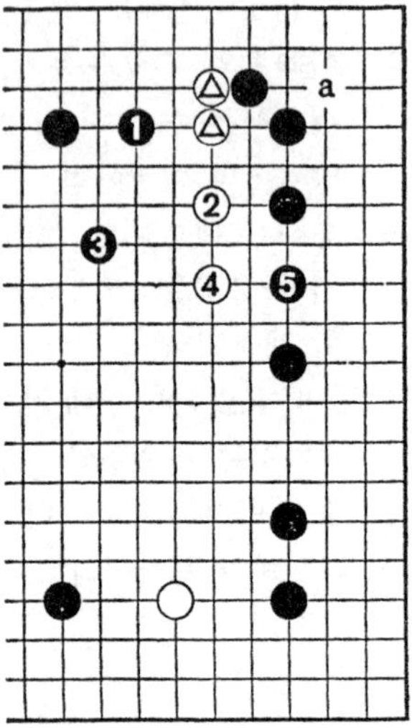

13
도

13도 (접바둑) 8점의 접바둑에서 나타나는 모양이다.

백△표 2점을 방치한 모양에서 나타난 케이스이다.

흑 1, 3 다음 5까지 백 2점을 공격하여 우변에 집을 짓는 것이 이상적이다.

이 백의 일단에 2집이 없다. 그래서 a의 곳에 침입을 할 수 없다. 이것이 최선의 수단이다.

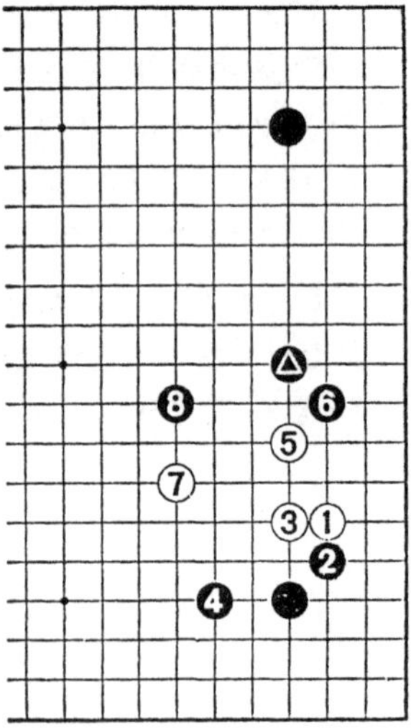

14
도

14도 (마늘모 붙임) 흑▲가 있는 모양에서는 백 1의 걸침에는 흑 2, 4로 두는 것이 상형이다.

우상의 흑모양과 아래쪽에 집이 있다.

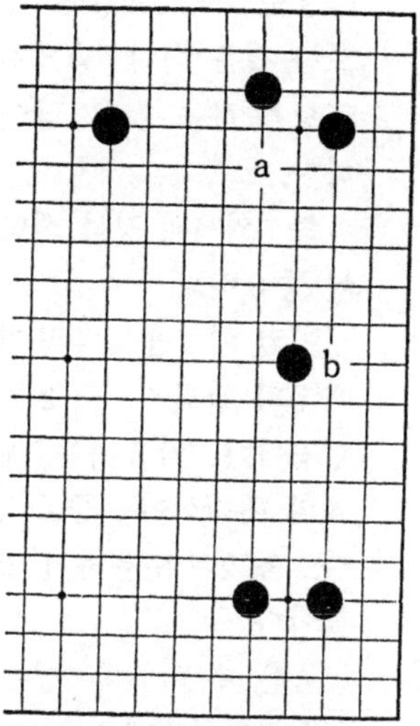

1
도

3. 모양 만들기

집과 모양은 깊은 관계가 있다. 그러나 같다고는 할 수 없다. 즉, 모양은 집이 될 가능성이 있기 때문이다.

1도 (모양) 이런 모양에서는 어떨까? 흑a나 b의 곳에 두면 백에서의 수단은 불가능하다.

흑집을 생각해 볼 수 있는데……

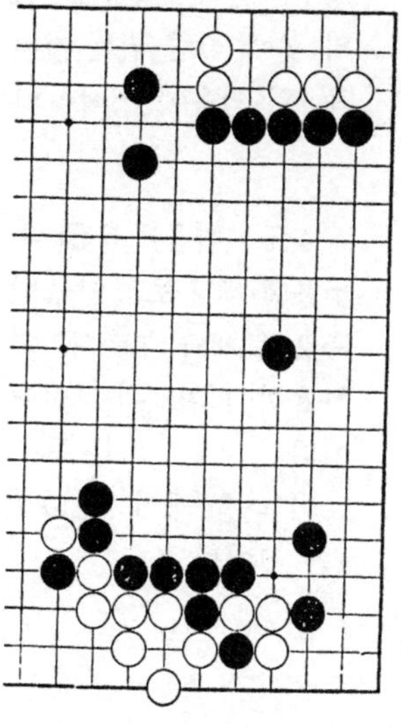

2
도

2도 (대모양) 상하에 정석모양이 나타난 후이다.

흑의 모양이 크다. 모양 만들기는 포석이 큰 조건이 되기도 한다.

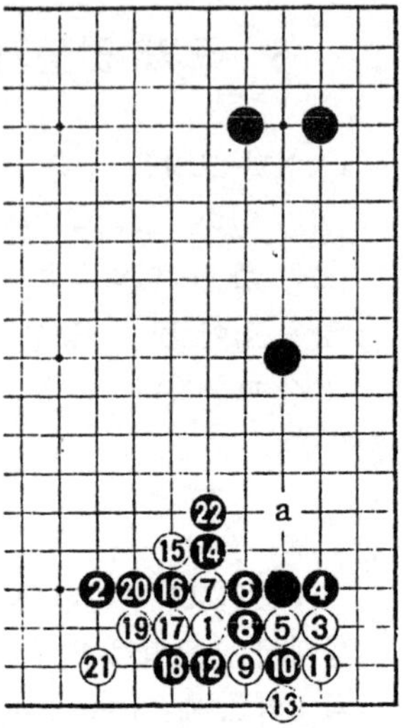

3
도

3도 (벽) 모양을 만드는 것은 벽이 중요한 역할을 하는 것이 당연하다.

즉, 외세의 정석 선택이 중요하다.

이런 배석을 살펴보자. 백 1의 걸침에 흑 2의 협공이다. 백 3에는 흑 4의 내려섬이 중요하다. 흑22의 뻗음까지 정석이다.

흑은 우변에 대모양을 형성하였다. 백 3을 14의 곳에 한칸 뛰는 것은 흑a의 받음이 정석이다.

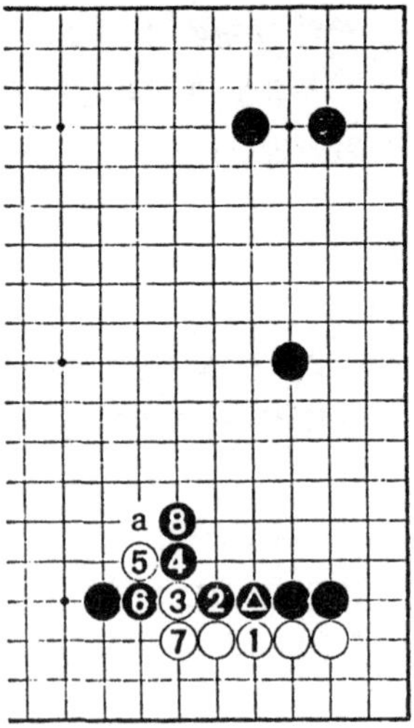

4
도

4도 (이음) 흑● 의 뻗음에 백 1로 이으면 흑 2로 계속 누른다. 이하 8까지 외길의 진행이다.

이 다음 백이 둔다면 a의 곳이다.

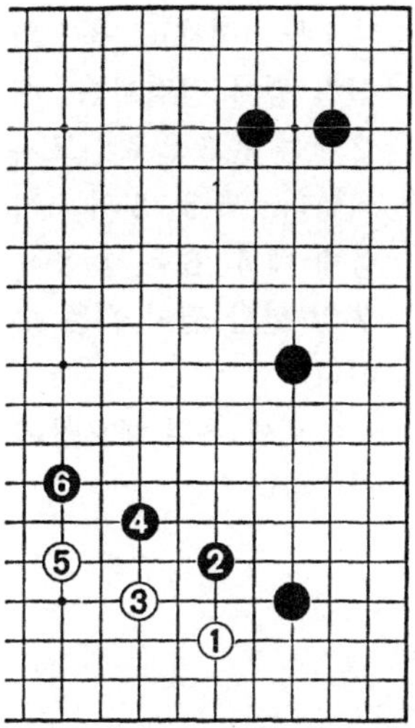

5도

5 도 (모자씌움) 이 포진에서는 흑 2 의 날일자가 성립한다. 백 3 에는 흑 4 , 백 5 에는 흑 6 으로 계속 모자를 씌워 응접을 한다. 포석의 감각이 좋은 초반 구상력의 하나이다.

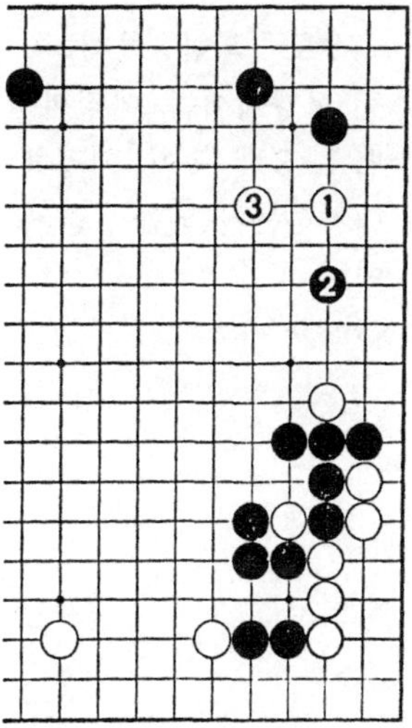

6도

6 도 (실패) 이런 포진의 모양에서는 어떨까?

백 1 에 침입을 하면 흑 2 의 협공이다. 백 3 으로 뛴다. 이것은 왼쪽의 흑 모양이 엷어서 실패이다. 어떻게 두어야 정착일까? 다음의 수를 생각하여 보자.

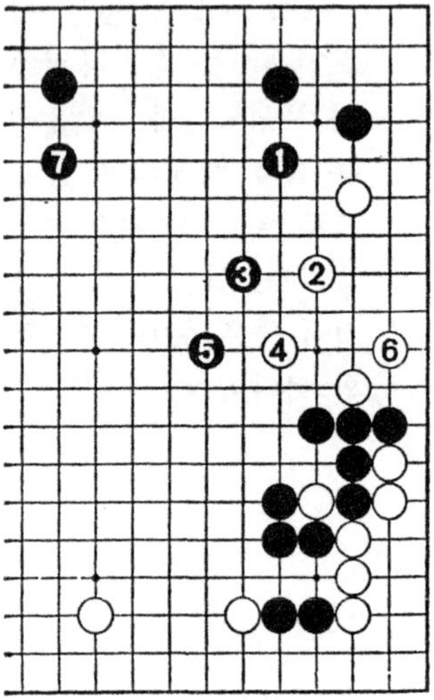

7
도

7 도 (정해) 흑 1 의 한칸 뜀이 적절하다. 백 2 에는 흑 3 으로 모자 씌운다. 흑 3, 5 의 씌움에 백 4, 6 은 다음에 7 의 한칸 뜀이 좋은 수이다.

이로써 흑의 대모양이 성립된다.

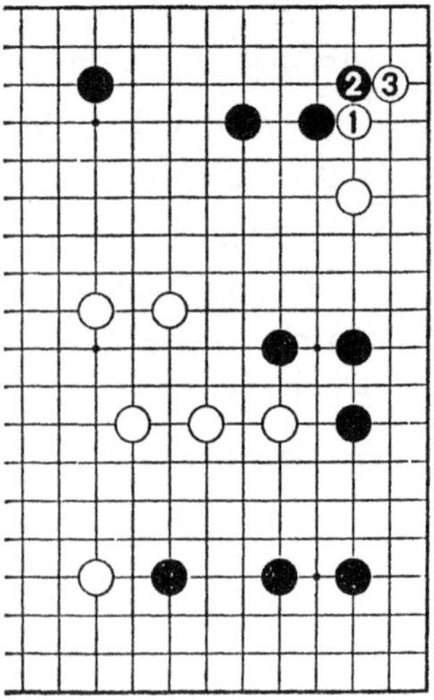

8
도

8 도 (흑선 · 문제) 이런 모양에서는 어떨까? 백 1, 3 에 흑이 어떻게 대처하는가 하는 문제이다.

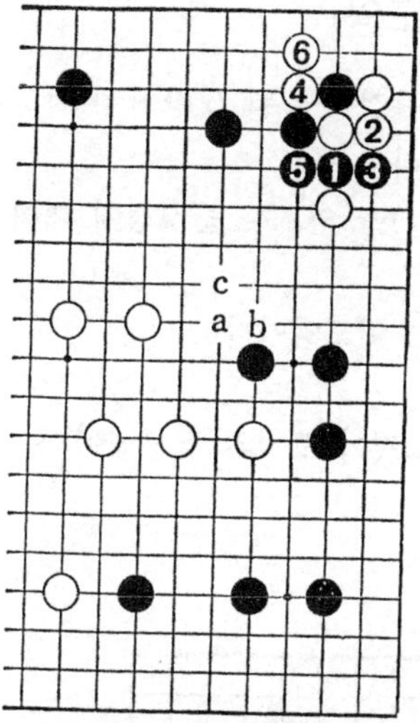

9
도

9도 (실패) 흑1, 3으로 돌파하여 나가는 정석도 있다. 이것은 백6까지 일단락이다. 백의 실리와 흑의 외세의 절충이다. 이 다음에 백a, 흑b, 백c로 움직일 자리이다. 흑1, 3은 실패이다.

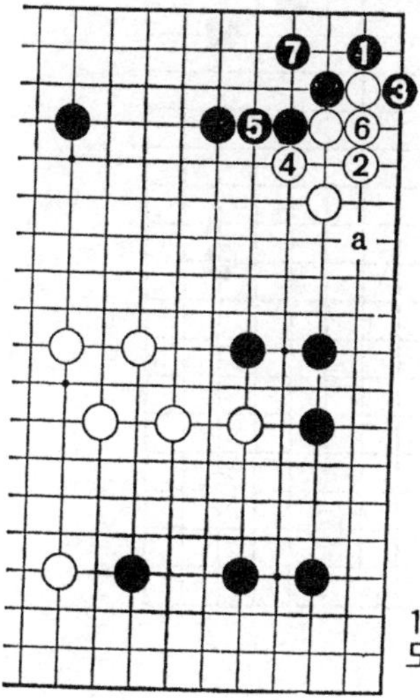

10
도

10도 (정해) 이런 모양에서는 흑1의 받음이 정착이다. 흑7까지 일단락이다. 다음 a의 곳에 공격하는 맛이 남는다.

4. 모양의 필쟁점(큰 모양)

집 주위의 모양을 만들기에 사정상 흑백 쌍방이 대치하여 있을 경우를 소개하고자 한다.

쌍방의 접점에서 모양(큰 모양)을 만드는 분깃점에 대해 생각해 보자.

이것이 승부에 직접 관계되는 대모양이다.

1도(백선 · 문제)

최대의 큰 곳은 어디일까? 그것이 포석의 필쟁점이다. 생각하여 보기로 하자.

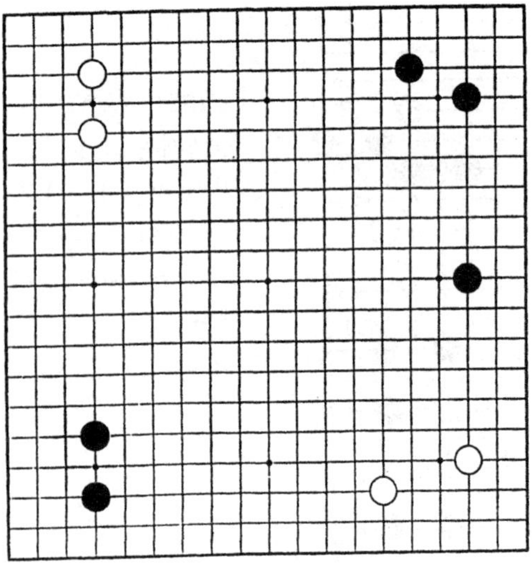

1도

2도 (정해) 상변 화점 및 백 1이 국면 최대의 큰 곳이다. 이것이 필쟁점으로 대세에 영향을 끼친다.

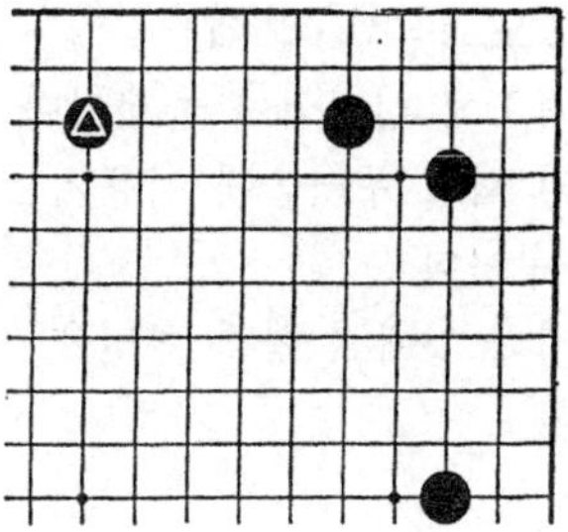

참고도 흑▲에 흑이 점거하고 있다면, 흑의 이상적인 양날개 포석이 아닐 수 없다.

백 1에서 지금은 흑 2가 최대의 곳이다. 백 3에는 흑 4이다. 이 다음에 백이 둔다면 a 나 b 이다.

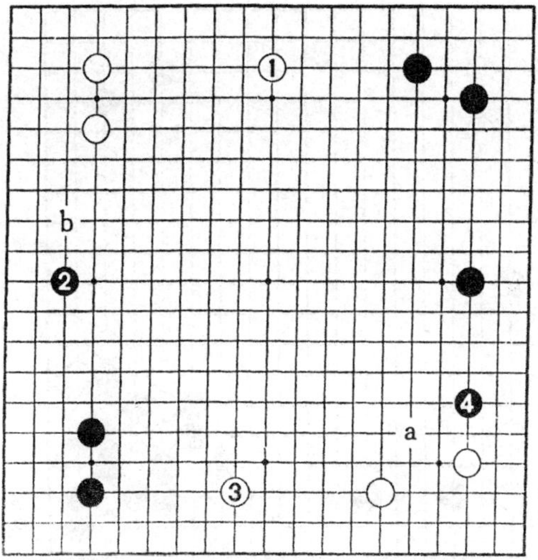

3도 (흑선·문제)

백 1에 다가섬이 문제이다. 우하의 백의 두터움에 이용되는 좋은 수이다.

이 모양에서 형세 판단을 하여 보자.

참고도 백 1에서 흑 2의 벌림이다. 백 1로 a의 곳에 다가서면 흑 b는 맞보기이다.

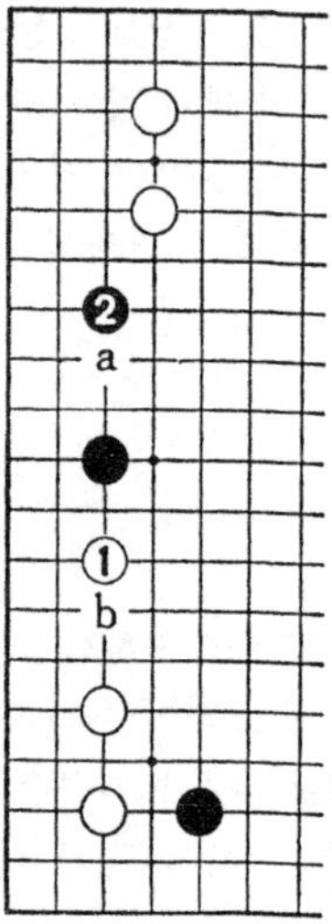

참고도

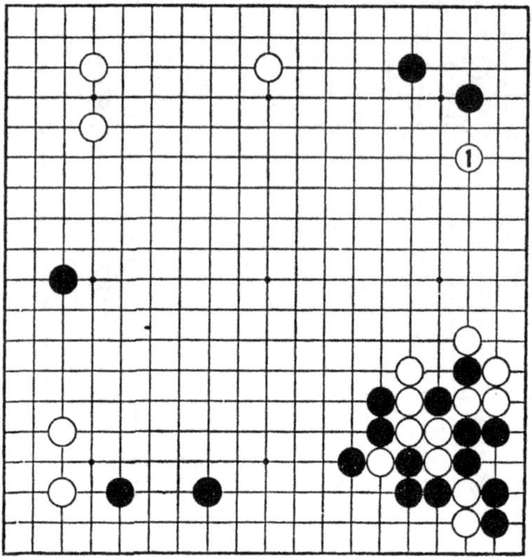

3도

4도(정해)백 1의 다가섬의 국면에 흑 2의 누름은 쌍방 최선의 모양이다. 모양을 키우는 점이다.

형세 판단을 하여보자. 흑 2의 한수로 하변에 대모양이 생긴다. 흑 2의 포인트가 중요하다. 이유로는, 백 1로는 2의 곳을 두는 점을 생각해 볼수 있다. 그러면 흑b의 2칸 벌림이 절호점이 된다. 백의 두터움의 위력은 간단히 소멸되지 않는다.

바둑에 있어서는 자기쪽의 집을 두텁게 하는 대신 상대방의 집은 엷게 만드는 전략이 주효하다. 전국적(全局的)인 측면을 염두에 두고 수순을 밟는 것이 바람직하다.

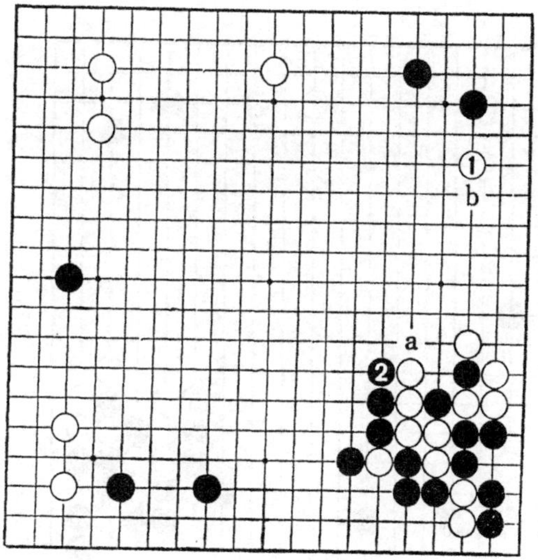

4도

5도 (벌리고 다가섬) 흑 2의 벌림이 부분적으로 좋은 수이다. 백 3의 꼬부림을 허용하여 백의 불만이다.

자, 여기서 우하의 정석을 소개하고자 한다.

참고도 1 흑 1의 젖힘 모양의 정석으로 다음에 백a 와 흑b가 보통이다. 축관계가 백이 유리하다면 **참고도 2** 백12로 두는 수가 성립한다. 이하 23까지 정석의 하나이다.

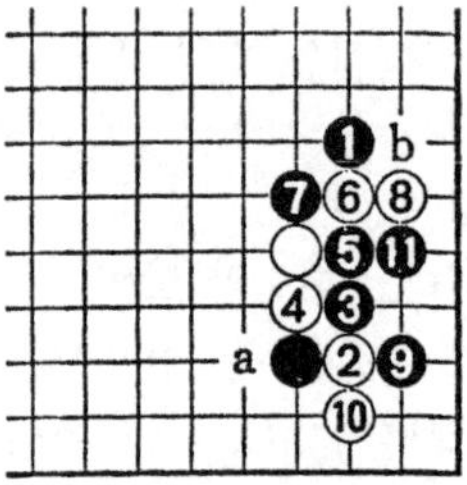

참고도 1

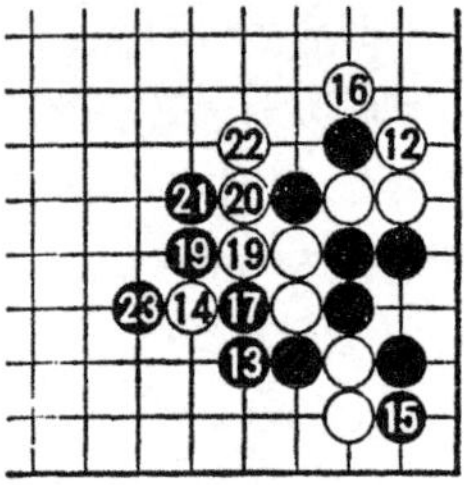
참고도 2

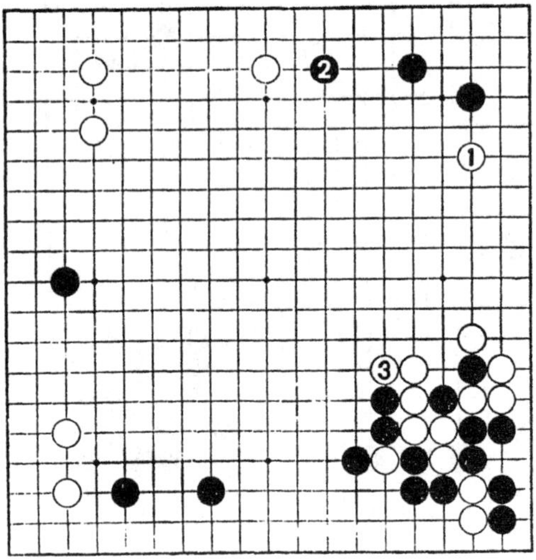
5도

6도 (흑선·문제)

귀에서 변에 이르는 큰곳에 두는 마무리 단계이다.

쌍방 모양의 분깃점이다.

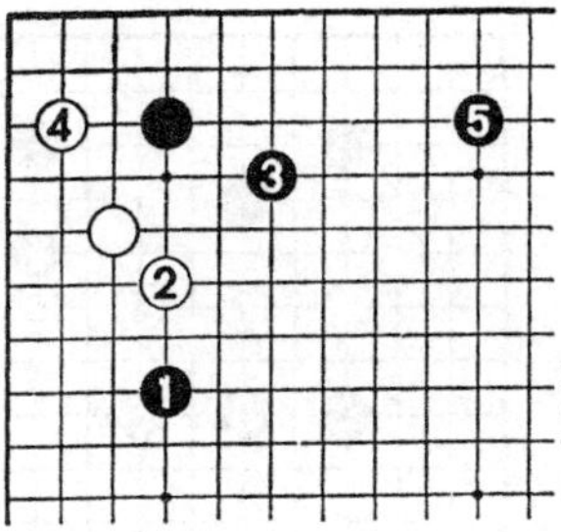

참고도

참고도 좌상귀의 응접의 수순을 소개하고자 한다.

흑 1의 2칸 높은 협공에 백 2의 마늘모도 정석의 하나이다.

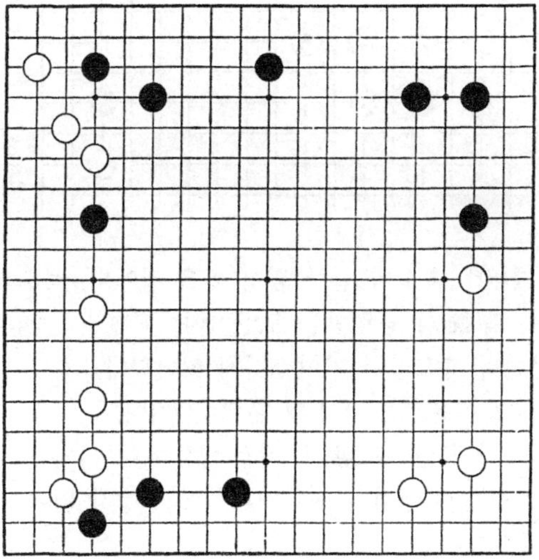

6도

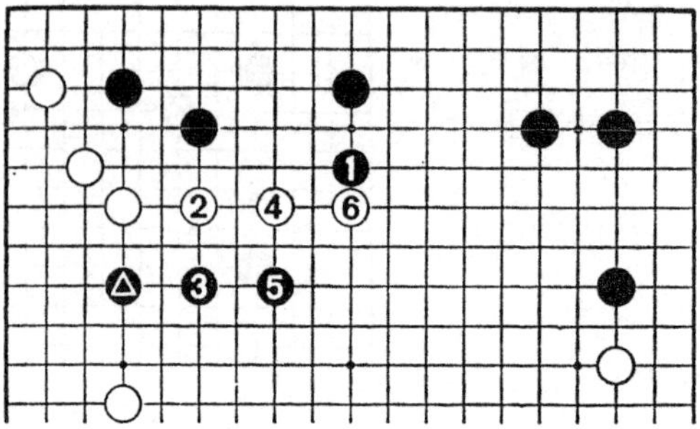

7
도

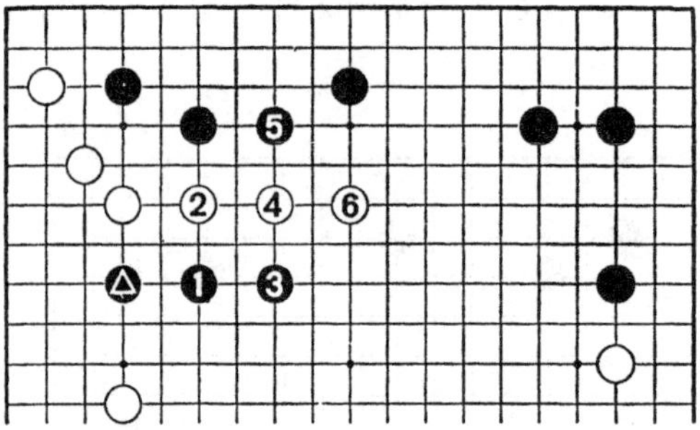

8
도

7 도 (한칸) 흑 1 의 한칸 뜀이 좋은 점이다. 백 2 의 한칸 뜀에는 흑▲가 공격받는 모양이다. 백 6 의 붙임까지이다. 상변의 흑모양이 자연스럽게 엷어진다.

당연히 그 이유로는 흑 1 의 한칸 뜀이다.

8 도 (흑의 불만) 흑▲로 직접 한칸 뛰어 나가는 것은 백 2 에서 6 까지 평범한 진행이다. 흑 모양이 엷어서 흑 불만의 국면이다.

흑 1 의 한칸 뜀에 백도 역시 2 로 한 칸 뛰었다. 흑 3 의 연속 한 칸 뜀에 백도 4 로 따라 뛰었다.

9 도 (정해) 여기까지에서 실패도를 설명한 바 있다. 쌍방 최선의 대 모양의 분깃점은 흑 1 이다.

우상귀 흑◘의 한칸 굳힘은 이상적으로 흑모양을 약속하고 있다.

백 2 의 마늘모에는 흑 3 , 5 의 붙이고 젖힘이다. 흑▲와 관계되는 점이다. 이 다음의 응접이 중요하다. 이 책의 목적은 흑 1 의 한칸 뜀의 목적의 이해이다.

바둑의 실전(實戰)에서 '한 칸 뜀의 착수(着手)'는 대단히 중요하다. 실전에서 가장 강력한 수단 중에는 한 칸 뜀이 있다. 공격과 방어에 두루 쓰이는 수단이므로 잘 알아두기 바란다.

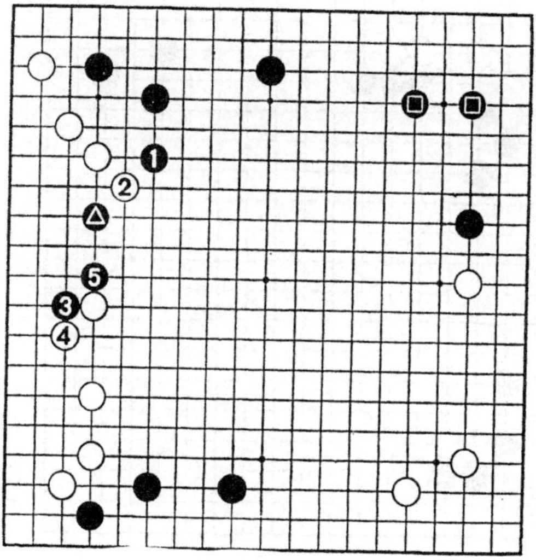

9 도

10도 (백선 · 문제)
큰 곳이 남아 있는 국면이다. 이것이 필쟁점으로 쌍방 모양의 분깃점이다.

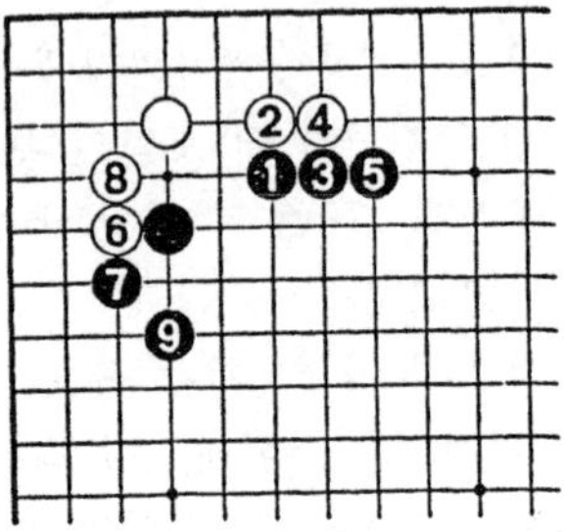

참고도

흑선이라면 어느 것이 일책일까? 자, 좌상귀의 정석을 소개하고자 한다.

참고도 흑 1 의 날일자에 백 2 의 붙임이다. 백 4 에서 흑 7 , 9 까지 일단락이다.

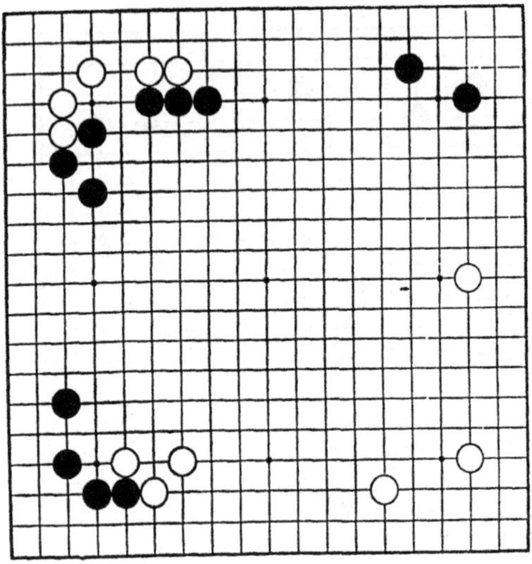
10도

11도 (정해) 이 모양에서 백 **1** 이 쌍방 모양의 분깃점이다. 이 한 수로 하변에 대모양이 형성된다. 반대로 좌변에서 중앙으로 나서면 흑모양이 약속된다.

흑 **2** 의 내려섬은 절호의 곳이다.

다음의 백 **3** 이 좋은 점이다.

흑 **4** 의 어깨짚기는 당연한 곳이다. 백은 **5**, **7** 로 둔다. b의 지킴이 포석감각이다.

흑은 a의 곳 다음에 백c, 흑d, 백e로 하변의 백모양은 흑을 능가한다.

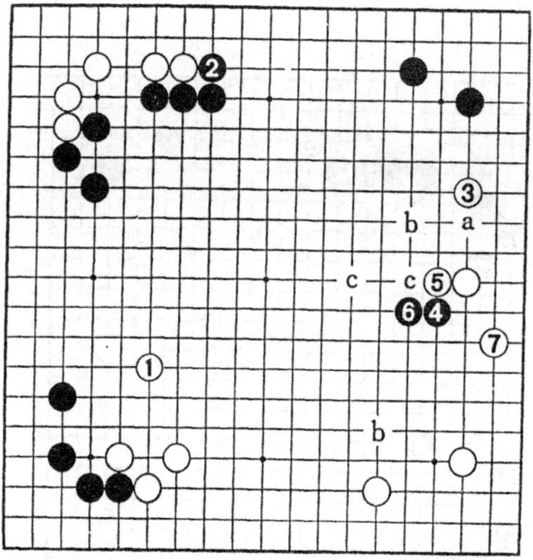

11도

12도 (눈목자) 상변을 백 1, 3 으로 두는 것이 좋은 수이다. 그러나 흑 4 의 눈목자를 허락하여 대모양이 형성이 된다. 하변은 a의 곳 침입이 남아있어 백 1, 3 은 실패의 국면이다.

4 의 곳이 쌍방 모양의 최선의 곳이다.

귀에서 변에 이르는 포석의 진행이다. 주의를 요하는 곳이다.

다음에 흑·백의 착점이 어느 곳에서 행해지느냐에 따라 국면(局面)의 상황이 달라지게 된다. 흑의 세력과 백의 세력이 서로 균형을 이루고 있지만 하변 a의 곳에 흑이 먼저 착점하느냐 아니면 백이 먼저 착점하느냐에 따라서 형세가 달라진다.

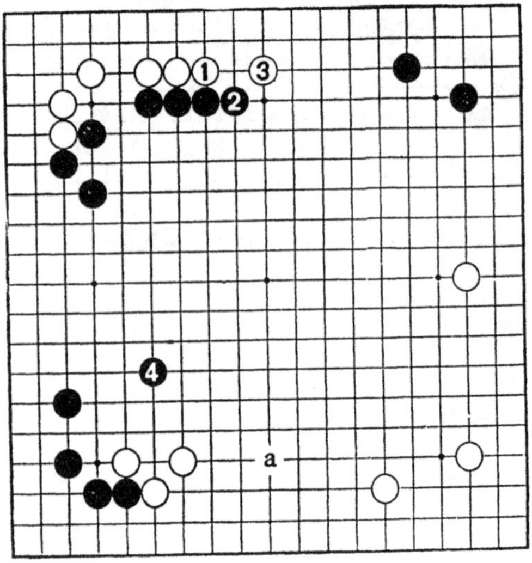

12
도

5. 모양의 삭감법

모양을 만들기에 있어서 살펴보았다. 지금은 삭감을 하는 방법에 대해서 기술하고자 한다. 확정지가 되기 전에 삭감하는 법이 필요하다.

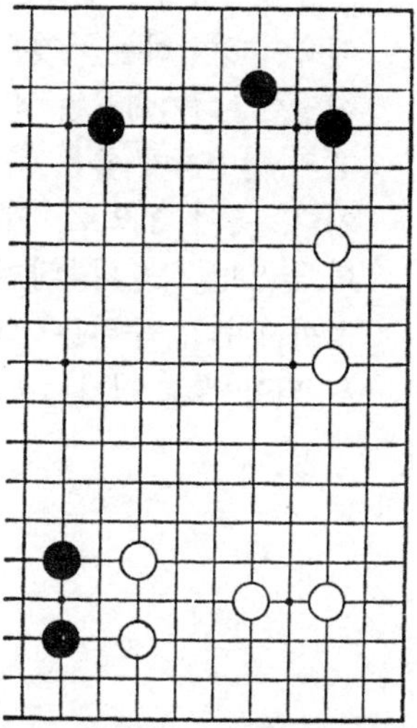

1도

1도 (흑선 · 문제)
오른쪽의 백모양을 삭감하는 급소는 상용수단이다.

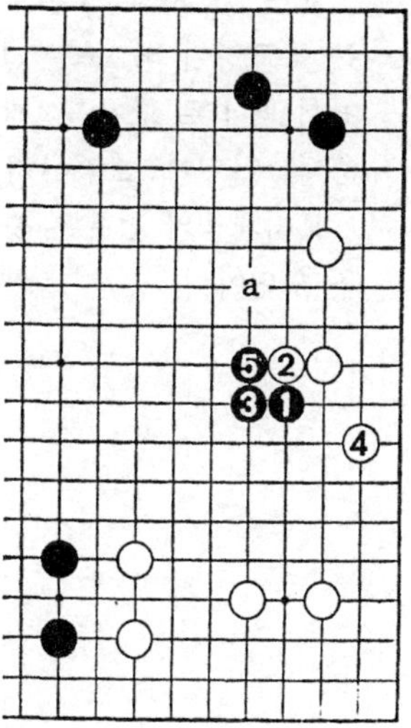

2도

2도 (어깨짚기) 흑 1의 어깨짚기가 정해이다. 이 수로 대모양이 삭감이 된다. 백 2에서 흑 3, 5까지 외길의 수순이다.

그러나 어깨짚기는 불만이다. 다음을 생각하여 보자.

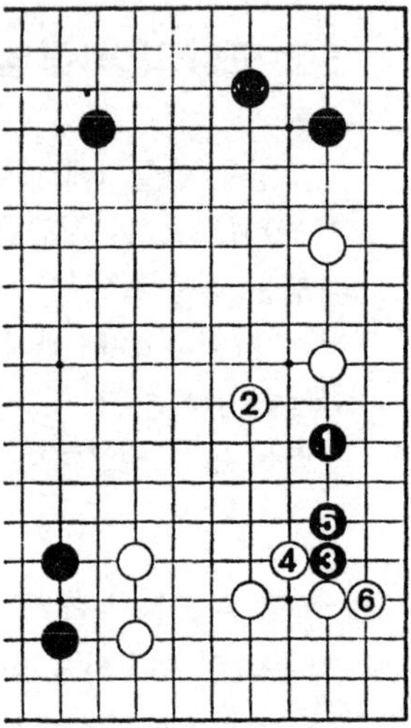

3
도

3 도 (침입) 흑 1 로 깊숙이 침입하는 것은 어떨까? 여기에서는 백 2의 날일자가 좋은 수이다. 흑이 3으로 붙여 늘으면 백 6의 내려섬까지이다. 주위를 백의 벽이 쌓고 있다.

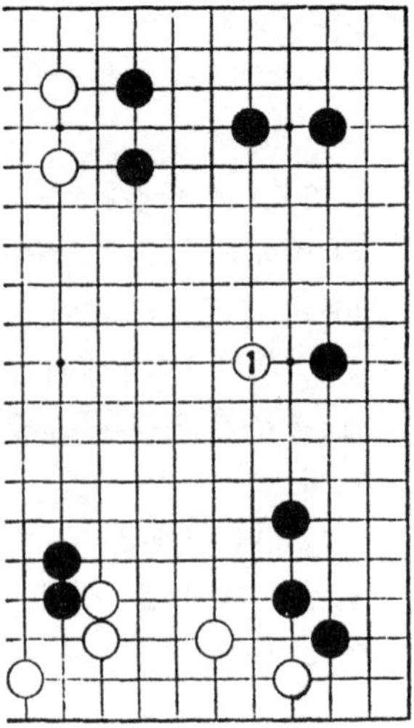

4
도

4 도 (모자씌움) 본도는 흑모양이 비교적 깊어서 백 1 로 모자를 씌운다. 이것이 요점이다.

모자씌움의 활용은 상용 수단이다.

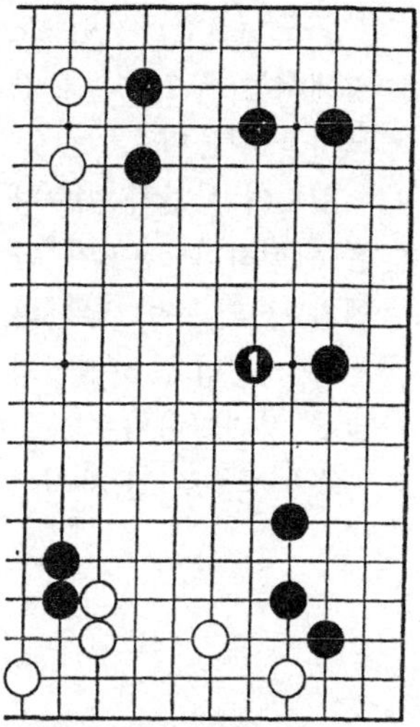

5 도

5 도 (한칸 뜀) 백이 손을 뺀다면 흑 1의 한 칸 뜀이다. 이 점이 좋은 수로 흑모양이 크게 좋다. 흑 1이 모양의 급소이다.

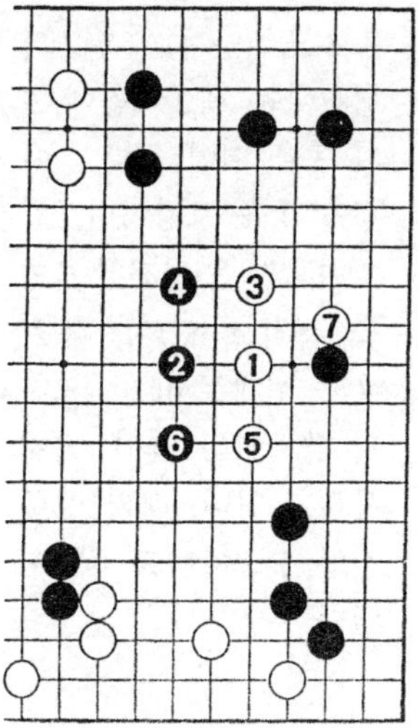

6 도

6 도 (반격) 백 1 의 모자씌움에 흑 2 의 반격이다. 백의 진로를 주위의 여건에 의해 차단하고 있다. 흑 2 에는 백 3, 5 에서 7 의 붙임까지이다.

모양이 깊은 주위에서는 깊숙이 삭감하는 수단은 위험하다.

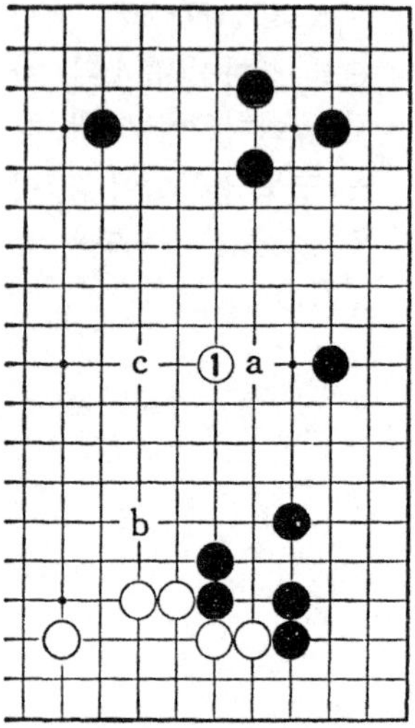

7
도

7도 (2칸) 이런 모양에서는 흑**1**로 2칸 모자를 씌운다.

깊숙이 삭감하는 수단은 위험하다. 흑b의 날일자a,c의 곳이 남는다. 깊숙이 침범을 하면 퇴로를 차단당한다.

흑b, 백c로 될 자리이다.

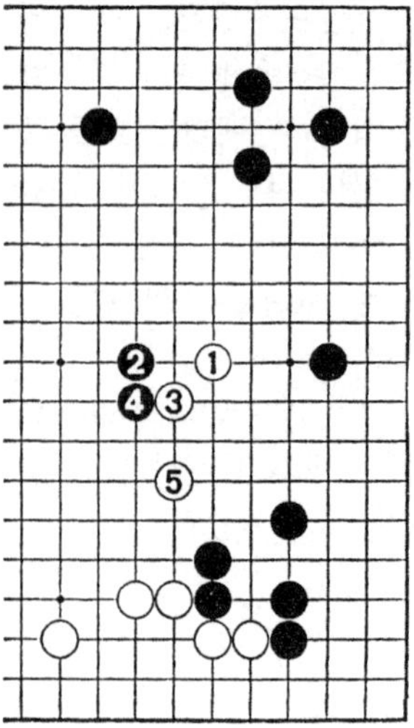

8
도

8도 (안전) 흑**2**의 협격에는 백**3** 다음에 **5**의 곳을 뛰어 둔다. 이것이 좋은 모양이다.

결국 백은 안전한 모양을 취하고 있다. 흑**2**, **4**는 현재로서는 그다지 쓸모있는 돌이 되지 못하고 있다. 백의 성공적인 수순이라고 볼 수 있다.

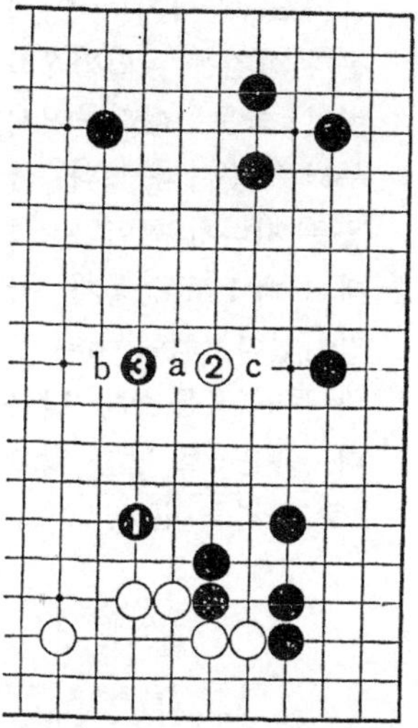

9
도

9도 (날일자) 흑1의 날일자 다음에 삭감하는 수단을 생각하여 보자. 백2는 흑3으로 완전히 퇴로를 차단 당한다. 여기에서 백 a는 흑b의 반격을 각오해야 한다. 백c 다음에 독자의 형세판단이 필요하다.

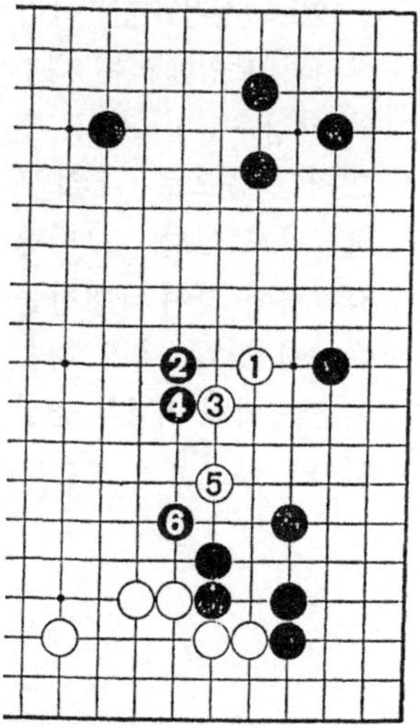

10
도

10도 (위험) 이 배석에서 백1의 모자씌움은 위험천만이다. 흑2에서 6의 마늘모까지 완전히 퇴로를 차단 당한다.

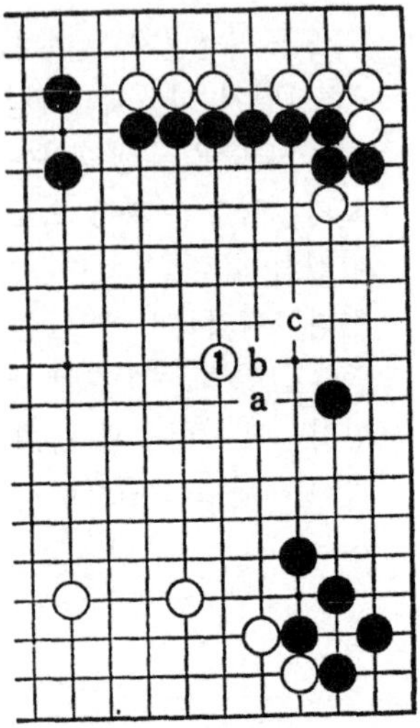

11도

11도 (눈목자) 이런 곳의 삭감은 어떨까?하변의 벽은 때려내어서 두터운 곳이다. a의 씌움은 지나친 곳이다. 그래서 백 1로 눈목자 삭감이었다. 백이 b의 곳에 두면 흑은 c로 받는다. 흑은 c로 받지 않고 b로 공격을 한다.

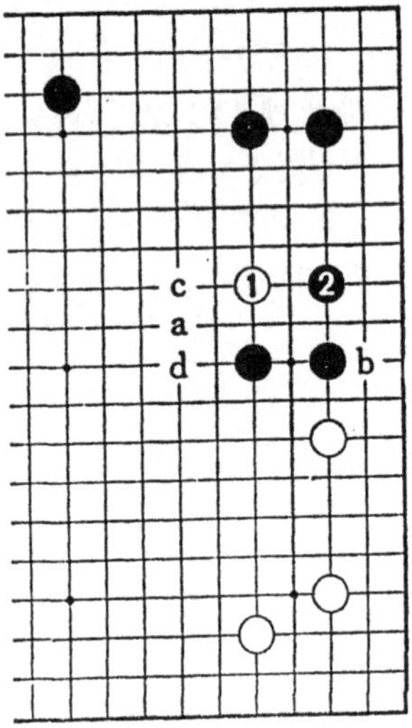

12도

12도 (상용수단) 이런 배석의 모양에서는 백 1의 삭감수단이 있다. 흑 2의 받음으로는 a의 곳 날일자도 있다. 그러면 b의 곳에 붙여 타개하는 수단이 있다. 흑 2 다음에 백 c에서 흑 d의 응접이다.

이상에서 어깨짚기, 모자씌움, 눈목자 삭감의 요령에 대해서 살펴보았다. 마지막으로 전체적인 전국문제를 살펴보기로 한다.

13도 (천원) 우상, 우하 양귀의 3·3에 침입을 하였다.

백의 실리와 흑의 대모양에 대한 문제이다.

정해는 백 1의 천원이다. 이것을 잊지 않아야 한다.

한길 더 나간다면 b의 곳의 모자씌움이 통렬하다.

백 1이 깊이를 염두에 둔 수이다. 흑은 c의 곳을 받는다.

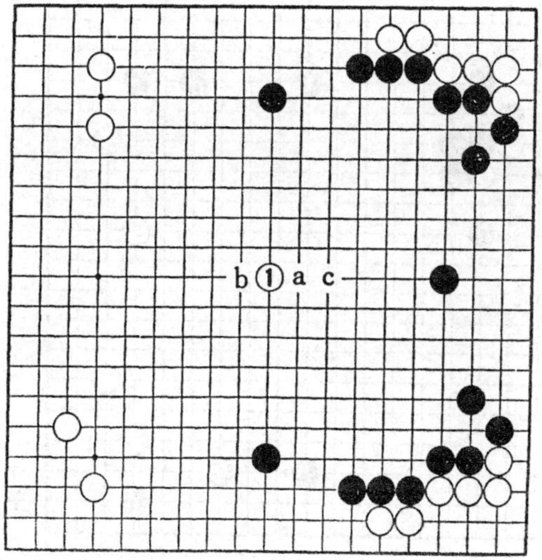

13도

6. 침입

모양이 거의 결정이 되고 보면, 불비한 곳을 침입하는것은 당연하다.
침입은 배석으로 결정을 한다. 서로의 포진의 약점을 부딪혀 자기 진의 약점을 보완하며 파괴시키는 것이 상식이다. 무모한 침입은 패하는 원인이 된다.

1도 (흑선·문제)

촛점은 우선 백진의 불완전이다. 상하를 분단하는 엄한 공격이 요령이다. 급소는 어느 곳일까?

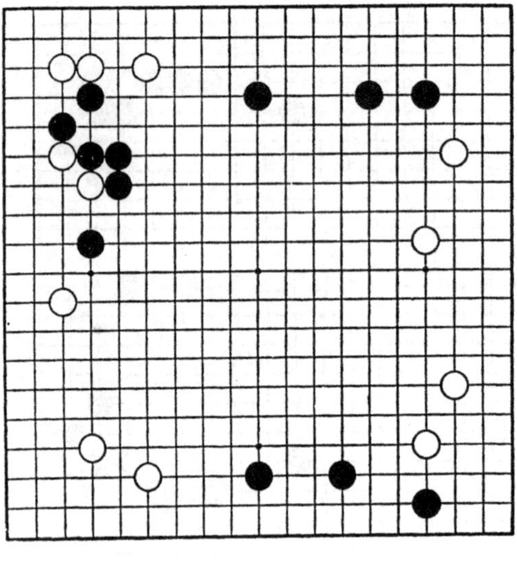

1도

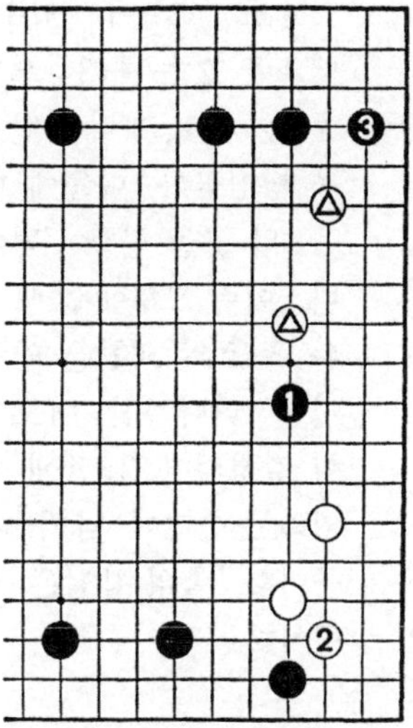

2
도

2 도 (정해) 침입의 급소는 흑 1 이다. 이 한 수로 백은 상하가 분단이 된다. 단숨에 흑의 페이스이다.

백 2 로 우하귀를 지키는 것은 흑 3 으로 우상귀를 내려선다.

백 △표 2점이 들뜬 돌이 되어 일석이조의 좋은 수이다.

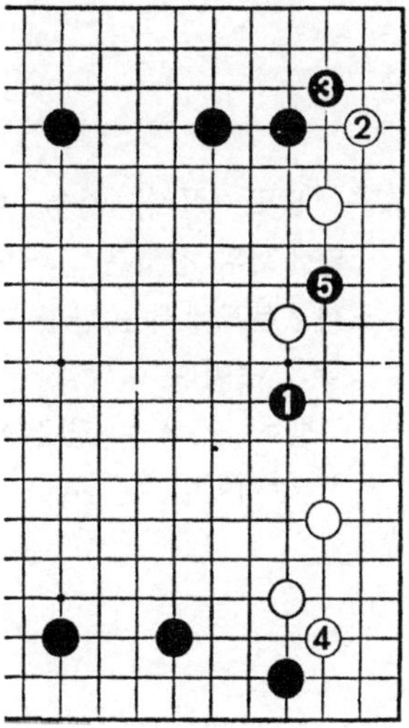

3
도

3 도 (급소) 흑 1 에 백 2 의 날일자에는 흑 3 으로 받는다.

백 4 에는 흑 5 의 침입으로 모양의 급소에 다가선다.

백의 상하를 통렬히 가르고 있다.

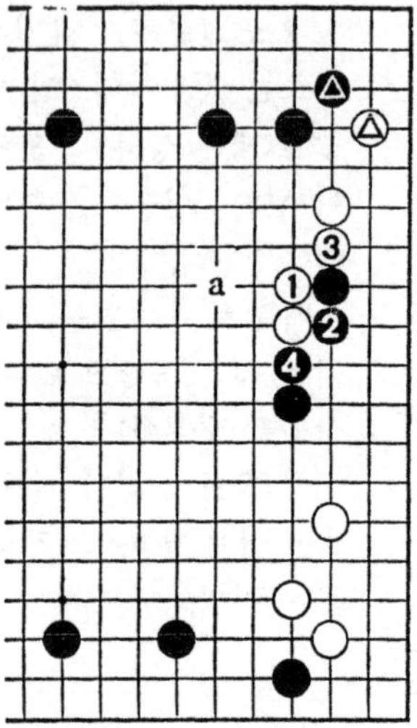

4
도

4도 (교환이 악수) 백1을 2는 흑3 으로 둔다. 백1, 3의 받음은 당연하다. 다음에 백은 a의 곳을 한칸 뜀이다. 이런 모양에선 백△와 흑▲의 교환은 악수이다. 왜냐하면 백모양이 결정되면 3·3에 침입하는 수단이 남기 때문이다. 흑의 침입은 성공이다.

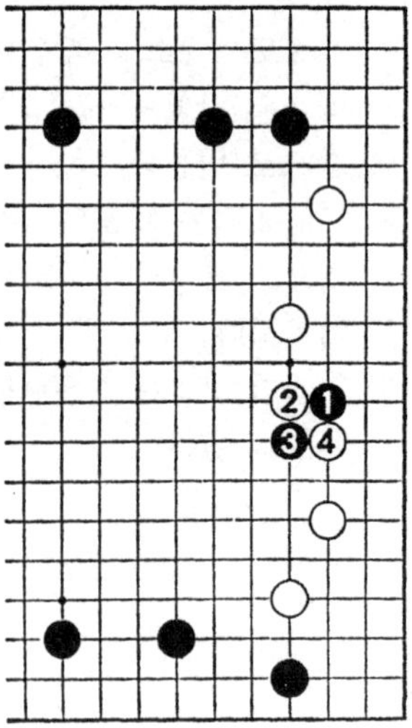

5
도

5도 (실패) 이런 모양에서의 침입은 어떨까? 본도에서는 한칸 더 낮은 곳이다.

백은 2, 4로 맞끊어서 실패이다.

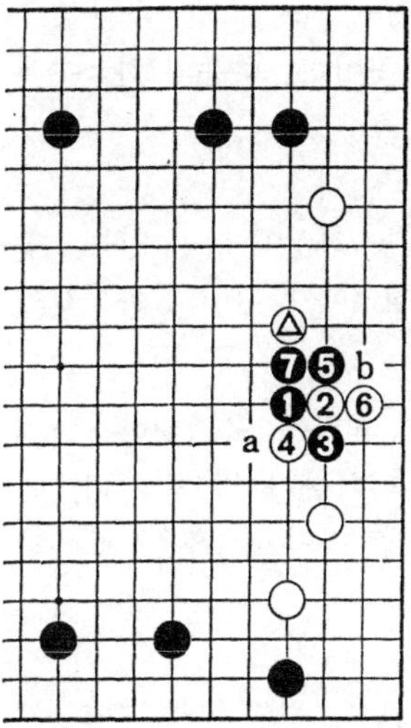

6
도

6도 (흑성공) 흑 1의 침입에 백 2, 4의 맞끊음이다.

흑 5, 7의 단수가 적절하다. 백 △가 분리가 되어서 나쁘다. 흑a 의 단수나 b의 곳 내려섬이 선수이다. 흑의 대성공이다. 전도와 본도를 비교하여 보면 한칸의 차이가 전연 다름을 볼 수 있다.

침입의 모양에선 정확한 수읽기가 필요하다.

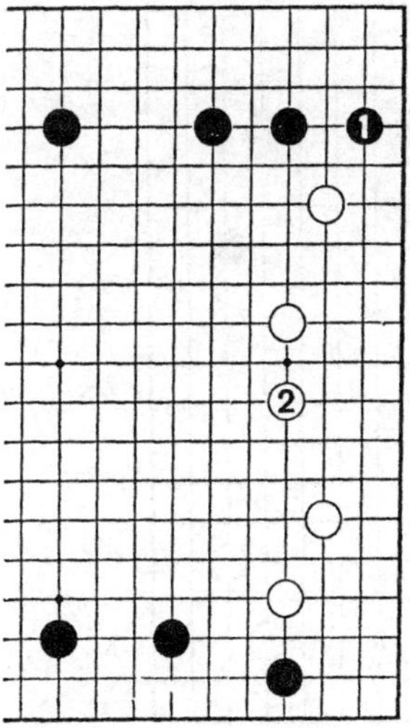

7
도

7도 (안심) 흑 1로 우상귀를 단순히 지키는 것은 충분하지 않다. 백 2를 허용하여서는 백의 엷음이 사라진다.

백 2를 지켜서는 비교적 안심이다.

8도 (백선·문제)

백△와 흑▲의 교환이 있는 곳이다. 다음의 한 수는 어디일까? 침입의 테크닉이 필요한 곳이다.

백△와 흑▲의 교환은 전주곡이다.

하변은 백a의 다가섬에서 b의곳 침입이 남아 있는 곳이다. 백△와 흑▲의 교환이 침입과 상관이 있는 것일까?

만약 백a에 흑b로 응수한다면 균형은 유지된다. 그러나 흑a에 백b의 침입이라면 격돌이 불가피하게 된다. 백은 흑을 분리시키는데 안간힘을 쓸 것이고, 흑은 필사의 쟁투를 마다하지 않을 것이다.

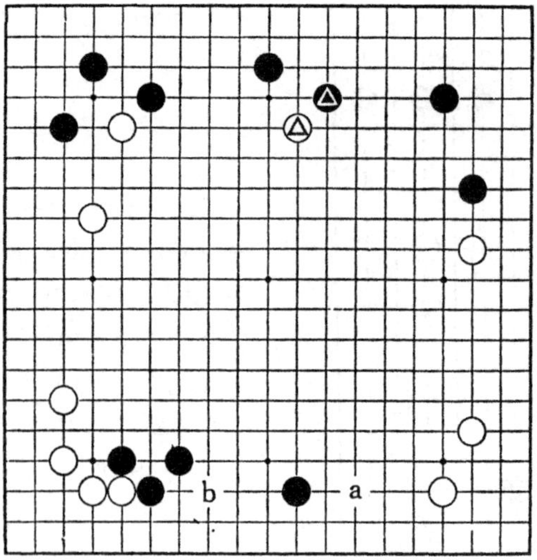

8도

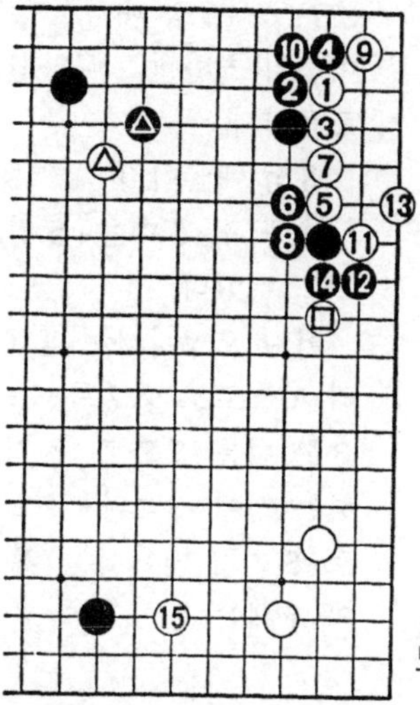

9 도

9 도 (정해) 흑 1 의 3·3 침입이 정해로 이하는 정석의 응접이다. 흑 2 의 내려섬에서 14의 이음까지이다. 선수로 삶을 도모한다. 여기에서는 백△와 흑▲이 수순에 영향을 미친다. 또한 백□표가 흑모양을 더욱 황량하게 만든다.

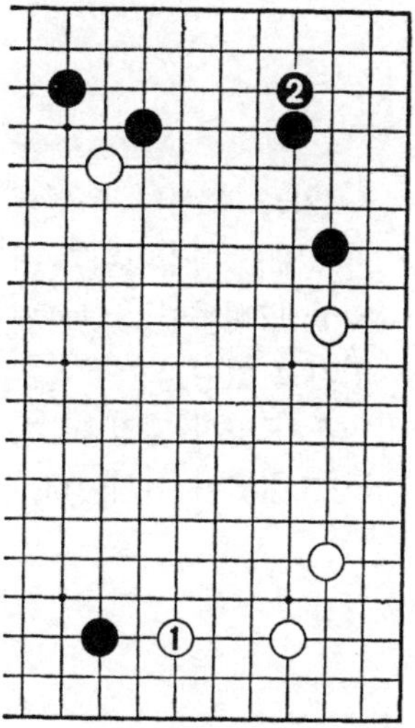

10 도

10도 (철주) 단지 백 1 로 벌리는 것은 흑 2 의 철주가 단단한 수이다.

이것은 포석감각의 위반이다. 백이 좋지 않다.

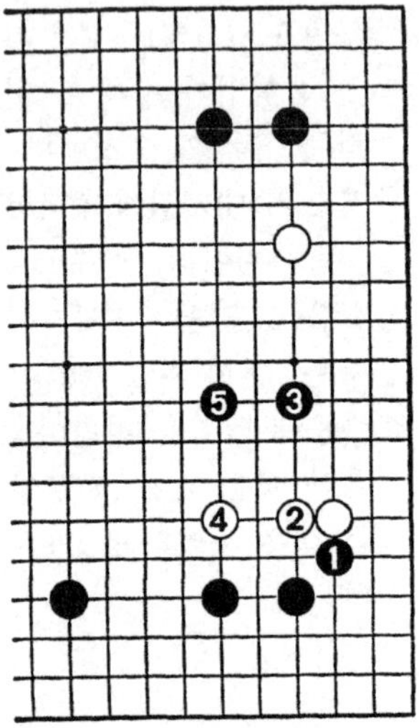

11도

11도 (8점 대국) 접바둑의 초반에 나타난 포석이다.

8점 대국이다.

흑은 1, 3 다음 5의 곳을 뛰었다.

이런 모양에서는 흑 1의 마늘모로 백 2를 강요한 다음 3으로 공격하는 것이 절호의 곳으로 5까지 되어서는 흑의 우세이다.

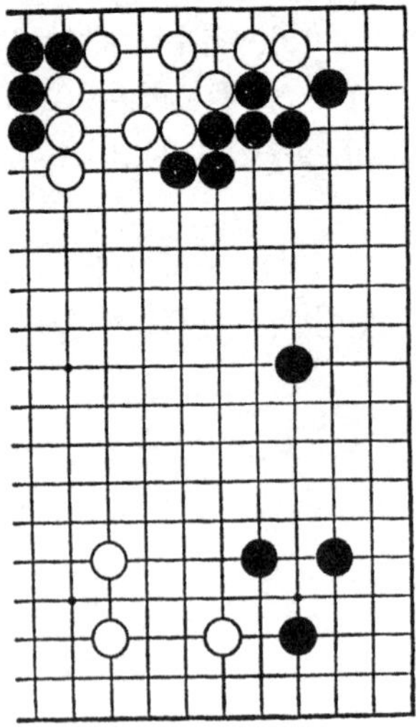

12도

12도 (백선) 우변의 흑모양은 삭감이나 침입을 방비하여 엄하게 지키고 있다.

흑 모양의 약점을 찌르는 침입이 철칙이다.

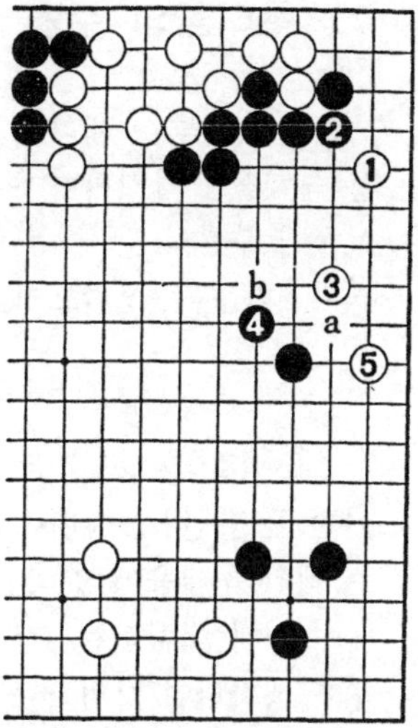

13
도

13도 (엿봄) 백 1 로 모양의 약점에 다가서는 수이다. 이곳이 묘착이다.

흑 2 의 이음에는 백 3, 흑 4 에서 백 5 로 사는 모양이 된다. 흑 4 를 a 의 곳에 두는 것은 b의 곳에 붙이는 수가 있다.

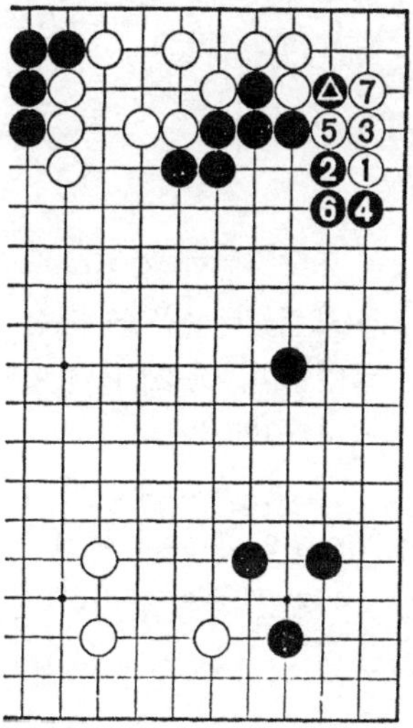

14
도

14도 (나감) 백 1 의 엿봄에 흑 2 로 받음은 흑 ▲를 사석으로 이용한 현명한 처사이다. 백 3 에는 흑 4 의 내려섬이다. 이후 백 7 까지 일단락이다.

7. 두터움의 주변

외세나, 벽, 때려냄 등 두터움은 막연하나마 이렇게 부른다.

자, 다음을 살펴보자.

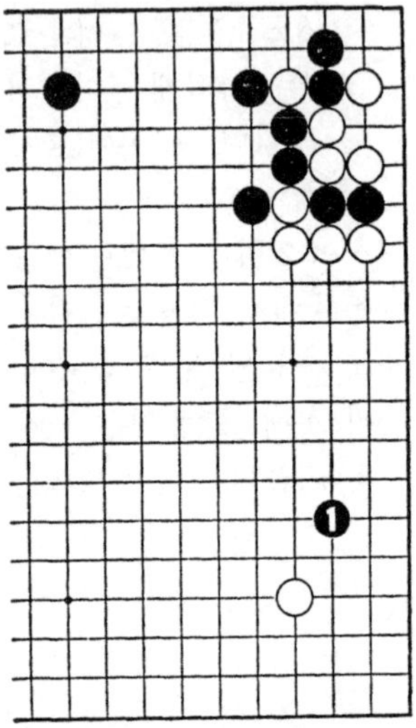

1도

1도 (걸침) 흑1로 걸친 국면이다. 상변에는 백의 두터움이 있다. 백이 이에 대처하는 정수를 생각하여 보자.

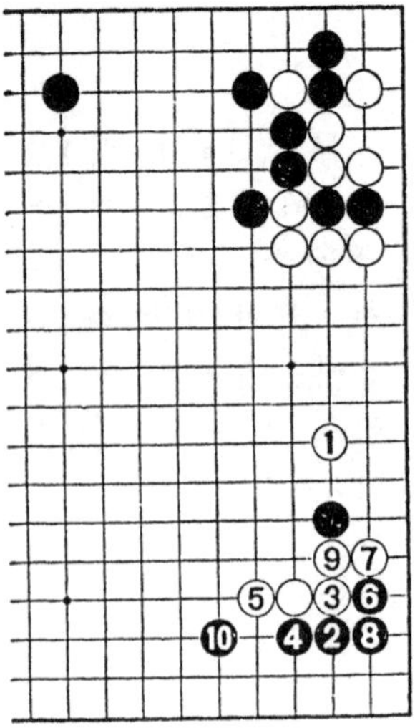

2도

2도 (한칸 협공) 백1로 한칸 협공을 하는 국면이다. 흑2의 침입에서 10까지이다.

이것은 상하의 백이 두터움의 중복이 있다.

이것은 백의 불만이다.

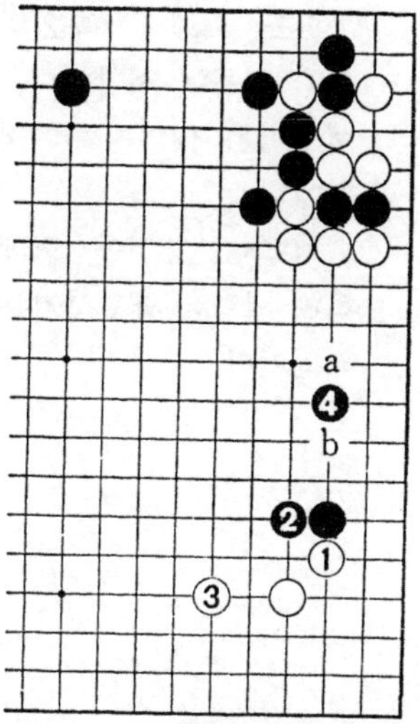

3도

3도 (정해) 백 1의 마늘모 붙임에서 3의 한칸 뜀까지가 정형이다. 백의 두터움을 생각할 때 흑 4는 당연한 곳이나 불만이다. 흑이 a의 곳을 벌린다면 백의 두터움을 이용한 b의 침입은 통렬하다.

이것이 포석의 상식이다.

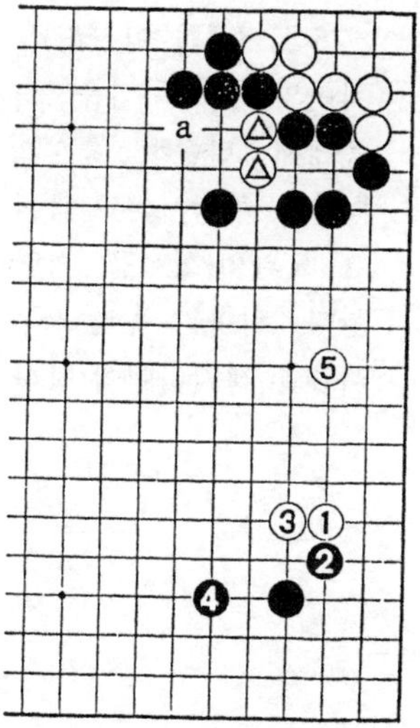

4도

4도 (불완전) 본도의 모양에서 흑 2, 4는 문제이다. 왜냐하면 위쪽의 흑 모양이 불완전하기 때문이다. 이런 모양에서는——.

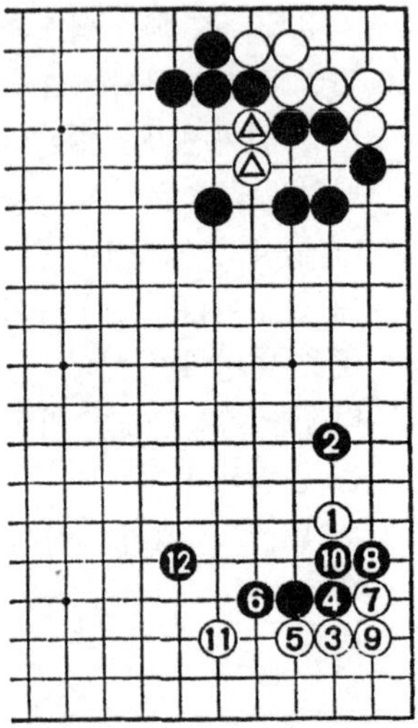

5
도

5도 (정착) 흑 2의 한칸 협공이 정착이다. 백 3 이하 12까지가 정착이다.

백 ◬표 2점을 견제하며 세력을 확충시키는 국면이다.

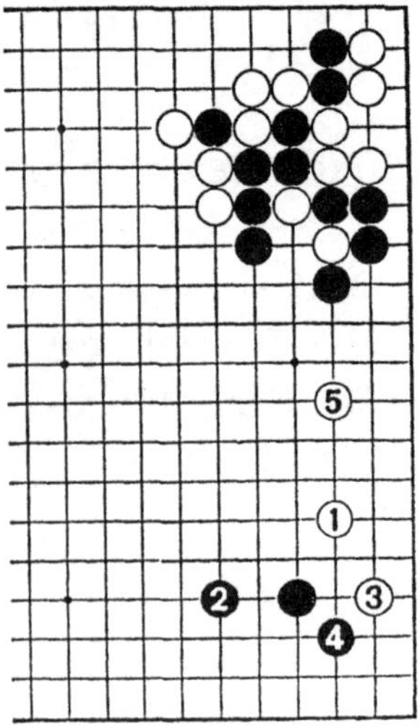

6
도

6도 (백의 이상형) 위쪽의 흑의 두터움 다음에서 단순히 흑 2의 받음은 무책이다. 백에 3, 5의 이상형을 허락한다. 위쪽의 흑의 두터움을 생각하여야 한다

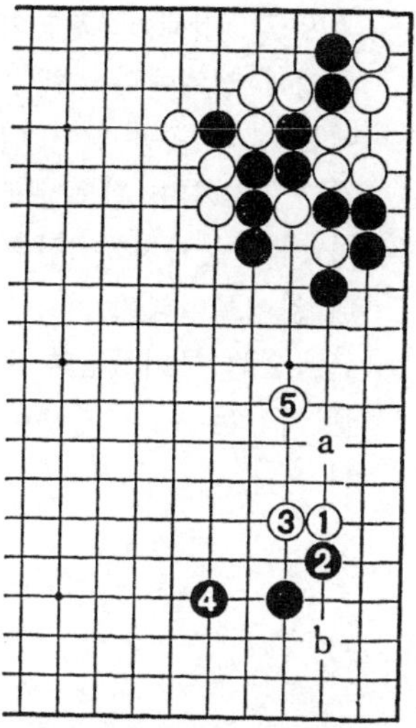

7
도

7도 (마늘모 붙임)
이런 모양에서는 흑 **2** 의 마늘모 붙임이 정착이다 백 **5** 까지 일단락이다.

흑 **2** 를 a의 곳에 둔다면 b의 곳인 3·3 에 침입을 하여 흑의 실패이다. '두터움은 집이 아니다'라는 말을 잊지 않아야 한다.

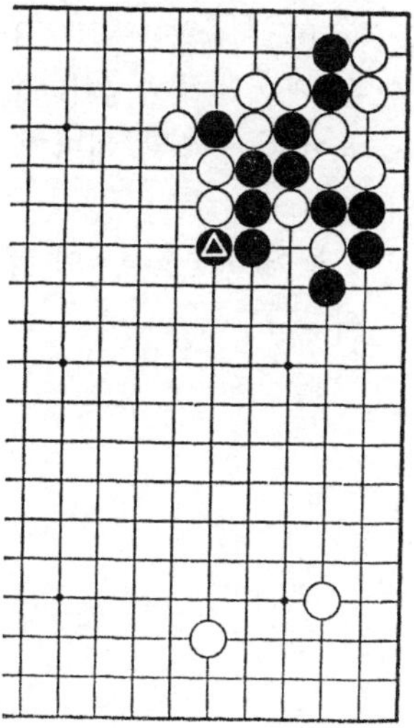

8
도

8도 (흑선 · 문제) 위쪽의 흑은 ▲ 로 꼬부리고 있다.

다음에 흑의 착점은?

흑은 우변을 두텁게 확보할 수가 있다. 과연 어느 선(線)에다가 착점하는 것이 가장 바람직한 호수(好手)일까?

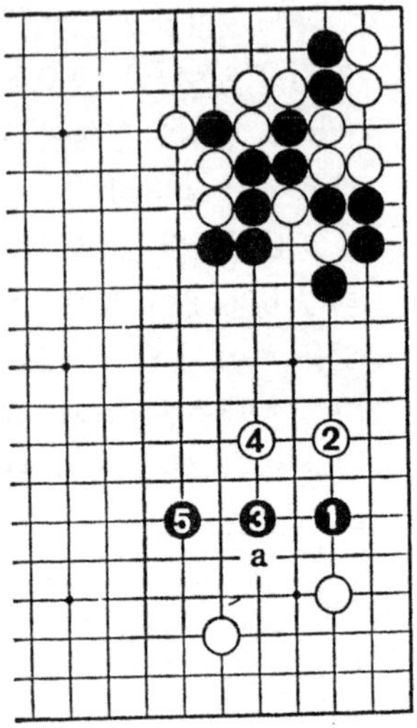

9도

9도 (정해) 흑 1 의 침입이 정해이다. 백 2 에는 3 의 곳을 뛰어 나간다. 5 까지 된모양에서 백의 눈목자가 한층 더 엷어보인다.

백 2 는 무리로 a의 곳을 지키는 수가 정해이다.

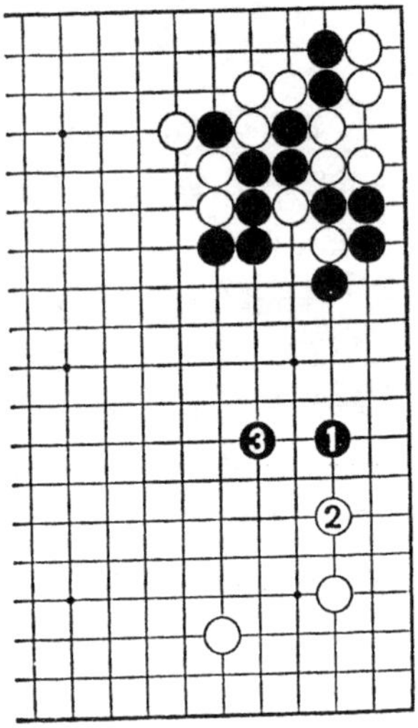

10도

10도 (중복) 흑 1, 3 은 백 2 의 다가섬이 절호여서 중복된 의미가 있다.

돌이 비능률적임이 명확하다.

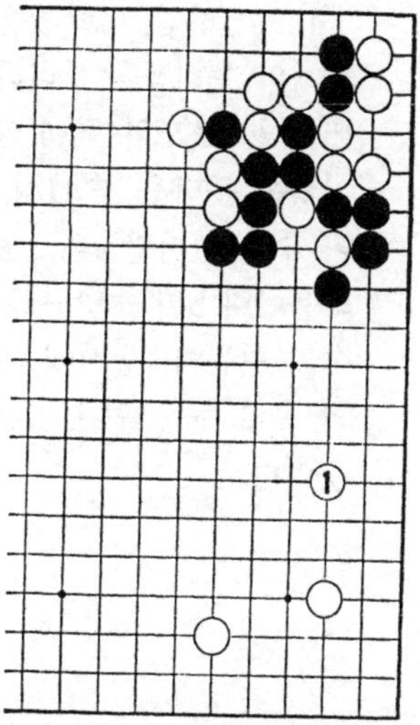

11
도

11도 (백선) 반대로 백이 둔다면 1의 곳의 벌림이다. 절대의 착점이다. 위쪽의 흑의 두터움을 염두에 둔 수이다.

백 1은 일석이조의 좋은 수로 흑의 패국은 결정적이다.

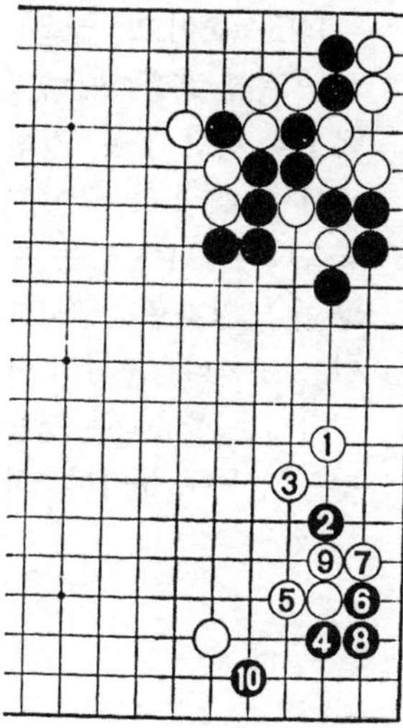

12
도

12도 (3칸) 백 1의 3칸에는 흑 2의 침입이 있어 무리이다. 이다음 귀에 침입을 하여 10까지 사는 수가 있다.

한칸에 욕심이 있어 귀를 내어 주는 실수를 범하게 된다.

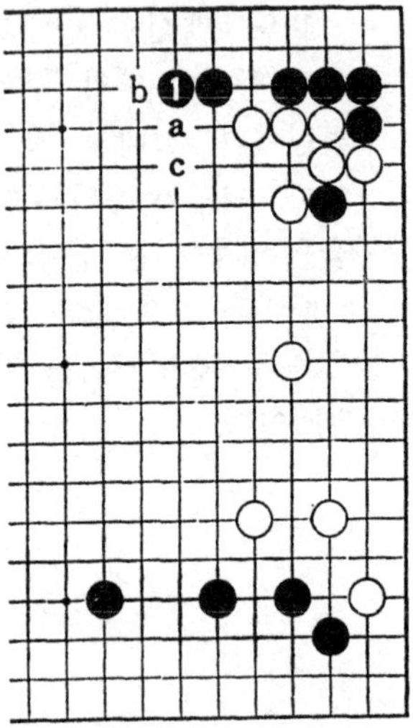

13
도

13도 (지킴) 이것은 외세의 두터움을 나타내었다. 본도의 흑 1의 지킴은 두터운 수이다. 이 수가 없다면 a의 곳 싸움이나 b의 다가서는 수가 남는다. 동시에 c의 곳에 두는 수가 있는 곳이다.

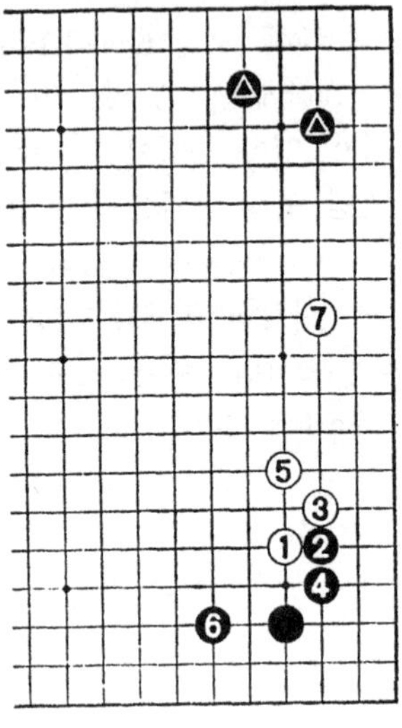

14
도

14도 (붙이고 늘음) 최근 유행의 정석이다. 백 1의 한칸 높은 걸침에서 흑 2, 4의 붙이고 늘음이다. 위쪽 귀는 흑 △가 날일자로 굳히고 있는 곳이다. 포석의 단계에서는 상응되는 점을 항시 염두에 두어야 한다.

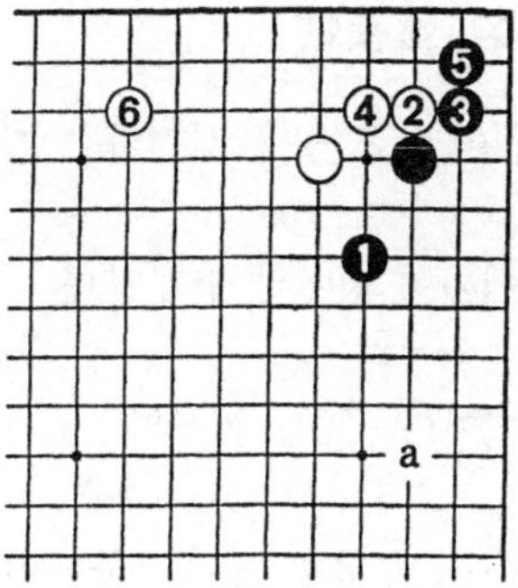

15
도

15도 (뻗음) 흑 1 의 날일자 받음의 모양에서 백 2, 4 의 붙이고 늘었다. 다음에 흑 5 의 뻗음의 정석이다.

백 6 까지 일단락이다. 여기에서 흑 a를 생략하면——.

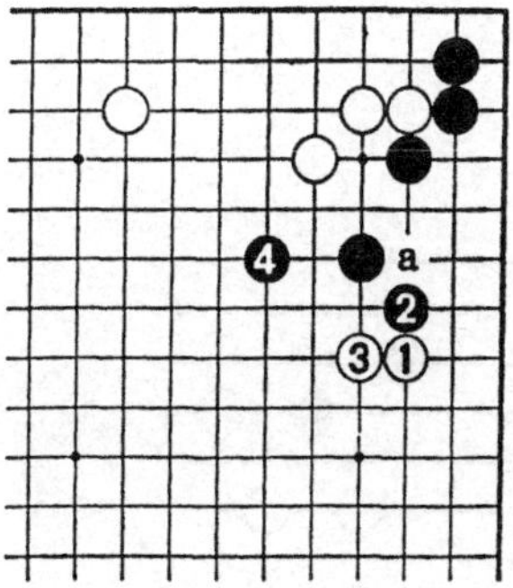

16
도

16도 (다가섬) 백 1 의 다가섬에 흑 2, 다음에 3 으로 두었다. 흑 2 로는 단순히 a의 곳 받음도 있다.

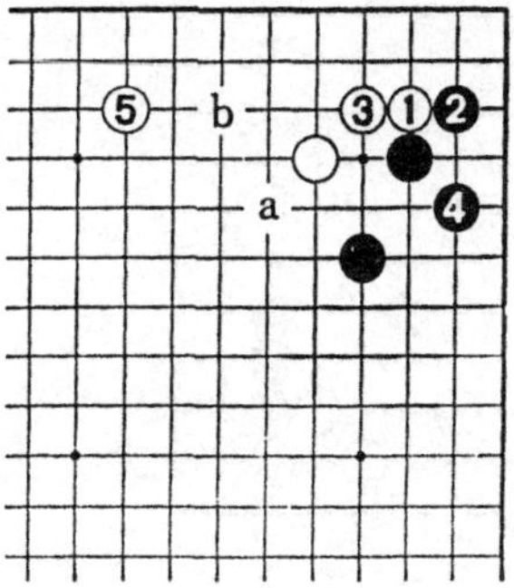

17
도

17도 (호구 이음) 백 1, 3 에 흑 4 로 호구치는 수는 두텁다. 이 다음 흑 a, 백 b까지 문제가 없다.

8. 근거(根據)의 중요성(重要性)

포석은 귀에서 변으로 순서에 따라 큰 곳을 점거하는 것이 보통이다.

초반의 전반에서, 중반에 들어가기 전에의 단계이다. 일반적으로 수수가 30수 전후의 일이다.

이 다음에 중요한 요소는 근거이다. 20집, 30집의 곳과 급한 곳의 확보가 필요하다.

1도 (흑선·문제) 다음의 한수는? 급한 곳의 문제이다. 즉, 근거에 관한 문제이다.

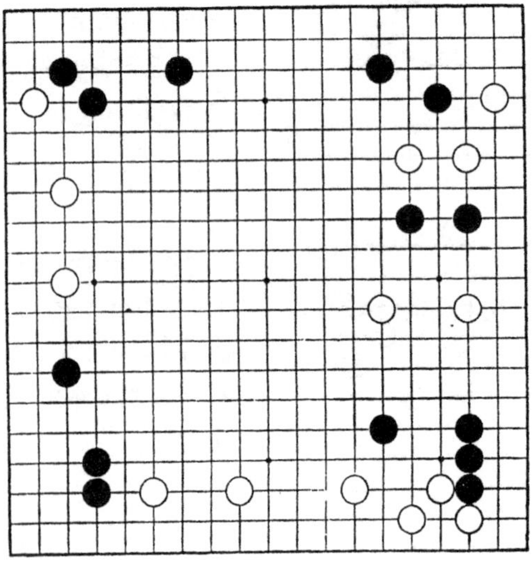

1도

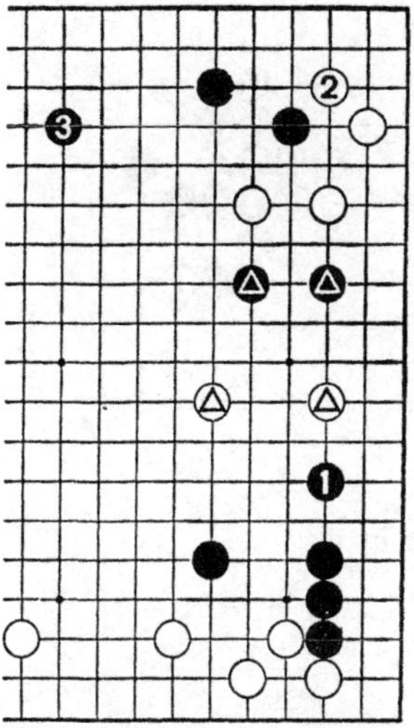

2
도

2 도 (정해) 흑 1 의 한칸 뜀으로, 아래쪽에 흑 4 점의 근거를 확보하는 것이 급한 국면이다. 우상귀를 백 2 의 마늘모하는 것은 좋은 점이다.

흑 1 에 백 △ 2 점의 근거를 빼앗으며 가운데 흑 ▲ 2 점에 원조를 보내고 있다. 흑 1 은 일석이조의 좋은 수이다.

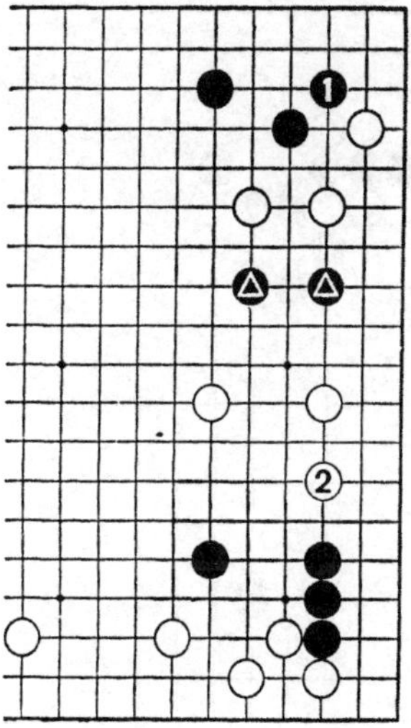

3
도

3 도 (실패) 흑 1 로 우상귀를 지키는 것은 부분적으로 좋은 수이다. 그러나 백 2 로 되어서는 흑전체가 근거가 없다. 이 백 2 와 전도의 흑 1 과의 차이는 대단히 크다.

4도 (흑선·문제) 상변에 백 1의 날일자로 두는 수이다. 다음의 한 수가 근거의 관점이 된다.

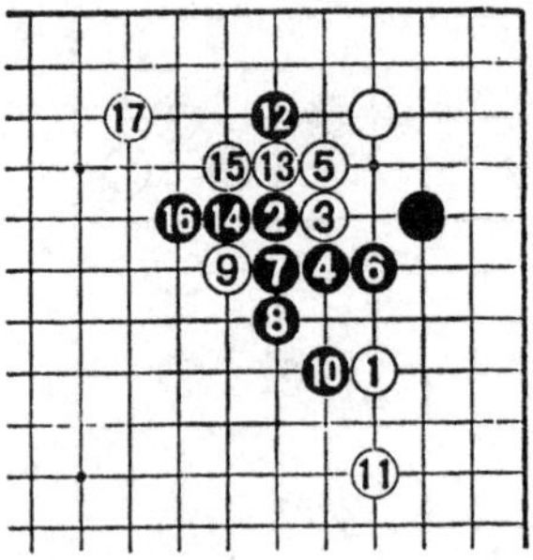

참고도

참고도 우상의 정석을 소개한다.

백 1의 2칸 높은 협공에서 백 3, 5의 붙여 끄는 정석이다.

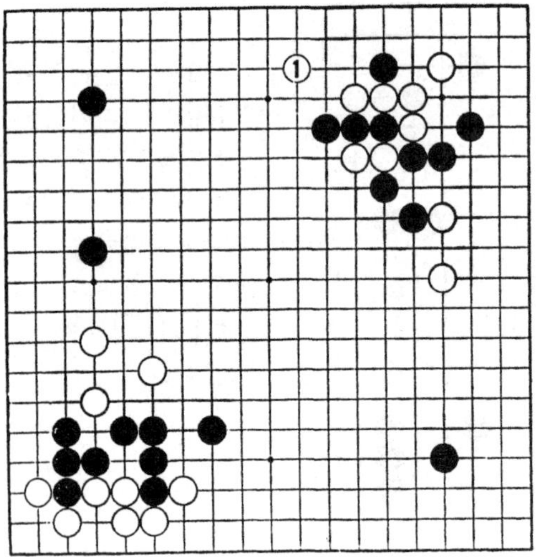

4도

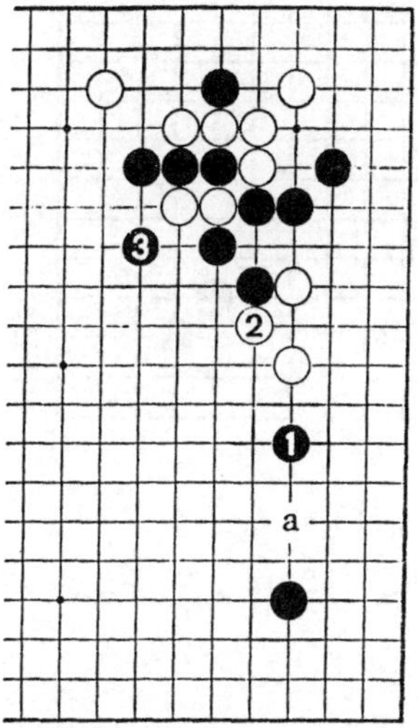

5
도

5도 (정해) 다음의 국면을 생각하여 보자.

흑 1의 다가섬이다. 우변의 백의 근거를 빼앗는 곳으로 급한 곳이다. 백 2에는 흑 3이 절호의 곳이다.

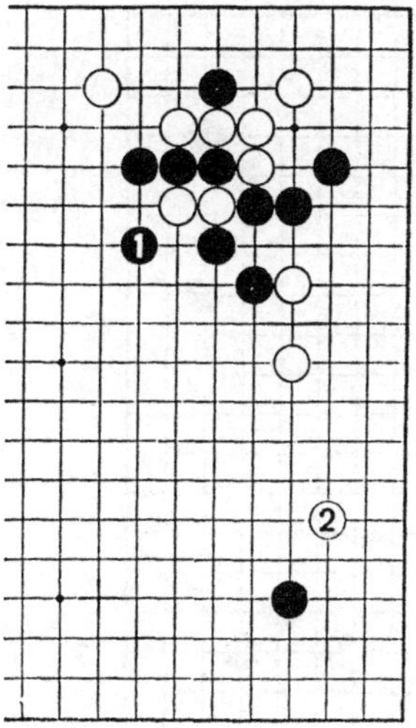

6
도

6도 (정석) 단순히 흑 1로 지키는 것은 백 2의 걸침이 있다. 이것은 흑의 불만이다.

10집 정도의 차이가 있는 포진이다.

다음에 흑은 어디에다 두어야 할까?

이러한 모양은 실전에서 자주 나타난다. 초보의 단계에 있는 독자들은 신경을 써서 암기해 두어야 할 것이다.

7도 (흑선 · 문제)

흑선이다. 다음의 한 수는 어디일까?

상변과, 좌변에 큰 곳이 남아 있다. 이것도 근거와 관계가 되는 문제이다.

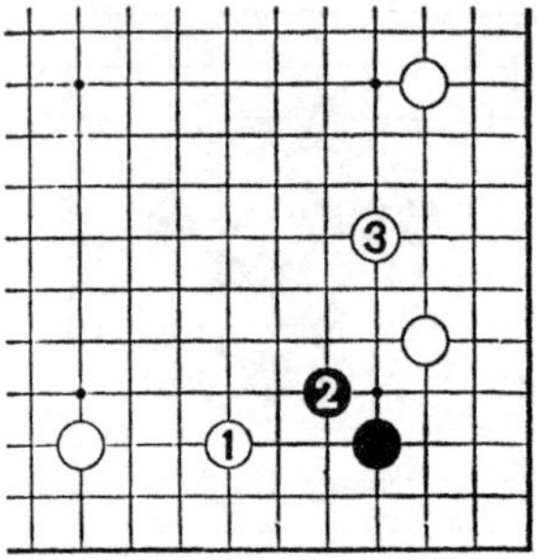

참고도

참고도 우하귀의 응접을 소개하고자 한다.

백 1 의 협공에 흑 2 의 마늘모, 다음 백 3 의 곳으로 귀의 상형이다.

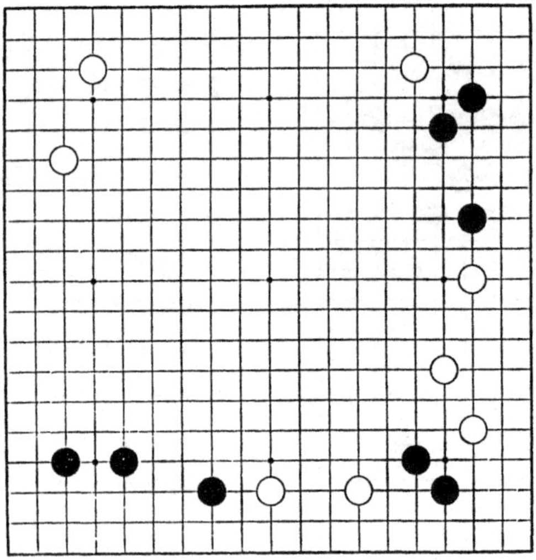

7도

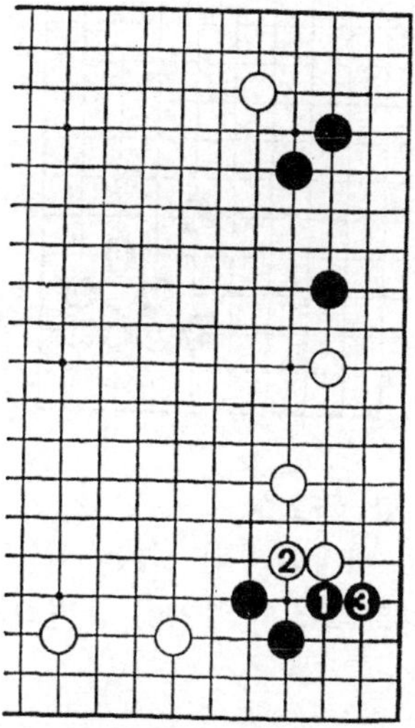

8도

8도 (정해) 작은 곳이지만 흑1의 마늘모이다. 흑2점의 근거를 확보하는 절대의 한 수이다. 백2에는 흑3으로 내려선다.

'큰 곳과 급한 곳'상변과 좌변의 큰 곳과 급한 곳이 요점이다. 흑1, 3은 생략할 수 없는 점이다.

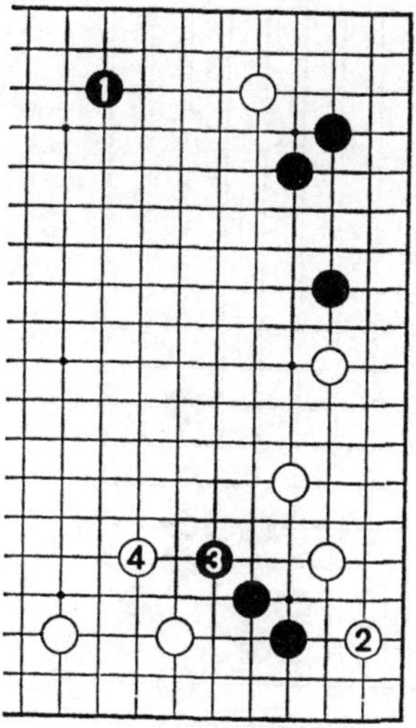

9도

9도 (날일자) 흑1로 상변에 두면 백은 2의 날일자로 귀쪽을 둔다. 백집이 커지면서 흑의 근거를 빼앗는 수이다. 흑은 정처없는 여행의 길을 떠난다.

여기까지의 설명으로 '근거'에 관한 것은 알았으리라 믿는다. 지금의 국면은 직접 근거를 빼앗는 수이다.

정석의 완성 다음에 손을 뺀 이후의 문제이다.

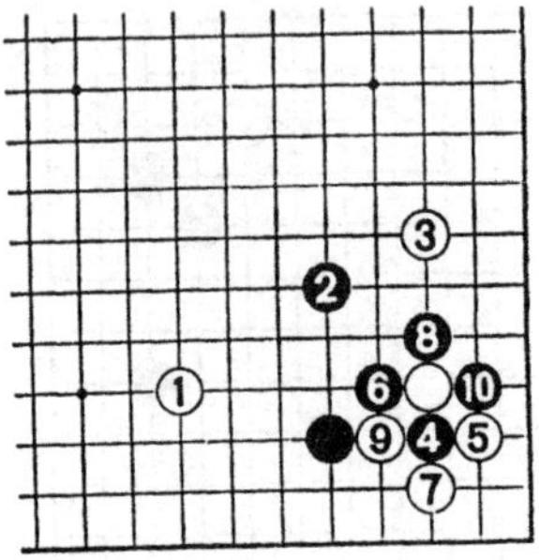

참고도 1

10도 (백선 · 문제) 다음의 한 수는?

참고도 1 우하의 정석이다. 백 **1** 의 2칸 높은 협공에 흑 **2** , 백 **3** 은 정형이다. 이다음 흑 **4** 의 붙임이 변화의 하나이다.

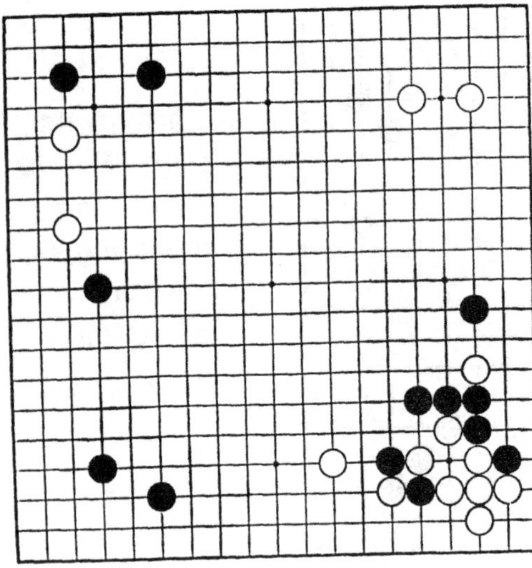

10도

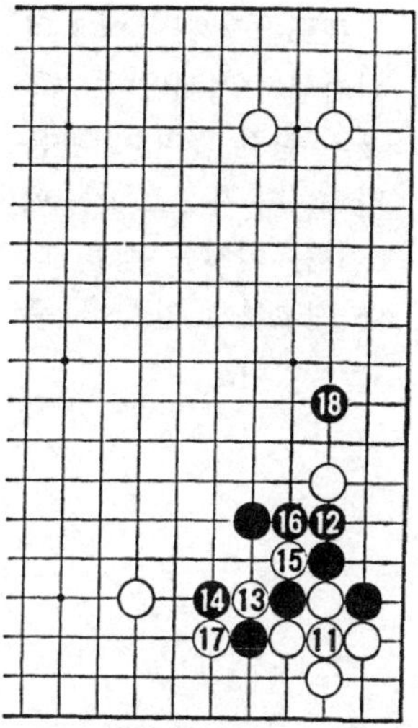

참고도 2

참고도 2 백11의 이음에서 흑12, 상용의 맥점이다. 백13의 끊음에서 흑14, 16으로 두는 모양이다. 이하 18까지 일단락이다. 이 흑모양이 견고하나 약점이 있다.

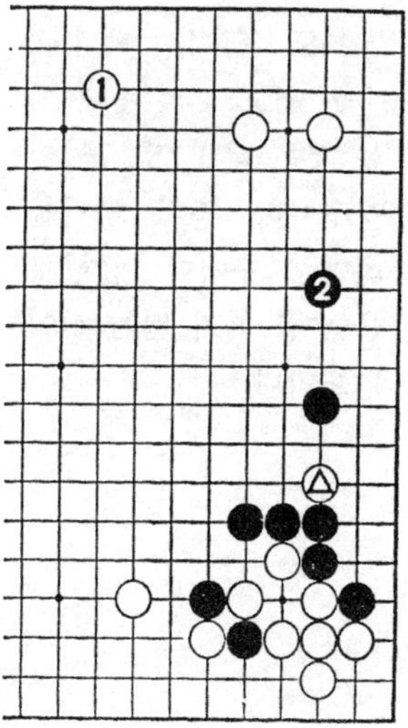

11도

11도 (실패) 단순히 백 1 로 두는 것은 흑 2 를 허락하여 불만이다.

흑 2 의 2칸 벌림이 절호의 곳이다. 백△의 움직임을 노리는 맛이 남아있는 곳이다.

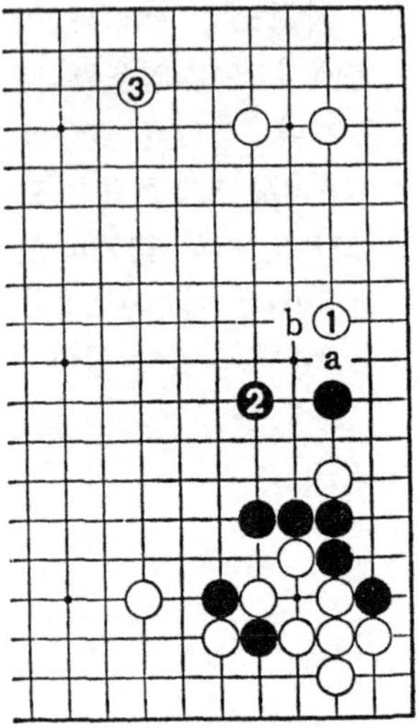

12
도

12도 (정해) 백 1 의 다가섬이 정해이다. 흑 2 의 한칸 뜀의 교환은 만족이다. 흑 2 로 a는 백 b이다. 이것은 백을 더욱 견고하게 만들어 주는 수이다.

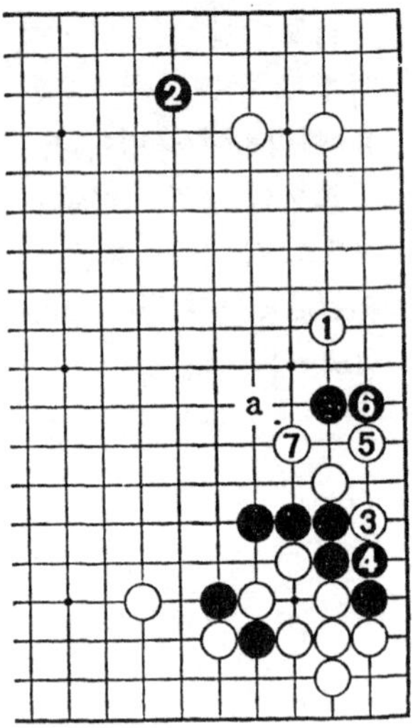

13
도

13도 (근거) 백 1 에 손을 빼고 2 의 곳에 가는 것은 백 3 , 5 , 7 이 강수이다. 흑의 근거를 빼앗는 수이다. 급한곳은 손을 빼지 않는 것이 법도이다.

9. 정석(定石)의 선택(選擇)

포석은 귀의 정석을 상관함을 생각할 수가 있다.

이에는 정석 선택의 중요성이 크게 대두된다.

1도 (걸침) 우하귀 백1의 걸침에 흑이 받는 방법을 생각하여 보자.

흑a의 한칸 받음은 상식적이다. 이외에 b,c,d의 곳에 협공을 하는 방법도 있다.

여기에서 적절한 정석 선택이 필요하게 된다.

이것이 정석 선택의 보통의 착상이다.

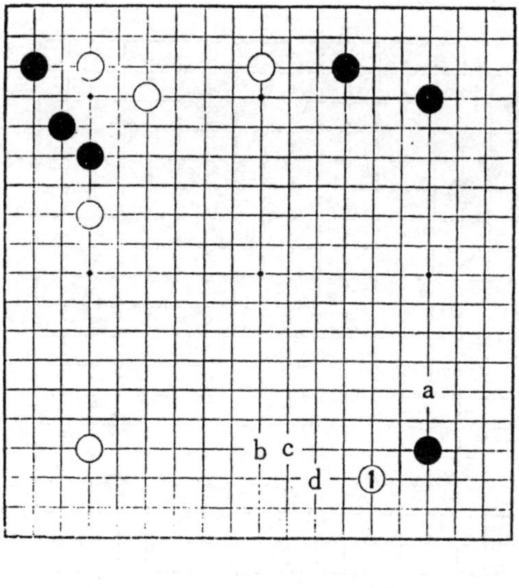

1도

2 도 (한칸) 흑 1 은 무난한 받음이다. 백 2 에서 흑 5 까지 일응 호각의 갈림이다.

3 도 (변화) 흑 1 에는 2 의 지킴도 있다. 이것은 흑 3 까지 일단락인데 이것도 한판의 바둑이다. 전도의 백 2 , 4 는 실리를 목적으로 한데 비하여 본도의 백 2 는 전국적인 대세 감각을 염두에 둔 착수이다.

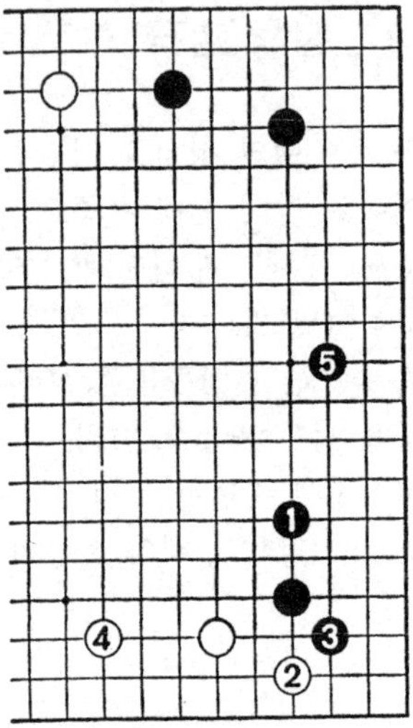

2 도

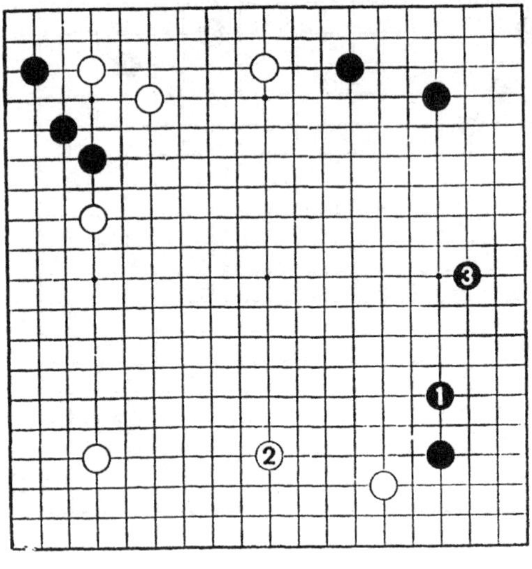

3 도

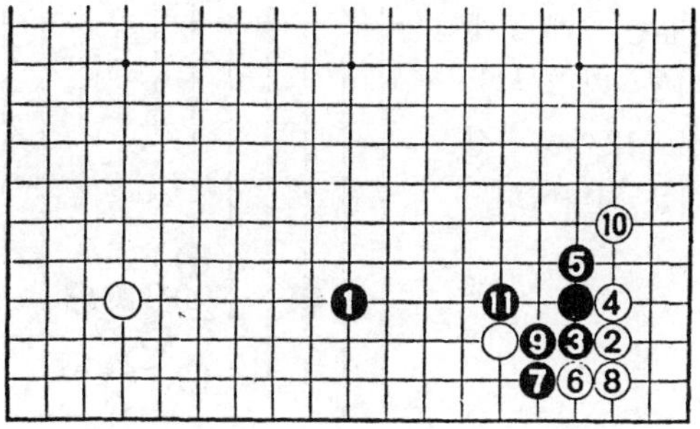

4
도

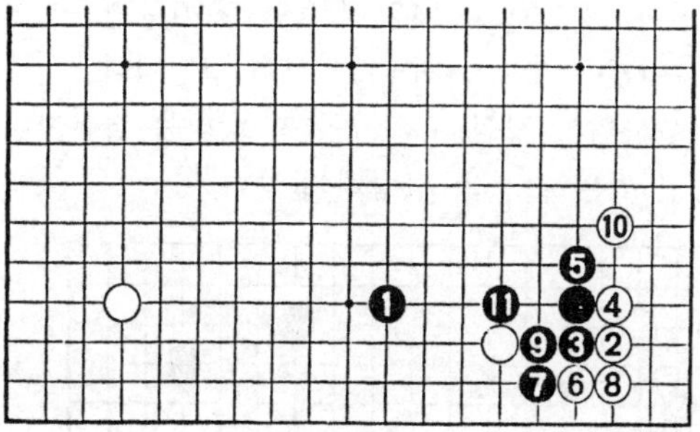

5
도

4 도 (화점) 흑 **1** 로 화점에 협공을 하는 것도 성립을 한다. 백 **2** 는 3·3에 침입을 하면 **11**의 젖힘까지 호각의 갈림이다.

5 도 (2칸 높은 협공) 흑 **1** 의 2칸 높은 협공이다. 백 **2** 로 3·3에 침입을 하면 전도와 같은 **11**까지의 결론이지만 이 모양에서는 흑 **1** 이 문제이다. 전도는 흑이 이상적인 모양인데 비하여 본도는 중복이 된 모양이다.

6 도 (방향) 백 1 에 흑 2 는 다른 방법이다. 백 3 에서 흑12까지 정석형의 다른 하나이다.

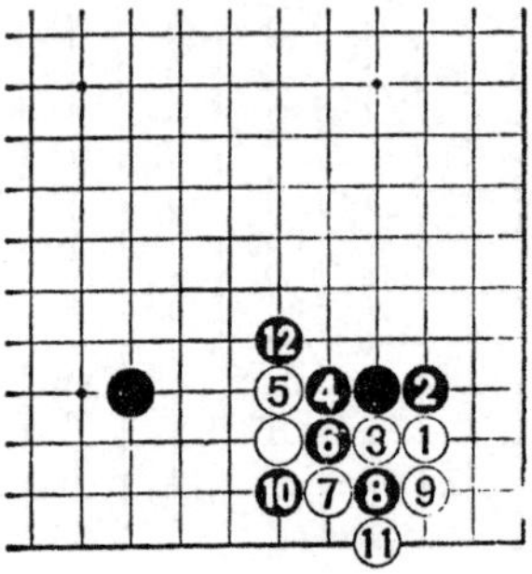

6 도

7 도 (변화) 백13에 흑14의 끊음은 흑20의 뻗음까지 일단락이다. 이것은 흑이 후수라는 점이 난점이다.

그래서 우하귀의 정석은 흑이 좋지 않다는 결론이다.

흑의 2 칸 높은 협공은 적당하지 않다.

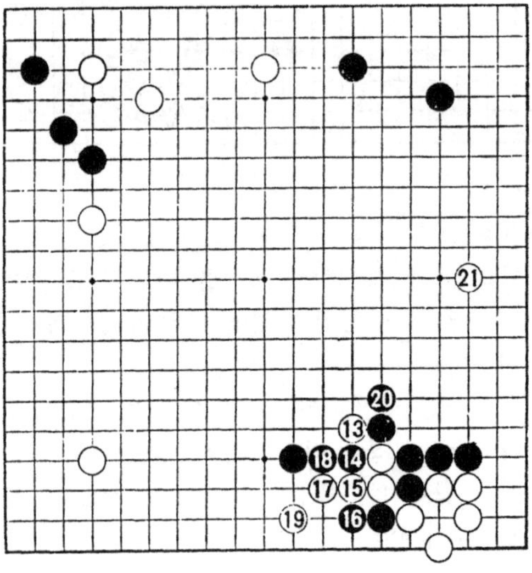

7 도

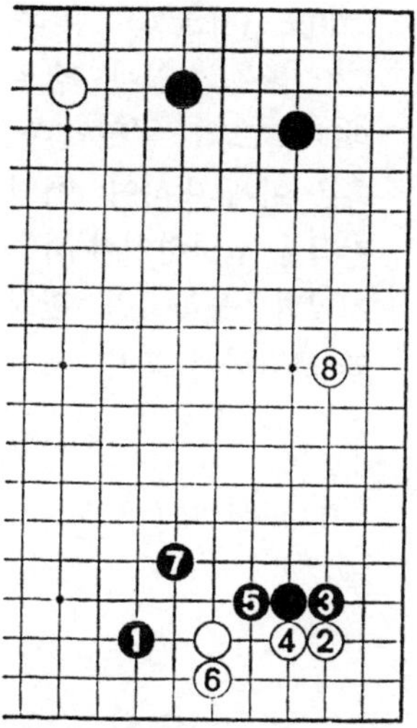

8
도

8도 (달콤하다) 흑 1에는 백 2의 3·3 침입이 보통이다. 흑 3의 내려섬에서 흑 7의 날일자까지 정석이지만 백 8로 갈라치는 점이 달콤하다.

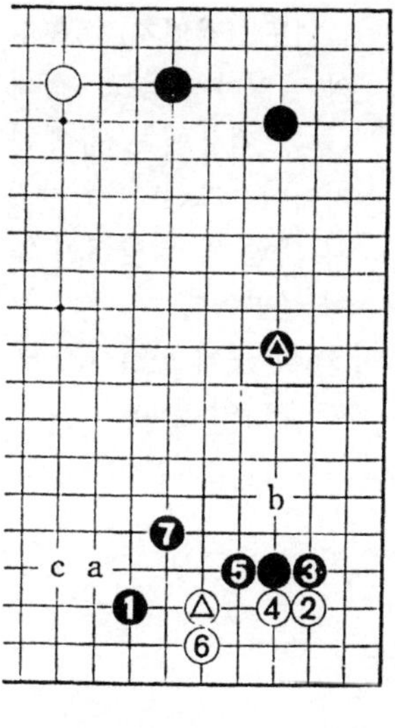

9
도

9도 (조건) 우변의 화점에 흑 ● 가 있는 곳이라면 이 정석은 절호점이다. 이것은 흑 1이 a의 2칸 높은 협공과 같은 모양이다.

여기에서의 결론은 백 △의 날일자 걸침에는 흑 b의 한칸 받음이나 하변 화점의 c의 곳에 협공이 정착이다.

이것이 주위의 조건에 따라 정석을 선택한다는 점이다.

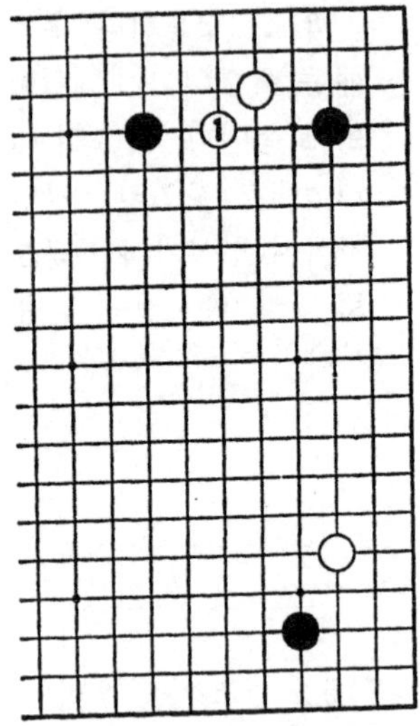

10도

10도 (마늘모) 흑의 2칸 높은 협공에 백 1의 마늘모의 국면이다. 흑은 이에 대하여 어떤 정석을 선택하여야 하는 것일까? 우하귀의 관계를 생각하여 보자.

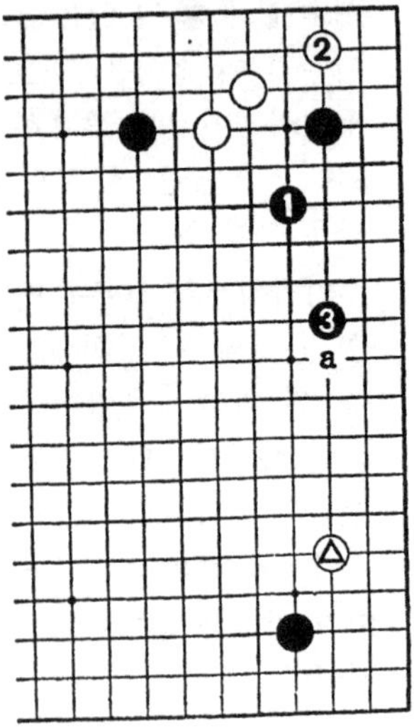

11도

11도 (날일자) 흑 1의 날일자 받음도 정석이다. 백 2에는 흑 3까지이다. 그러나 우하귀의 백 Ⓐ에 영향력이 없어 불만이다.

a의 곳에 전개하지 못한 불만이 있다.

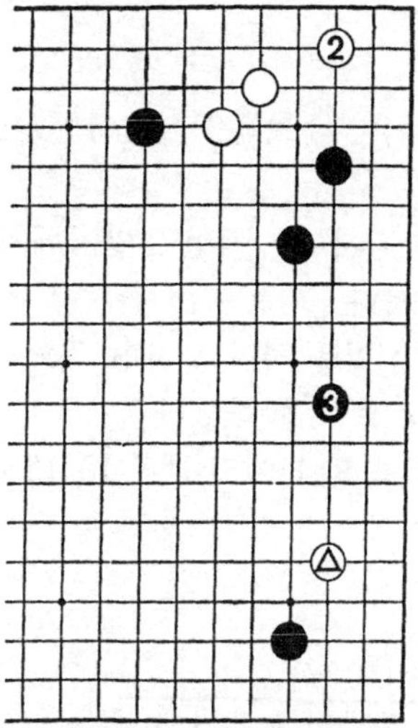

12도

12도 (눈목자) 이 케이스는 흑 1 의 눈목자 벌림이 정착이다. 백 2 에는 흑 3 으로 받는다.

다소 엷은 모양이지만 흑 3 이 백 ◬ 를 3 칸 협공을 하고 있는 모양이어서 흑 3 의 착점은 일석이조의 좋은 수이다.

이렇듯 주위의 사정에 따라 정석은 달라진다.

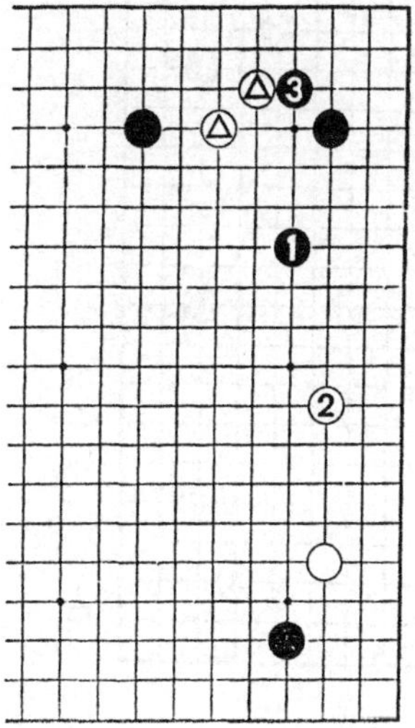

13도

13도 (마늘모 붙임) 전도의 변화로 흑 1 에 백이 2 의 곳을 벌리면 3 으로 붙여 백 2 점을 공격한다.

10. 조화

여기까지는 포석에서의 여러가지 테크닉을 기술하여 보았다. 다음으로는 '조화'이다.

조화라는 것은 지엽적으로는 단지 추상적인 말이어서 즉시 설명을 한다는 것은 곤란하다.

1도 (경과) 조화에 대하여 설명을 하여 보자면, 포석에서 흑은 1, 3이고 백은 2, 4로 귀를 두었다.

다음에는 시계의 반대방향인 흑 9, 11이면 백은 10, 12로 상변의 큰 곳을 점거하였다.

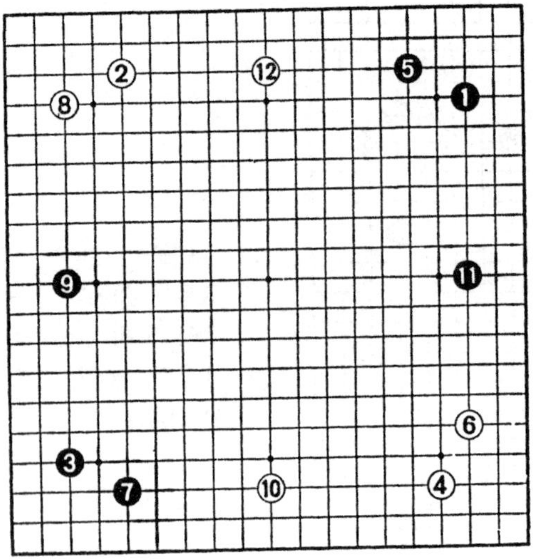

1도

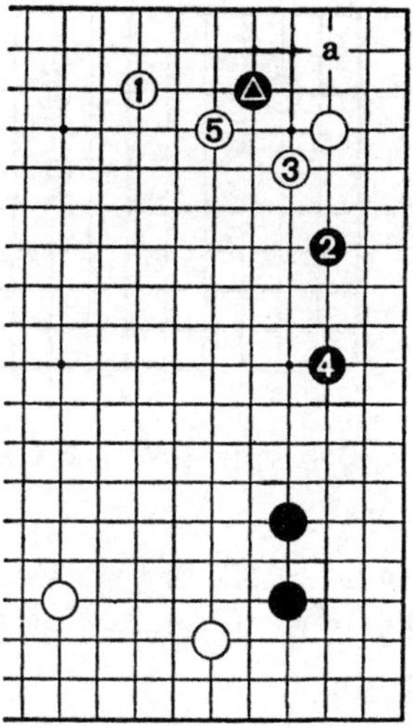

2
도

여기에서 볼 수 있듯이 조화라는 것은 추상적인 세계에 접촉하고 있음을 볼 수가 있다.조화를 무시하면 쉽게 국면이 붕괴됨을 볼 수 있다.

2도 (갈림) 본인방인 도책(道策)이 개발을 한 정석이다. 흑▲를 사석으로 하여 흑은 **2**, **4**로 전개하였다. 흑▲는 a의 곳에 달리는 맛이 남아 있다.

3도 (2칸 벌림) 이런 배석의 모양에서는 상변을 흑**1**, **3**으로 2칸 벌리는 수가 있다. 백**4**를 허락할 수밖에 없는 곳이다. 흑은**1**, **3**으로 전개하여 나간다.

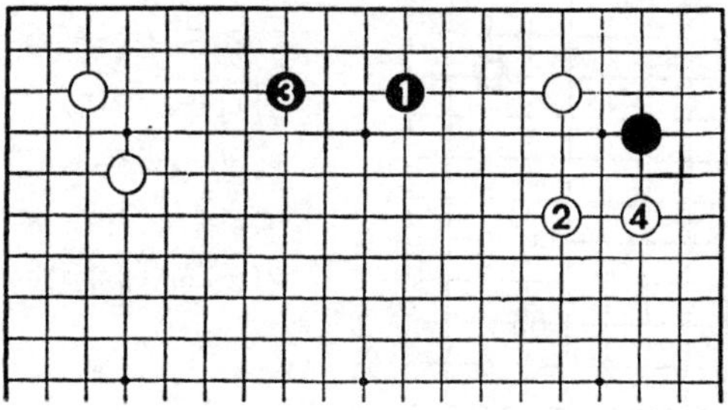

3
도

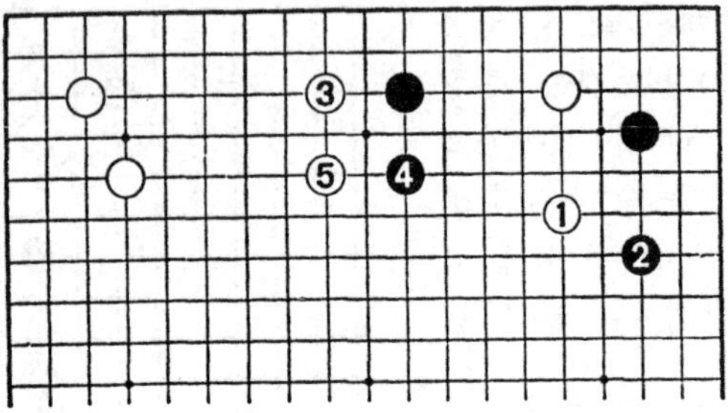

4 도

이렇게 되면 전체가 위험하게 되어서 조화는 붕괴가 되고 만다.

4도 (무책) 백 1 에 흑 2 로 우변에 받는 정석도 있다. 백 3 , 5 로 상변의 흑을 공격하는 모양이다. 흑이 충분하지 않다.

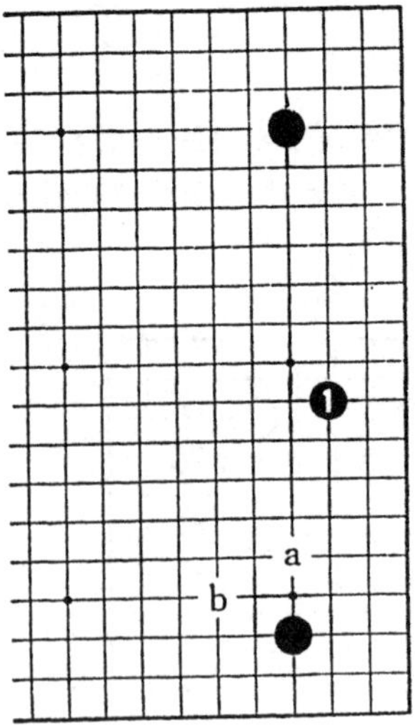

5 도

국면은 백이 경쾌한 반면에 흑의 모양은 붕괴가 되어 있다. 요는 사석작전이 필요하다는 것이다. 이것이 부분전술의 하나이다.

5도 (중국류) 흑 1 로 지키는 수이다. 최근 유행의 중국류 포석이다. 백 a에 걸치면 흑 b로 공격을 할 태세이다.

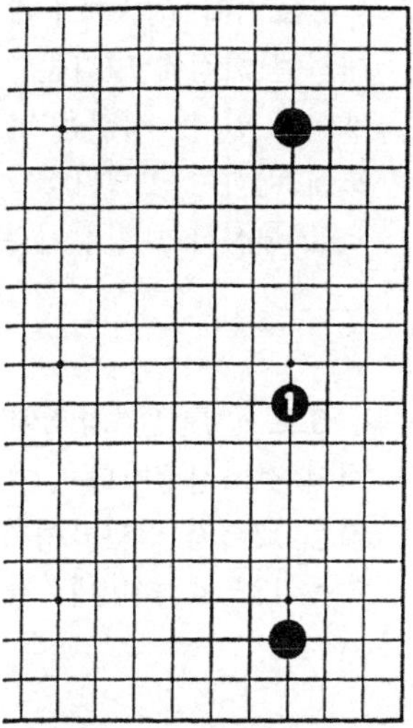

6 도

전국적인 관점에서 본다면 이 흑 1 도 귀에서 변으로 선행을 하는 하나의 방법이다. 허나 근저가 없지 않다.

6 도 (중국류 2) 흑 1의 높은 구도이다. 최근에는 많이 두는 수이다. 신포석시대에 이것의 일종으로는 '3 연성' 도 없지 않다.

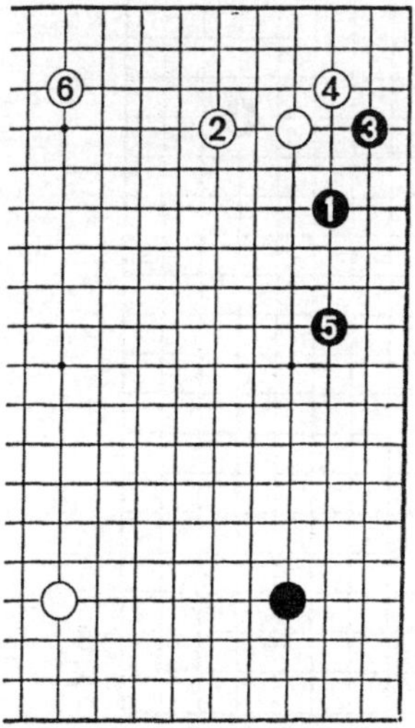

7 도

7 도 (실리) 좋은 모양은 흑 1 에 백 2 의 받음이다. 이것은 3, 5 로 실리를 취하는 방법이다. 백도 4, 6 이면 일응 호각의 갈림이다.

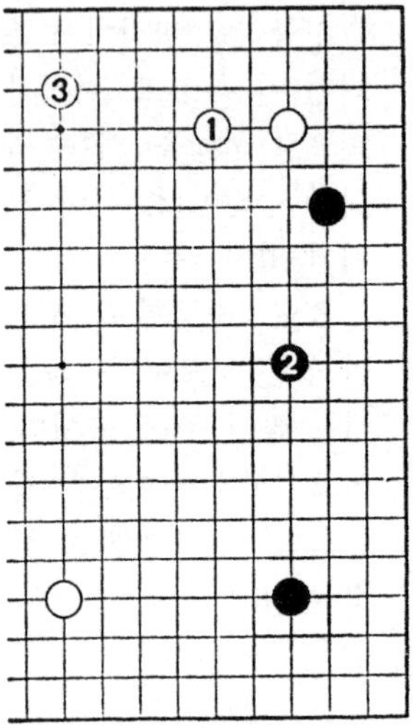

8
도

8 도 (페이스) 백 1 에 대하여 화점에 벌리는 포석도 있다. 이것은 전도에 비하여 전체의 조화를 중시하는 방법이다.

9 도 (정석) 좌상귀에서의 정석진행이다. 이것은 12까지 일단락이다 혹은 13으로 하변에 걸쳐 왔다.

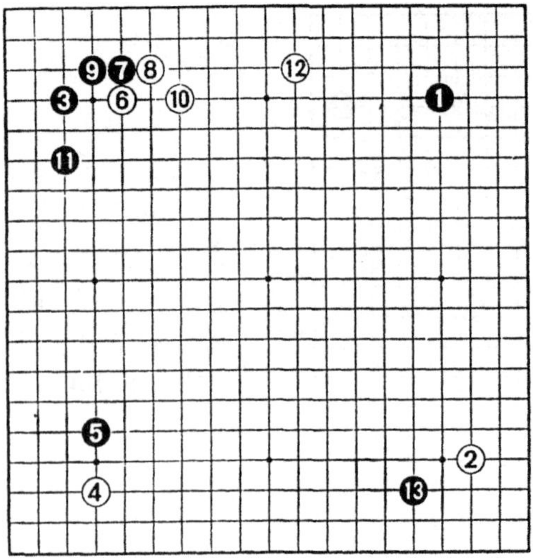

9
도

여기에서의 백12로—

10도 (쟁점) 우하귀에서 백 1 로 눈목자 굳힘이다. 그러면 당연히 흑은 2 의 곳이다. 백은 3 , 5 로 상변의 큰곳에 점거를 한다. 좌상의 백 3 점이 뜬돌이 된다.

백 1 에는 흑 2 가 아주 좋다. 이곳이 쟁점이다. 흑 2 를 a의 곳에 두면 백은 b의 곳을 둔다. 전도도 한판의 바둑이다.

요는 조화를 잃느냐 그렇지 않느냐가 대세에 큰 영향을 끼침을 알 수가 있다.

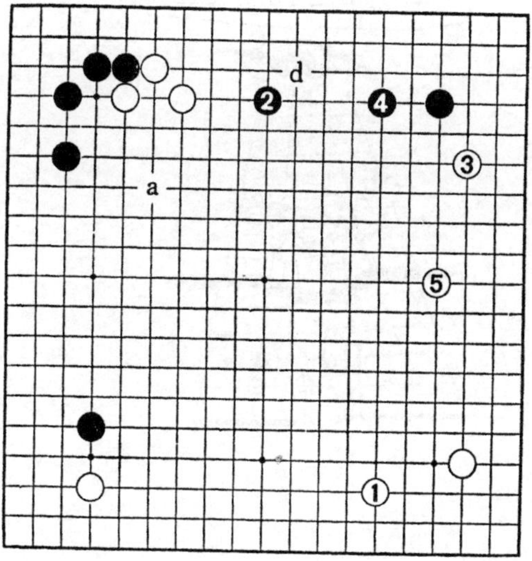

10도

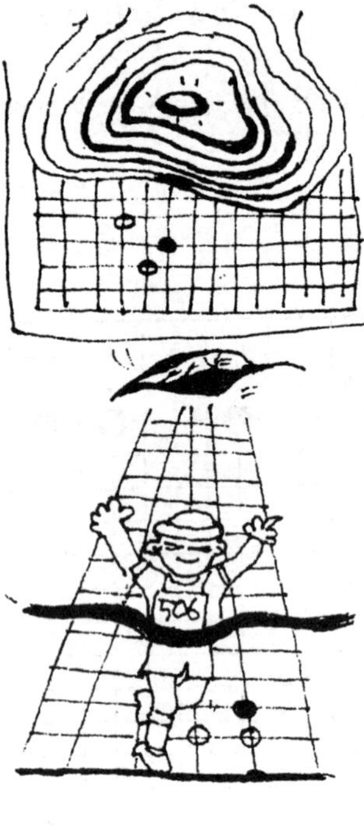
506

제 2 장

실전(実戦)

나의 포석(布石)

1. 宮下秀洋(백)과의 대국

제1보 협공

흑1, 3에 백2, 4로 귀를 점거하였다. 흑5의 굳힘에 백6의 걸침이 보통의 진행이다. 흑7로는 11의 아래쪽 붙임이 보통으로 흑7의 협공이 보통이다.

백8에 흑9의 젖혀나감 다음 백10의 끊음에서 17까지 외길의 진행이다.

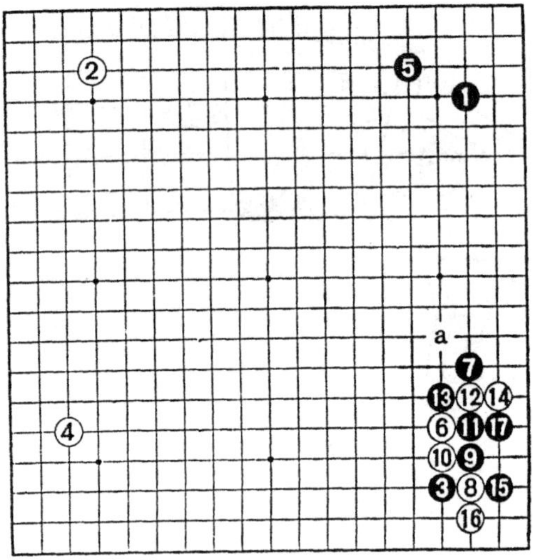

제1보(1—17)

제2보 축 관계

백18은 보통이다 우하귀는 흑이 한껏 유리하다.

여기에서 축관계가 좋아 백은 18까지 변화를 구한다.

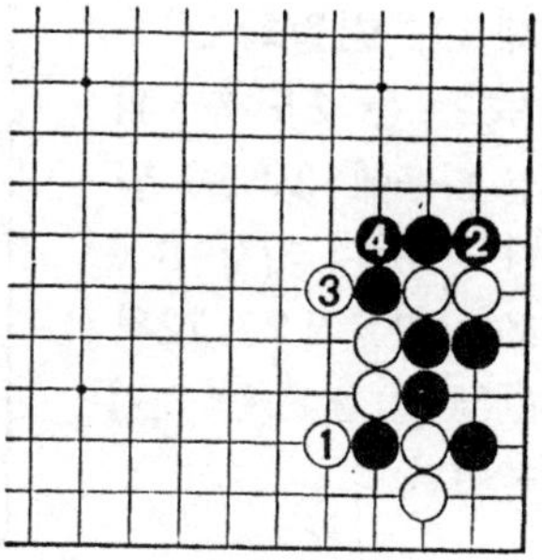

1도

이어서 흑19를 23으로 한 경우, 이하 백30, 흑31, 백21로 진행되어, 흑26, 백a, 흑b의 축 단수로, 왼쪽 위의 ▲이 남는다. 이하30, 흑31에 33의 내려섬까지 결정을 한다. 백40으로는 백c, 흑d, 백e로 움직인다.

흑41로 되어서는 흑이 우세하다.

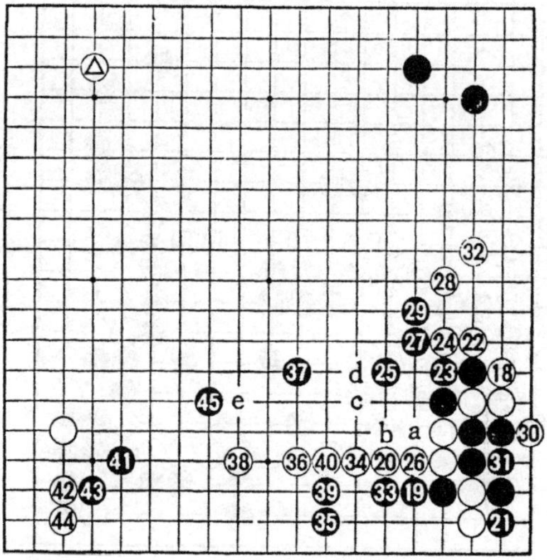

제2보(18—45)

제 3 보 방향착오

흑59로는 2도흑1의 붙임 다음에 3으로 잇는다. 이것이 최강이다. 흑65는 방향착오. 72의 천원(天元)을 두는 것이 정착이다.

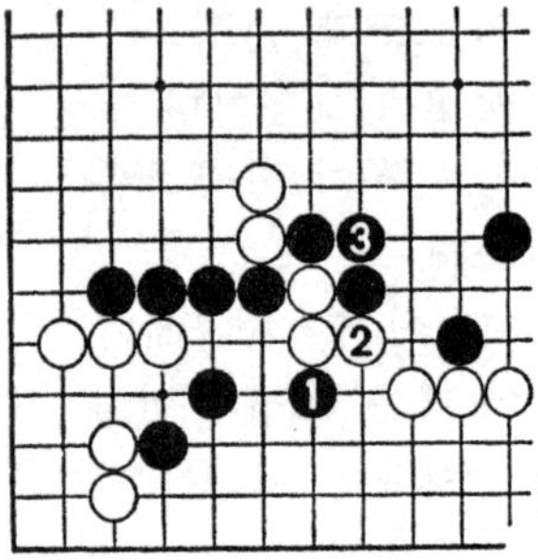

2도

백66에 단순히 71은 엷다.

백68의 눈목자 다음, 71,73이 성립하여 중앙의 백이 엷어서 단연 흑의 페이스가 아닐 수 없다.

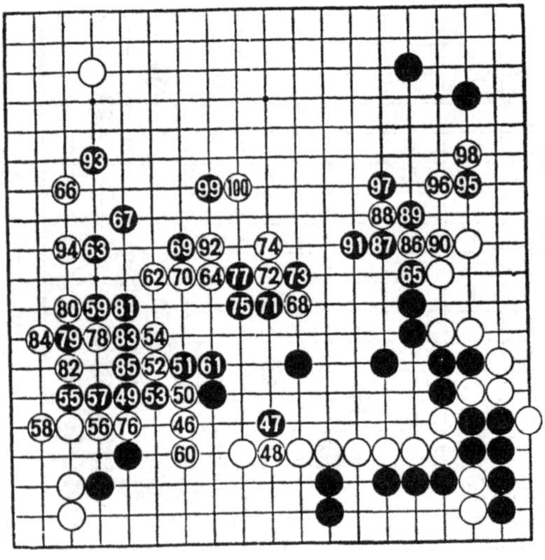

제3보(46—100)

2. 山部俊郎(흑)과의 대국

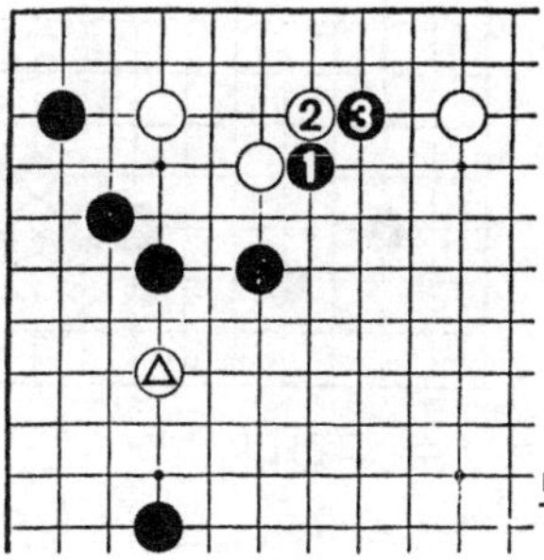

1도

제1보 악수(惡手)

흑은 1, 5로 우상귀를 날일자로 굳혔다.

흑13은 좋은 점이다.

흑17, 백18의 교환은 백을 튼튼하게 만들어 주어 악수이다.

백20의 한칸 뜀으로 백모양이 부풀어 좋다.

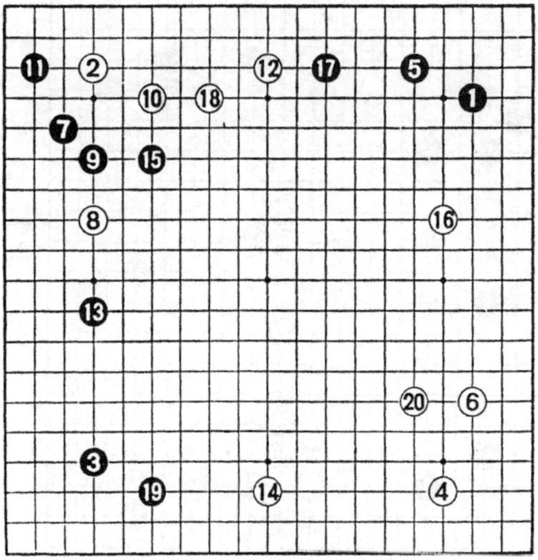

제1보(1—20)

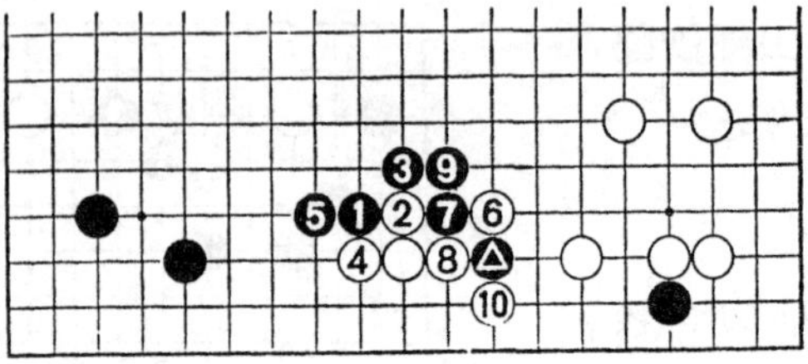

2도

제 2 보 무겁다.

흑21은 응수타진이다. 상대의 받음에 따라서 작전을 펼칠 의도이다. 흑25의 마늘모는 무거운 수이다.

여기에서 흑25로는——

2 도 흑 1, 3 으로 두어 9 까지 흑◭를 사석으로 이용하는 것도 한 방법이다.

백 1 로서는 흑 4 의 큰붙임도 유력하다.

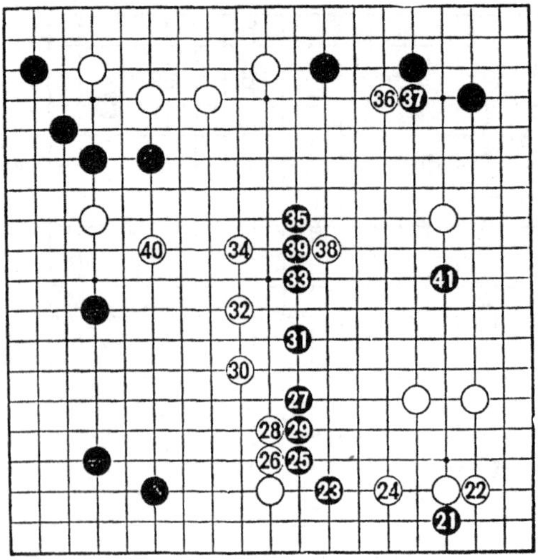

제2보(21—41)

3. 武宮正樹(흑)과의 대국

제 1 보 좌우동형(左右同型)

나의 후배 무궁과의 대국이다. 무궁류의 포석감각은 참으로 독특하다.

흑 1, 3 의 대각선 화점은 무궁류의 보통정석이다.

백 6 의 3칸 높은 협공은 최근 많이 두는 수이다.

흑 7 은 손을 뺄 가능성이 있다.

백14의 한칸 뜀으로 우상귀를 a로 걸치는 것도 유력하다. 흑15에는 우변에서 손을 빼고 백16으로 호구를 벌려 흑 2 점을 공격하는 것도 생각해 볼만하다.

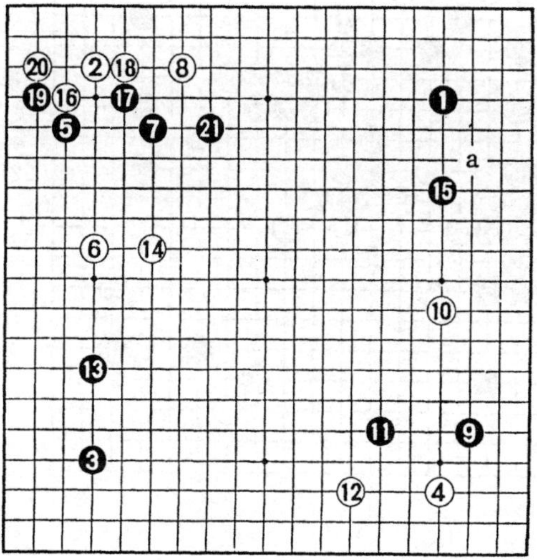

제 1 보 (1—21)

제 2 보 근거

23의 모자에 좌변의 백 2 점이 고립이 되었다.

백24의 마늘모는 우하귀의 흑 2 점을 공격할 태세이다. 흑25에서 28은 근거에 관한 착수이다.

흑29로 백 2 점의 공격시작이다.

백34의 달림에 흑35, 37은 약한 돌을 보강하는 의미가 있다. 흑이 즐거운 바둑이다.

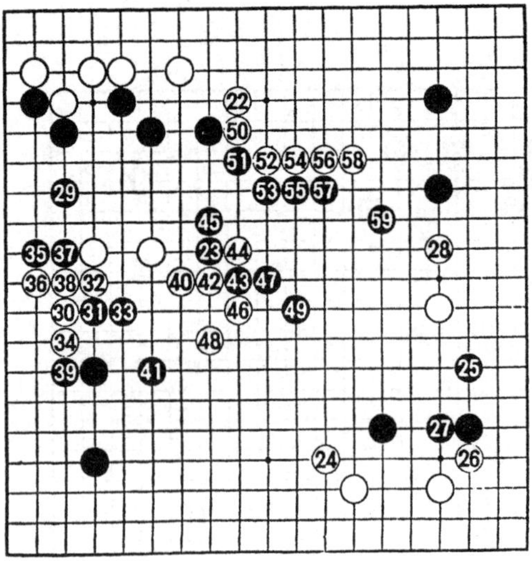

제 2 보 (22—59)

4. 島村俊広(흑)과의 대국

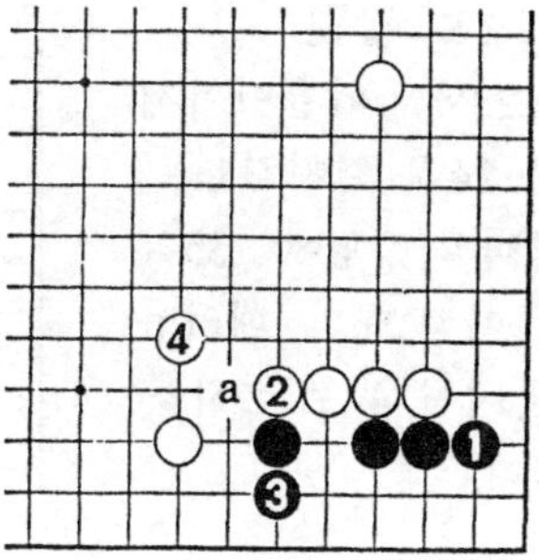

1도

제1보 중국류 대 3연성(三連星)

흑은 최근 유행의 중국류 1, 3, 5로, 나는 2 4, 6의 3연성으로 대항하였다.

백a의 걸침에는 b의 곳으로 받는다.

22의 내려막음도 최근 많이 두는 수이다. 옛날은, 1도 백4의 곳에 한칸 뛰어 a의 젖힘을 방비하는 것이 보통이었다.

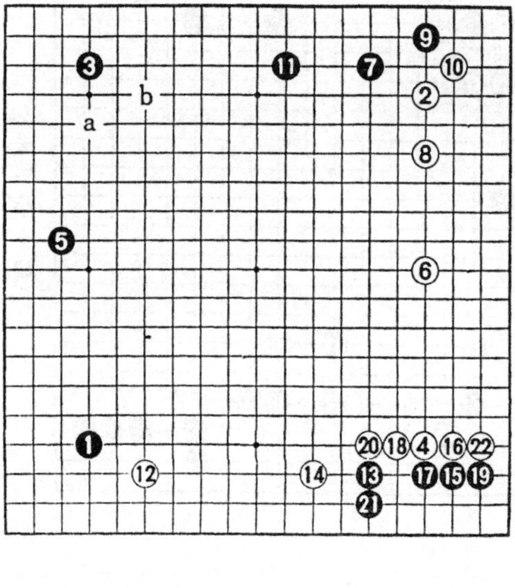

제1보(1—22)

제 2 보 갈림

흑23에 되돌아가서 백은 24로 걸쳐갔다.

백34의 젖힘에 35의 끊음 이하 36의 내려섬까지, 이하 42로 2점을 잡았다.

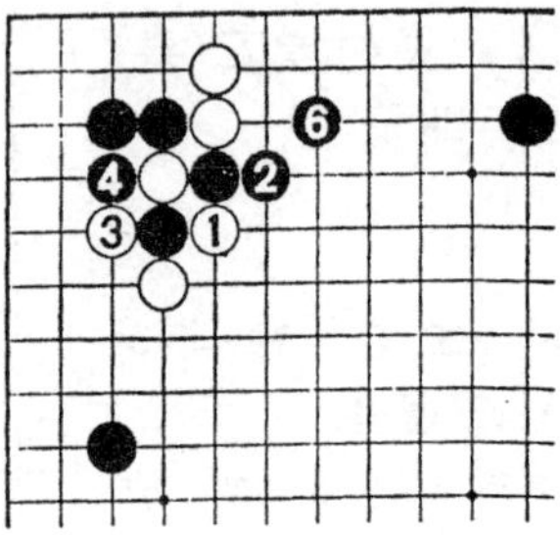

⑤ 이음

2도

흑 4 의 단수에서 6 의 마늘모로 두어 백이 불리하다.

2 도 백의 실리대 흑의 외세의 갈림이다. 백 38 로는——.

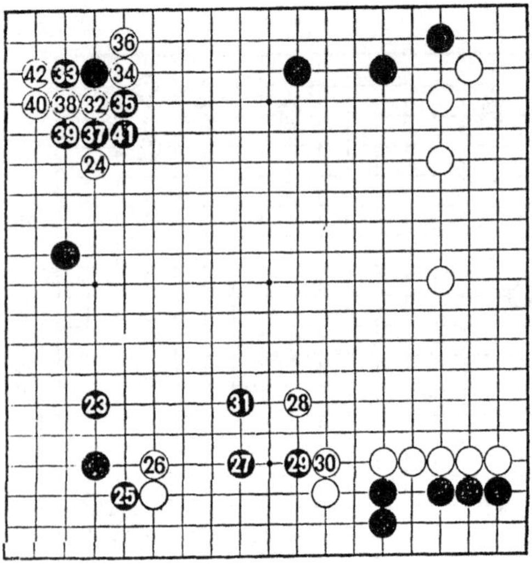

제 2 보 (23—42)

제 3 보 승부(勝負)의 곳

백46으로 두었다. 흑47의 붙임에서 백48 다음 54의 마늘모로 연락을 꾀하였다.

흑55의 날일자가 패착이 아닐 수 없다.

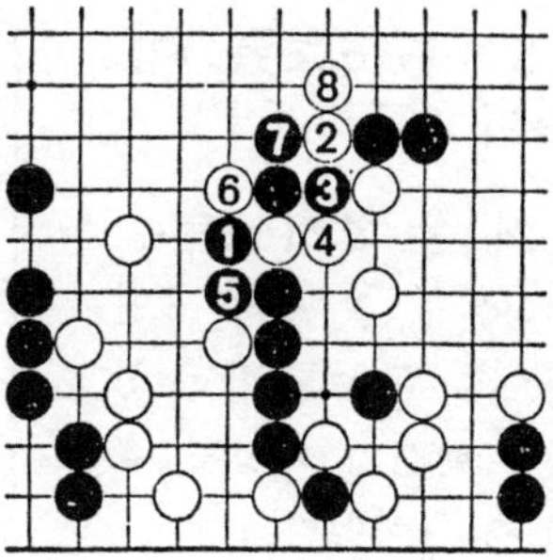

3도

58의 붙임이 좋은 수이다. 흑61을 64는 백a, 흑61, 백b이다. 흑63을 3도 흑1로 두면 백2의 젖혀 나감에서 6의 끊음, 다음에 8로 뻗는다. 흑이 단연 불리하다.

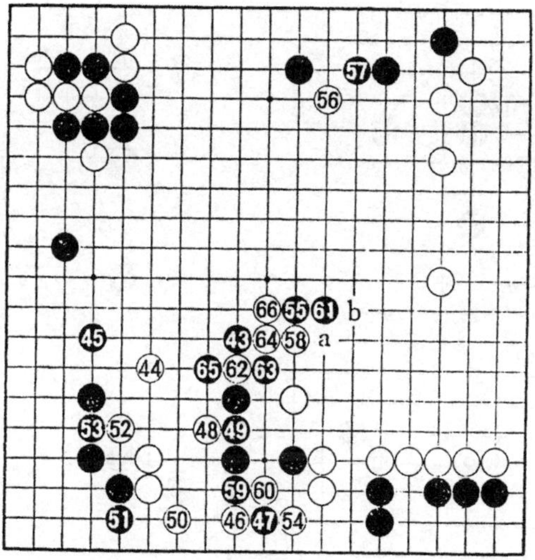

제3보(43—66)

5. 坂田栄男(백)과의 대국

제1보 흑의 의문수

나는1, 3, 5의 3연성으로 두었다. 반전 선생은 백2가 화점에 4가 3·3이었다.

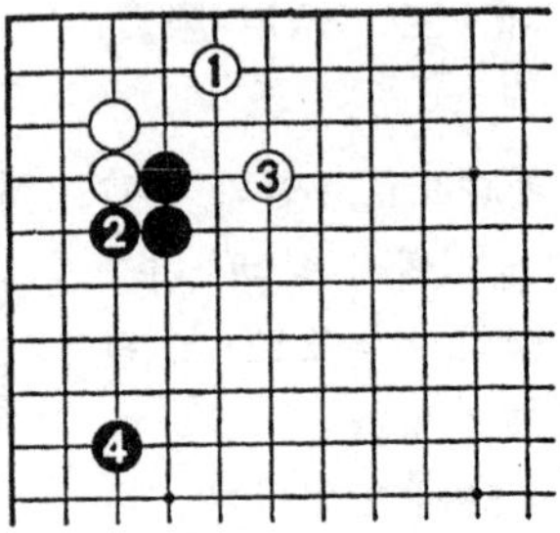

1도

1도 백1에 흑2의 정석은 3이 절호점이다. 그래서 본보의 15까지이다. 흑19의 굳힘이 의문수였다.

흑19로는 a의 마늘모가 보통이었다. 백20, 22의 뜀으로 우변의 흑모양이 엷다.

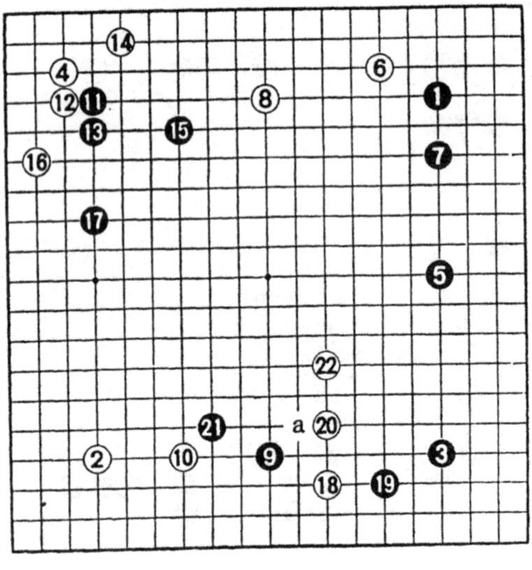

제1보(1—22)

제 2 보 무리(無理)

흑23, 25로 보강하는 사이에 백은 자연스럽게 24, 26으로 좌하에 집을 마련하였다.

흑33 이하는 무리 수이다. 흑a에서 백b, 흑c 다음에 d의곳 붙임이 맥이다.

이러한 곳은 자연스런 포석의 감각을 몸에 익히도록 힘을 쓴다.

흑33의 들여다봄에 대하여 백은 34로 막고, 또 흑35의 들여다 봄에 대해서도 백 36으로 이어서 막았다. 흑은 37로 백28에 대하여 머리 붙임을 하였다. 이하 44까지 진행되었다.

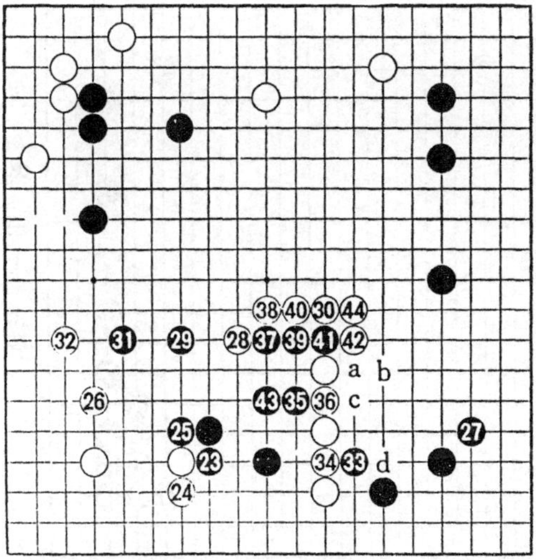

제2보(23—44)

아마추어의 기보

지금부터는 아마추어의 기보를(실전) 소개하고자 한다. 완착과 악수를 지적하고자 한다.

백M씨(4급) : 흑Y씨(4급)

제1보 잘못된 감각

흑7의 협공까지는 입체적이다. 프로의 고단자끼리도 이렇게 둔다. 이때 백8의 날일자가 의문이다. 7의 협공에 대한 8의 날일자가 정석에 있는 것인가……

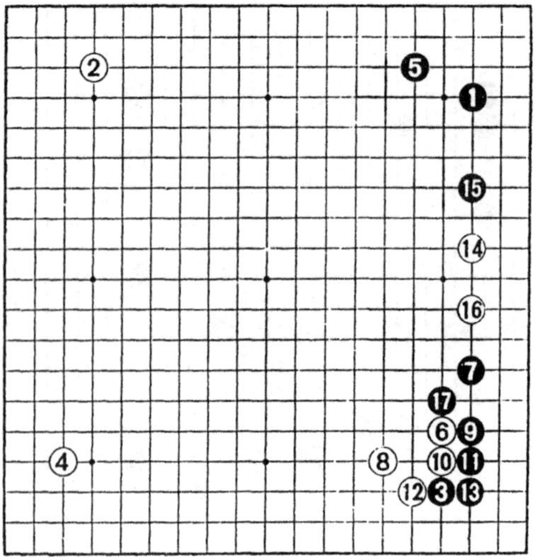

제1보(1—17)

흑 9 이하 13의 이음까지 이다. 백 8 로는—

1 도 백 1 의 붙임에서 14까지이다. 이 모양에서 11로는——.

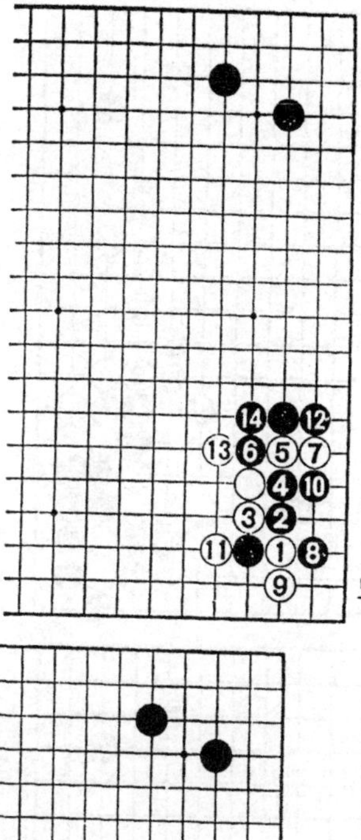

1 도

2 도 좌상의 백 △ 의 축이 좋다면 백 1, 3 으로 두는 정석을 택한다. 흑 4 에는 5 의 단수. 이 다음에——.

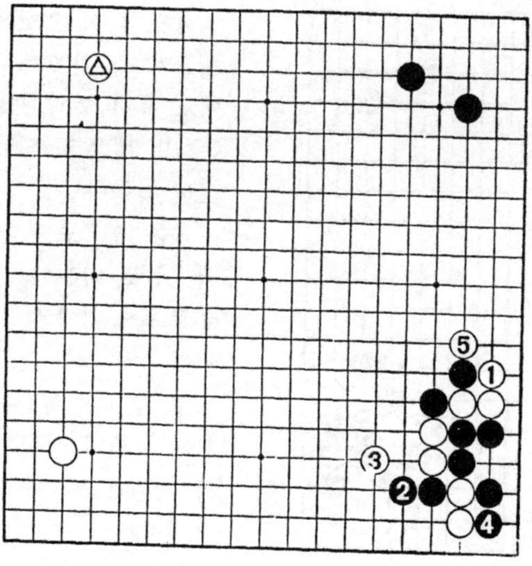

2 도

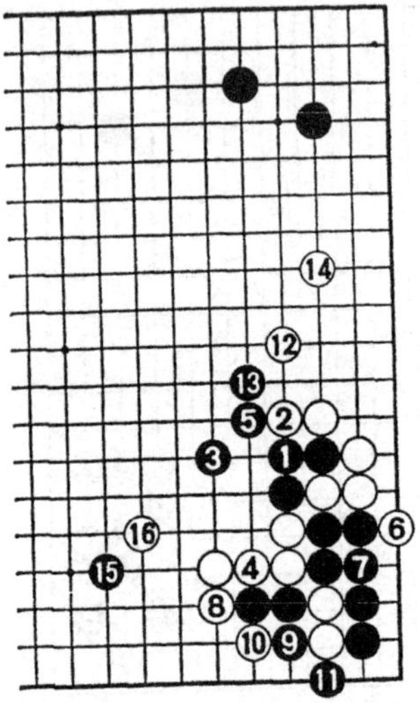

3
도

3도 (정석) 흑1의 이음에서 백2의 올라섬 다음 흑3이하 13까지 응접이다. 백14에서 흑15의 협공이다. 이것은 프로의 실전에서도 나타나는 응접이다.

수수(手数)가 긴 정석이다. 1도에 비하면,이쪽을 공격하기 쉽게 된다.

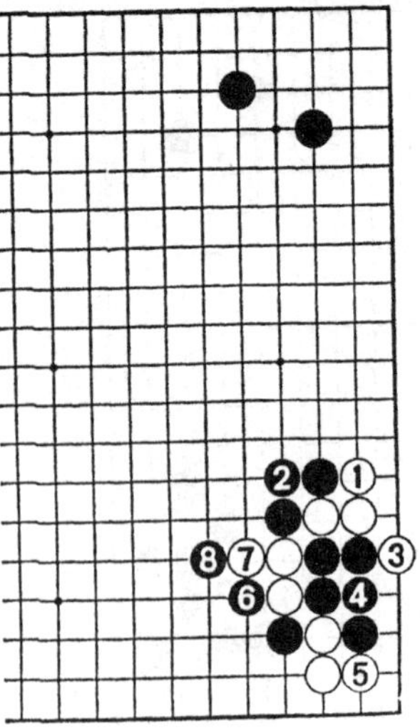

4
도

4도 다시 2도의 설명으로 축 관계가 좋은데도 흑이 2의 곳을 잇는다면 백은 3, 5로 단호히 젖힌다.

흑은 6으로 단수하고 백은 7로 나간다. 흑은 8로 축몰이에 성공하고 있다.

수 읽기를 통하여 축 관계나 패가 성립되는지의 여부에도 신경을 써야 한다.

제 2 보 작은 일

백 18은 작은 곳이다. 아직은 백 △에 가일수할 필요가 없는 시기이다.

흑19로 걸쳐 좌상귀에 심상한 변화가 일어나고 있다.

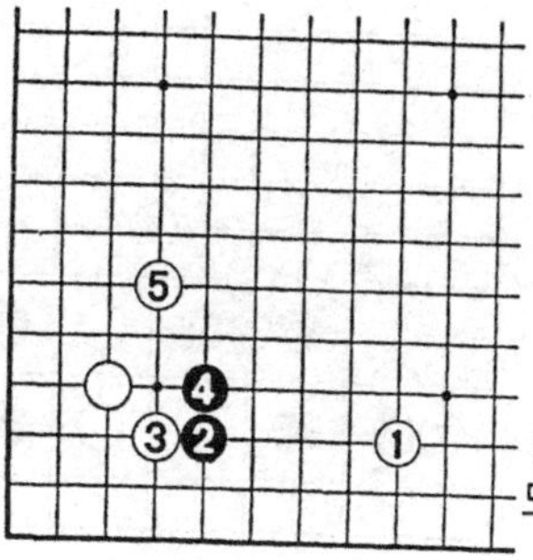

5도

5 도 백 1 의 벌림에서 흑 2 의 걸침, 백 3 , 5 까지이다. 백26의 마늘모는 변화의 여지가 있는 수이다. 흑27까지 백 고전의 양상이다.

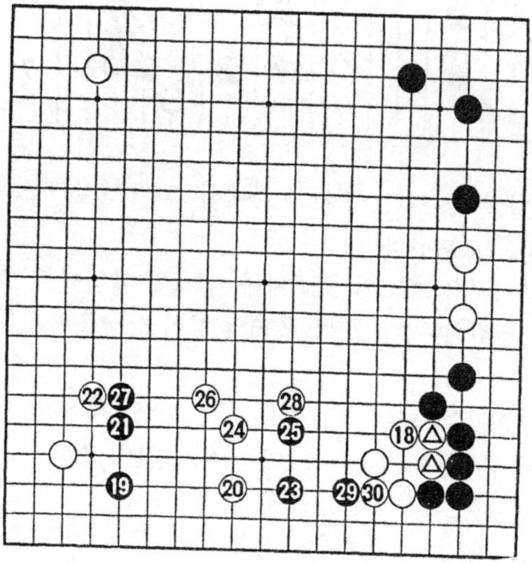

제 2 보 (18—30)

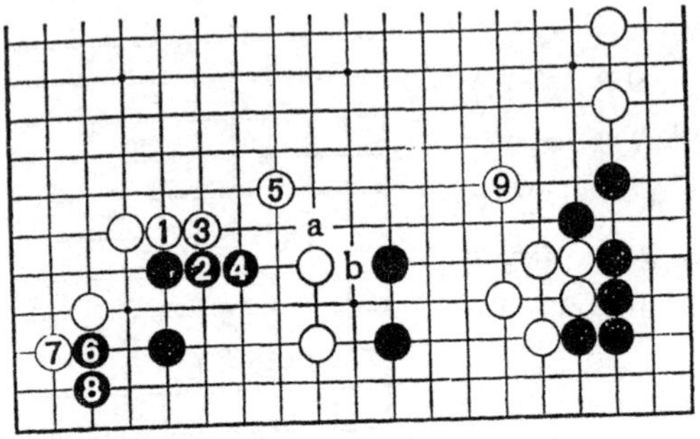

6 도

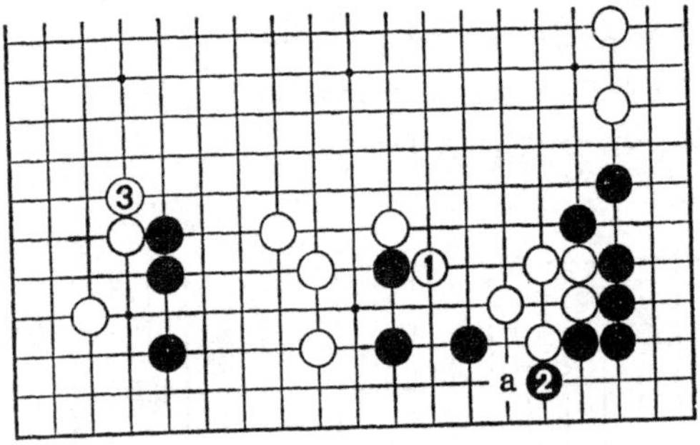

7 도

6 도 (날일자) 백 1 , 3 의 누름에서 5 의 날일자는 흑 6 , 8 로 삶을 도모한다.

백 9 로 위쪽을 지키면 호조이다. 흑a의 붙임에는 백이 b의 곳을 응한다. 본보29에 흑30의 방비는 수용의 착점이다.

7 도 백 1 의 젖힘에는 흑 2 에 3 으로 둔다. 이곳은 a로 젖혀서 패가 날 자리이다. 맛이 남아 있는 곳이다.

제3보 흑 호조(黑好調)

31의 젖힘에 수가 돌아가 흑의 우세이다. 여기에서 흑33이 기회를 잃은 수이다.

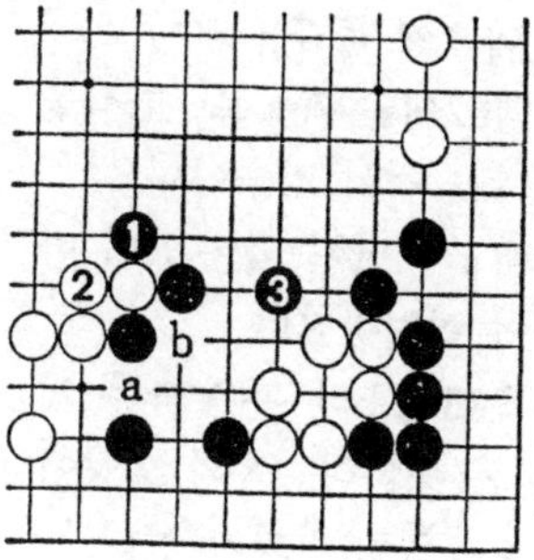

8도

8도 흑1의 단수 다음에 3으로 백을 봉쇄하였다. 백52까지에서 후수 삶은 중앙을 두텁게 하여 절망적이다.

흑53은 속수로 단순히 55로 두는 것이 정수이다.

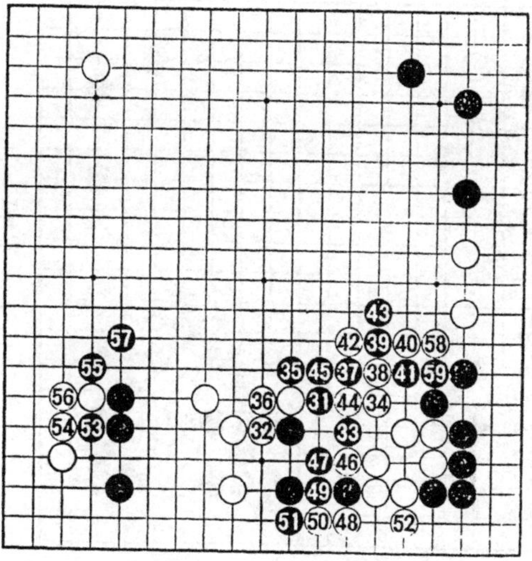
제3보(31—59)

제 4 보 본수(本手)

백62에는 흑a로 한점을 취하는 것이 정수이다.

백a의 맛이 남아있어 바둑이 어려워진다.

흑63도 b의 곳을 막는 것이 본 수이다. 흑의 모양이 무리형으로 변화가 인다.

백68로는——.

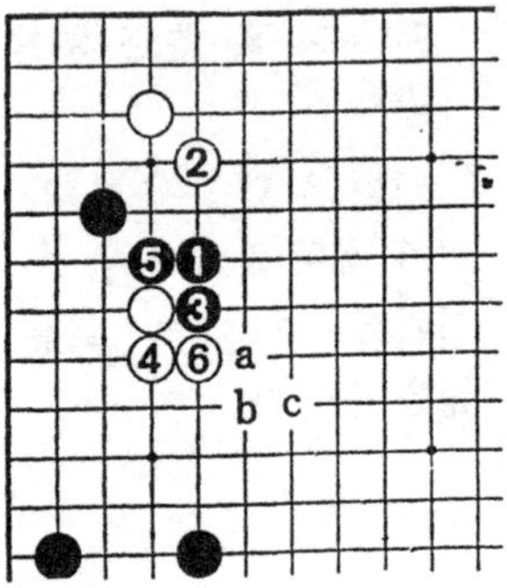

9 도

9 도 백 2 의 마늘모가 정수이다. 흑 3 에서 6 다음에 흑 a. 백 b, 흑 c의 2 단젖힘이 엄한 수여서 백의 고전.

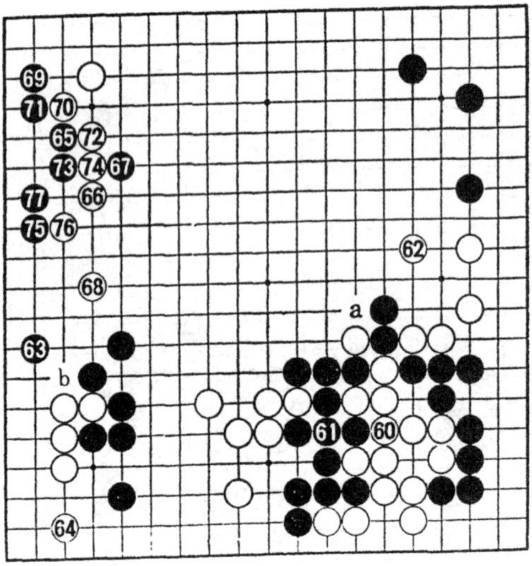

제 4 보 (60—77)

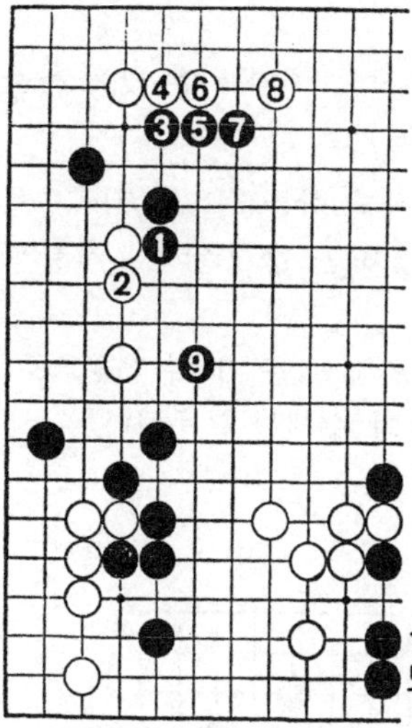

10도

10도 흑 1 을 강하게 눌러 3, 5, 7 을 선수로 한 다음에 9 의 곳에 날일자로 씌웠다.

기세의 결정이다. 흑 73은 대악수이다. 백74로 연락을 하여 이곳은 공격의 여지가 없다.

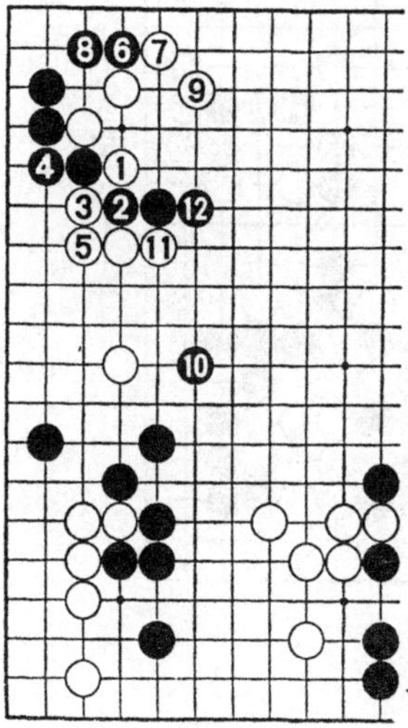

11도

11도 (내려섬) 흑 2로 내려서 연락하는 것이 한 수 이다. 이하 12까지 예상된다.

74를 허락하여 끝내기는 백의 전리(戰利)로 남는다.

제 5 보 최후의 큰곳

백80일 때에 흑81로 되돌아 간다. 흑의 나쁜 맛을 해소한다.

백82에 흑83은 '공격은 날일자로' 하는 격언이었다.

여기에서 84, 86으로 삶을 도모하는 것은 약한 기운이다. 바둑은 거의 절망적이다.

흑91의 한칸뜀이 좋은 점이다. 백은 94의 큰곳으로 되돌아가서 일전을 노리지만 흑의 승세는 부동이다.

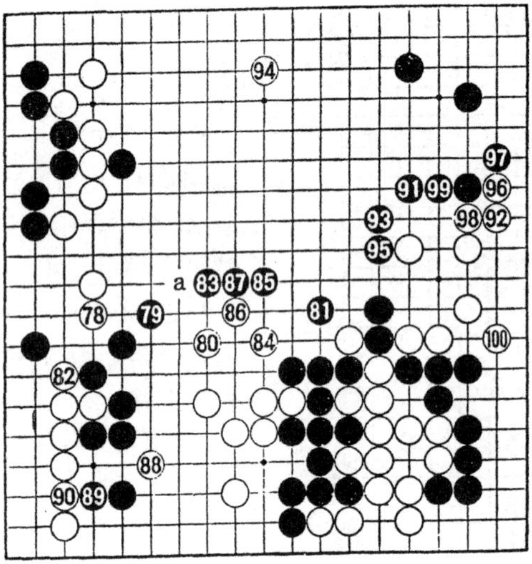

제5보 (78—100)

백 T 씨 (1 급) :

흑 S 씨 (2 급)

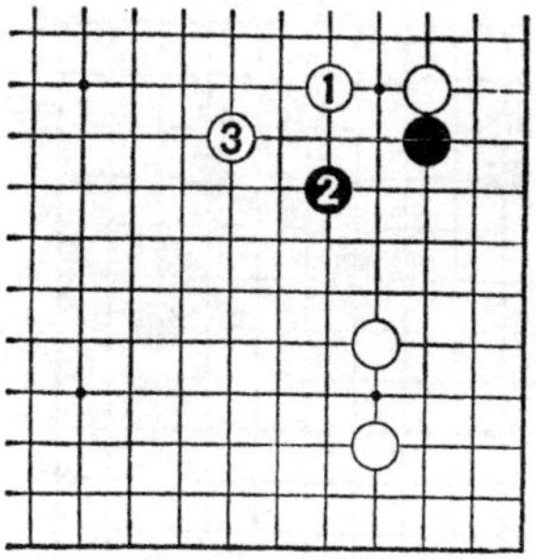

1 도

제 1 보 신포석

흑 1, 3, 5 의 3 연성에 백 2, 4 의 고목은 신포석에서 나타나는 모양이다. 흑 9 로는 3·3에 침입하는 수단도 있다.

흑11에 백12까지인데—

1 도 백 1 의 한칸 벌림이 호점이다. 흑은 2 의 곳 날일자이다.

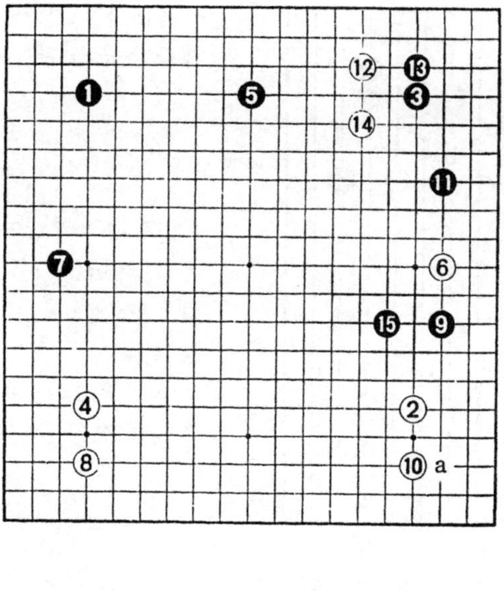

제 1 보 (1—15)

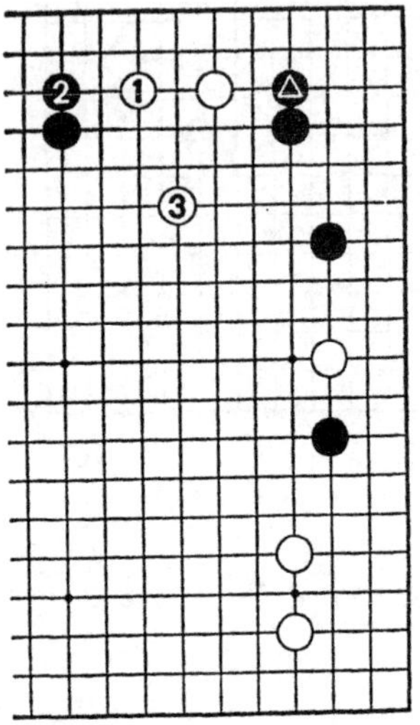

2
도

백 3 의 날일자 씌움으로 공격을 한다. 흑의 고전이다.

백12, 14에서 흑15로 되돌아 간다. 지금의 도는 백이 고전이 아니다.

2 도 우상귀 흑▲가 있다면 백은 당연히 1, 3 으로 모양을 갖춘다. 백의 모양이 옳다.

흑15까지 엄한 수를 생각할 수 있다.

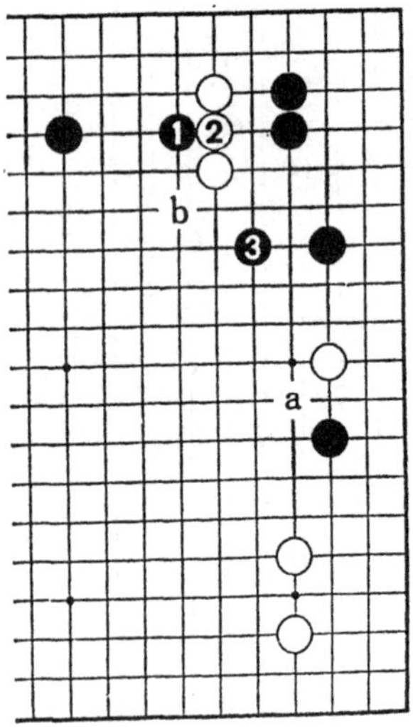

3
도

3 도 흑 1 의 들여다 보는 수의 이는 3 의 곳이다. 흑a에 b를 맛보기로 한다.

역시 흑 9 와 백 12는 주의를 요하는 곳이다.

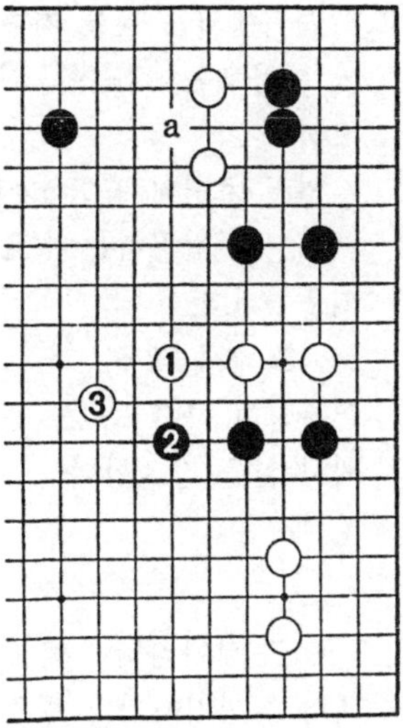

4 도

제 2 보 무리

흑17에 백18의 붙임은 무리한 감이 든다. 흑19의 젖힘으로 백22까지 생략할 수 없는 곳이다.

4 도 단순히 백 1 로 뛰는 것은 흑 2 에서 백 3 의 날일자까지이다. 윗쪽의 백 2 점은 a의 곳에 들여다 보는 것이 선수이다.

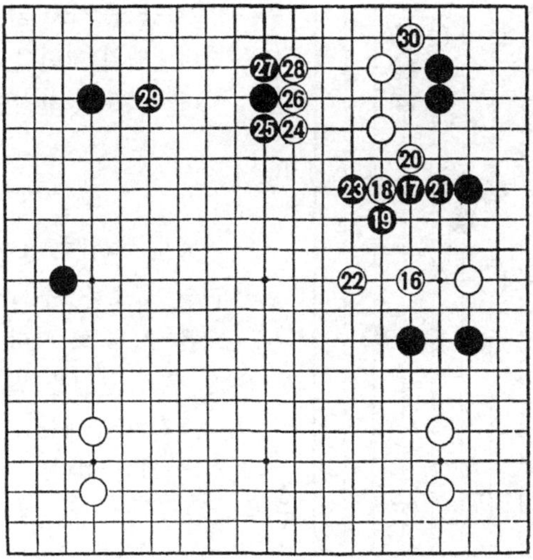

제 2 보 (16—30)

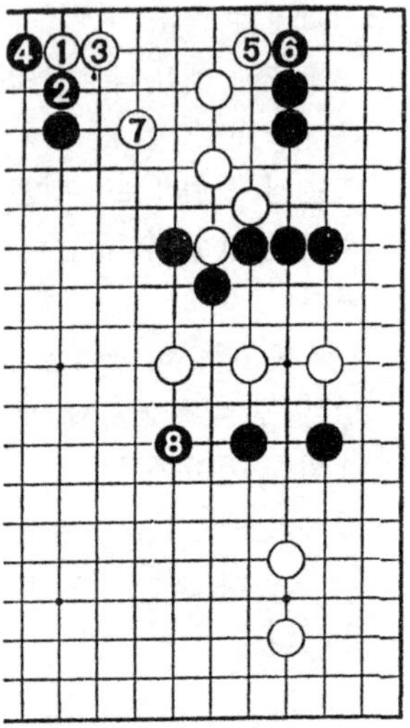

여기에서는 돌을 가볍게 이용하는 작전이 필요하다.

먼저 우변의 흑 3 점이 백 2 점을 협공하는 수로 되돌아간다.

백24에서 28도 흑을 튼튼하게 하며 좁은 곳에서 삶을 강요한다.

5 도 삶이라면 백 1 에서 7 까지이다. 흑 8 의 한칸 뜀으로 되돌아간다. 백의 고전은 전투이다. 흑29는 완착이다.

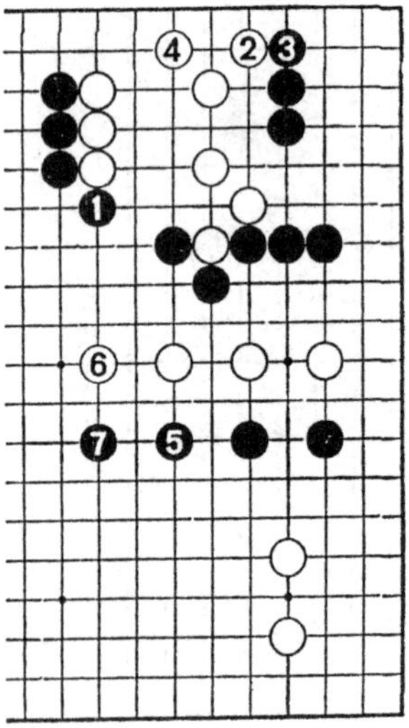

6 도 흑 1 로 3 점 머리의 급소를 두드리면 백은 2, 4 로 산다. 흑 5, 7 로 두터운 모양이다. 흑의 우세는 의심의 여지가 없다.

제 3 보 돌의 방향

백32의 걸침이 문제이다. 돌의 방향착오이다. 이 수로는 백38의 모자 씌움으로 2점을 공격하는 것이 최선이다. 흑 37은 지나친 몸조심.

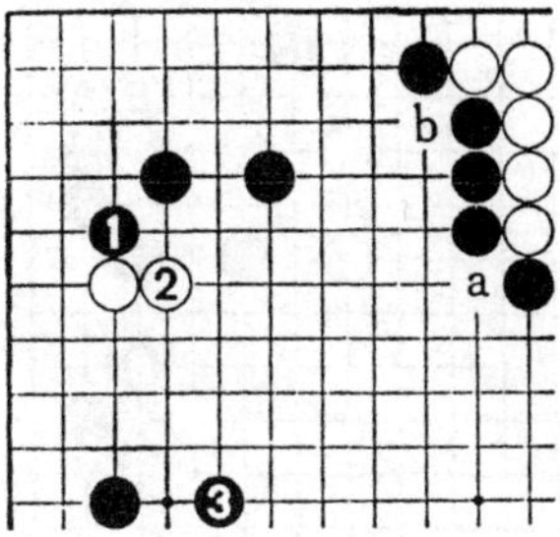

7도

7도 흑 1의 마늘모 붙임이다. 백 2에는 흑 3이다. a나 b의 끊는 맛은 자연히 보강이 된다. 흑37에 백38은 절호의 곳이다. 백38에 수가 되돌아가서—

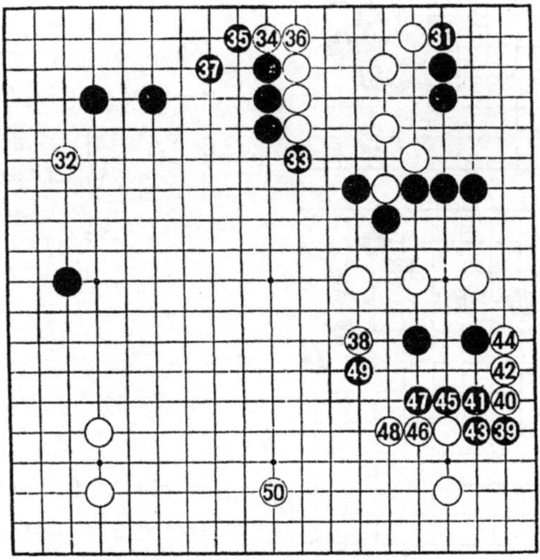

제 3 보(31—50)

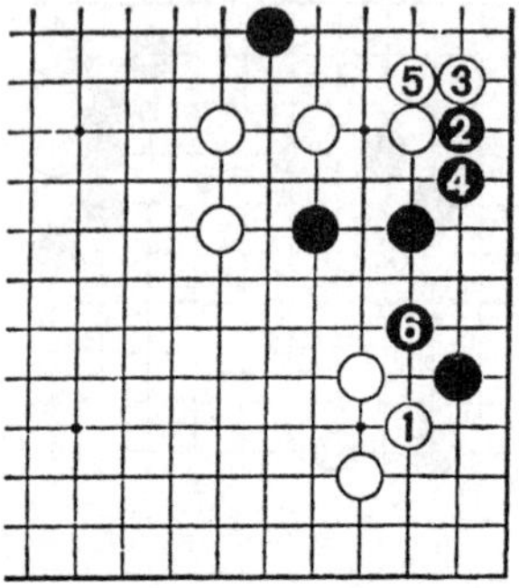

8
도

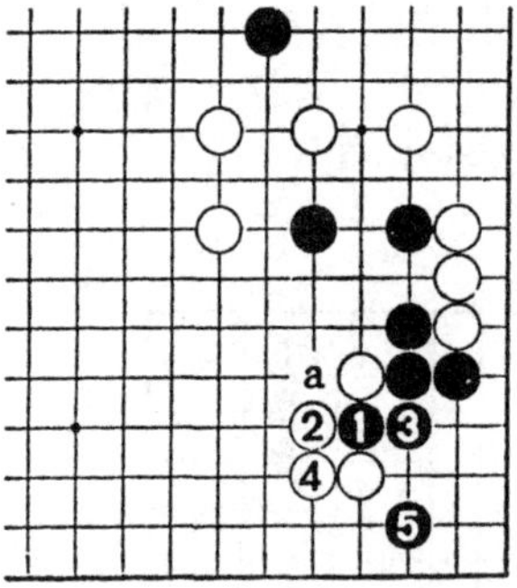

9
도

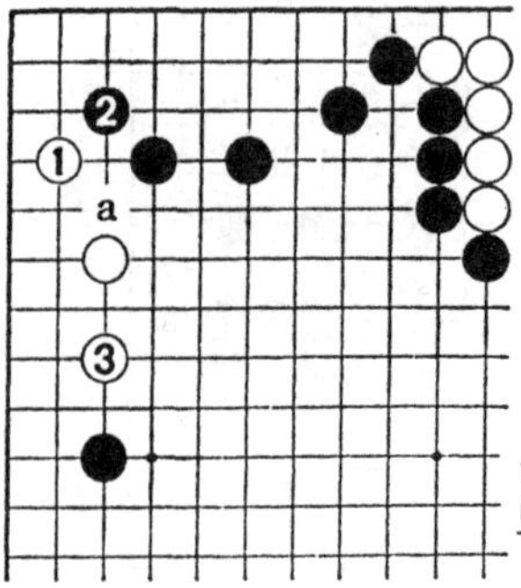

10
도

백이 한숨을 쉴 수가 있다. 흑 39에 백 40의 붙임, 흑의 수습이 쉽지 않다.

8도 백 1에 받으면 흑 2, 4의 붙여 끄는 수에서 6까지이다. 엷은 돌에 붙이는 수를 주의하여야 한다. 흑 45, 47은 속수이다.

9도 흑 1의 끼움이다. 이것은 5까지 사는 모양이다. 백 4를 a의 곳에 이으면 흑 4의 끊음이 있다.

10도 1, 3으로 사는 것이 선결 문제이다. 흑 a의 마늘모와의 차이는 수십 집에 해당한다.

흑 O 씨 (1 급) :

백 Y 씨 (초급)

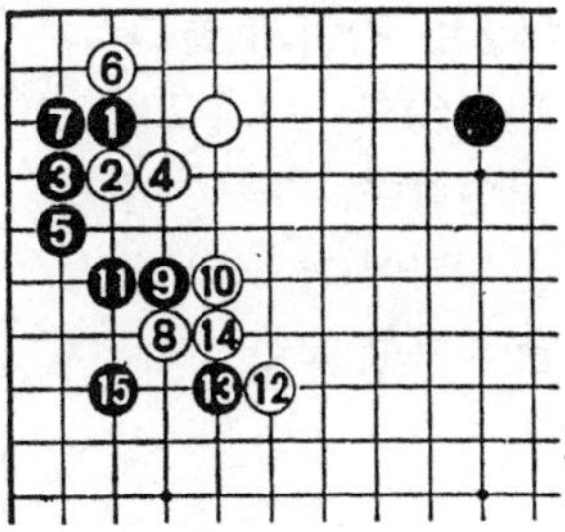

1 도

제 1 보 변칙

쌍방 소목과 외목의 모양이다. 백12까지 일응 무난하다. 흑13의 걸침이 변칙이다. 백14 를 허락하여 흑의 불만이다.

흑13은 우상귀의 굳힘이 보통이다. 좌상귀의 걸침으로는 3·3이 무난하다.

1 도 백 2 에서 15까지는 정석이다. 흑15, 17은 엷다.

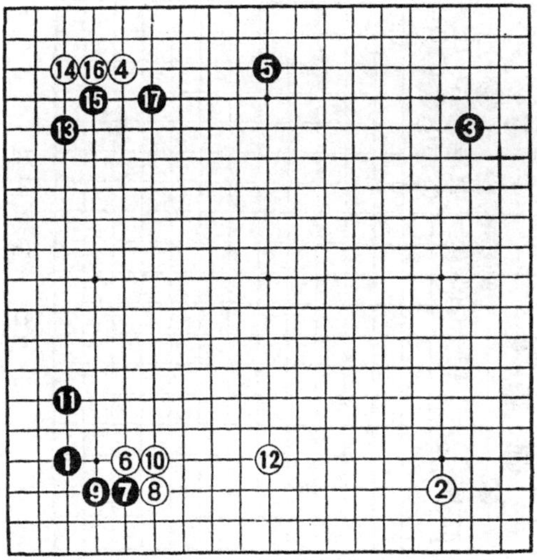

제1보(1—17)

제 2 보 강하게 늘다

백18, 20의 나가끊음은 당연하다. 다음 흑21이 강타이다. 백의 견고함에 대한 도전이다.

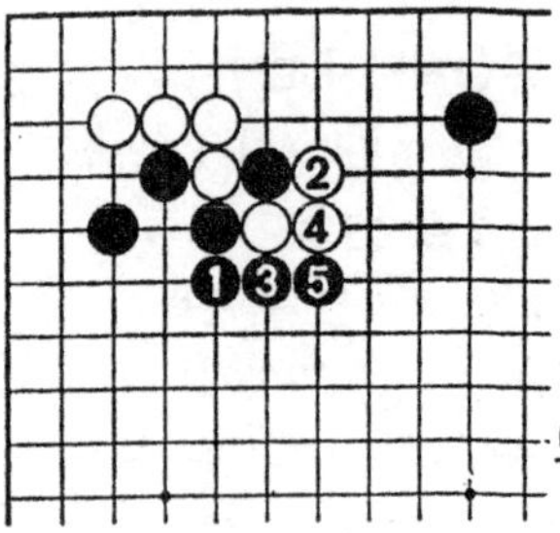

2도

2도 흑1로 느는 것이 쟁점이다. 끊으면 한쪽을 뻗는 것이 기리이다. 백26의 뻗음은 완착이다. 쌍방간에 의문수가 많다. 앞으로 되돌아가서 백22의 젖힘으로는—

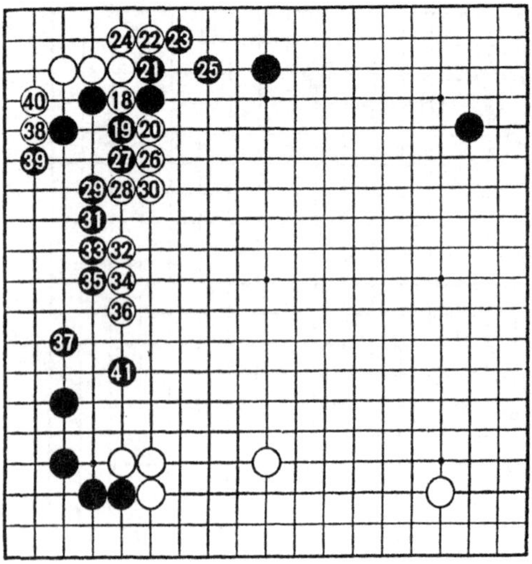

제2보(18—41)

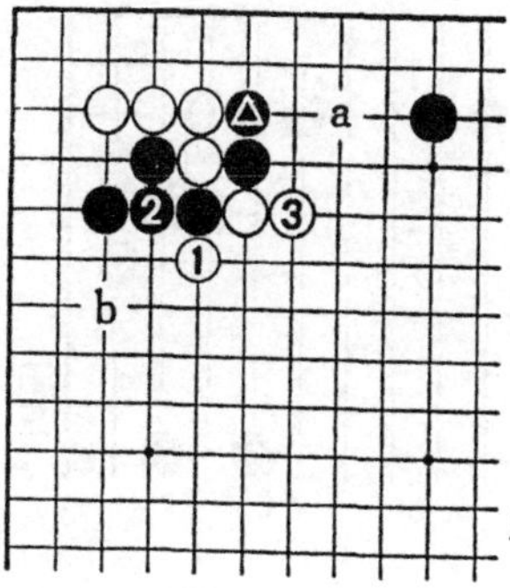

3도

3도 백1의 단수 다음에 3의 곳 뻗음이다. 이 다음에 a나 b가 맛보기이다. 흑▲는 무리임이 명백하다. 흑25 의 수로 —

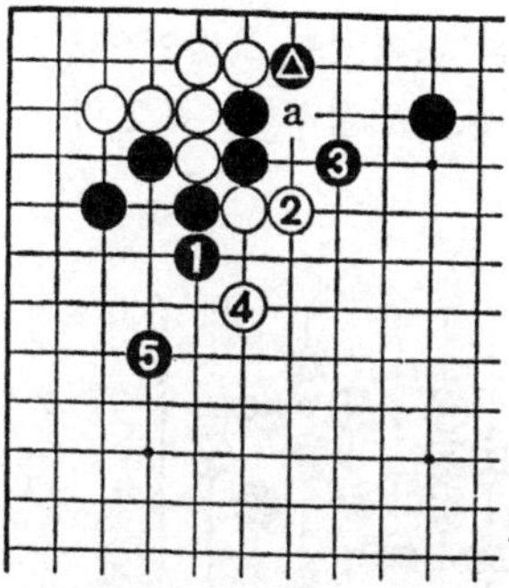

4도

4도 흑1의 뻗음이 좋다. 이하5까지 갈림이다. 백2를 a의 곳에 끊으면 흑▲를 사석으로 이용을 한다.

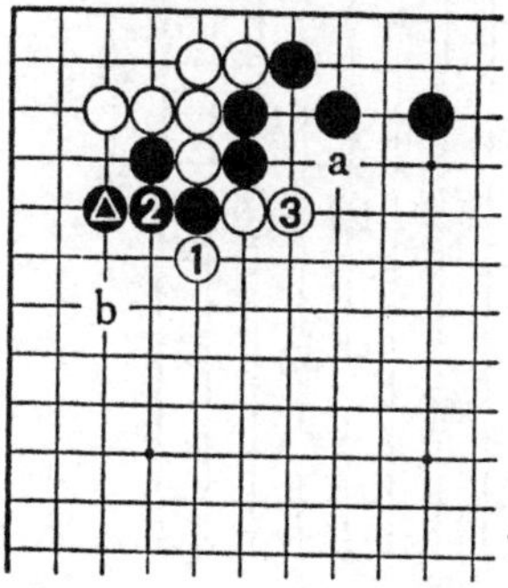

5도

5도 백1의 단수에서 3의 뻗음이다. 백에서는 a의 곳 마늘모 붙임과 b의 곳을 맛보기로 한다. 백1의 단수로 인하여 흑▲가 모양이 좋지 않다.

제 3 보 굳힘

백42, 흑43도 좋은 점이다. 흑45로는 포석이론상 우상귀를 흑a로 굳히는 것이 좋다. 이 수로 백의 집은 공백으로 화한다. 다음 백은 우상귀의 침입이다.

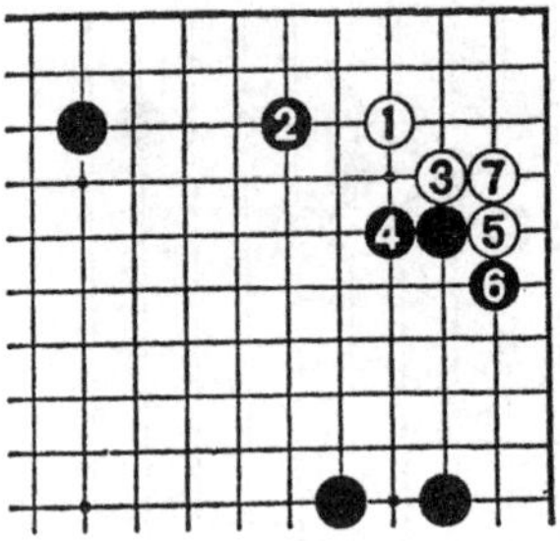

6도

46의 3·3의 침입에서 흑47의 다가섬이 모양이다.

6도 백1로 소목에 걸치는 것도 적절하다. 흑2의 다가섬에는 이하 7까지이다.

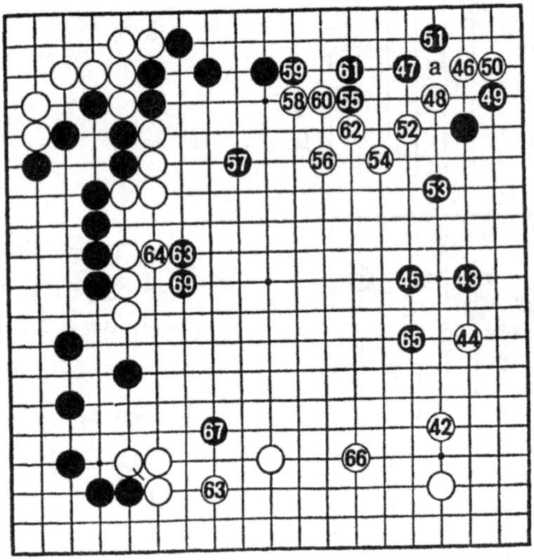

제3보(42—69)

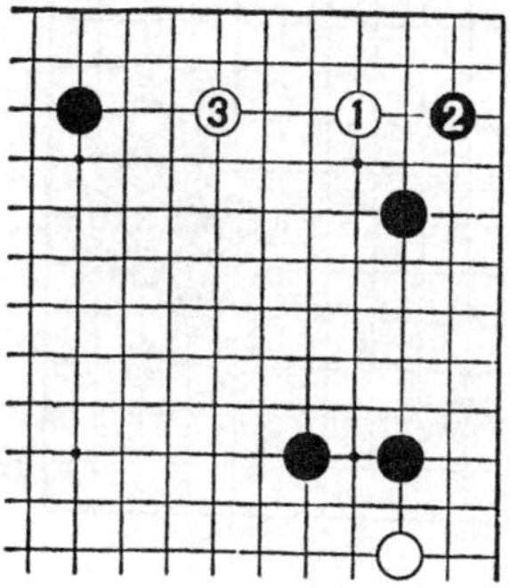

7
도

7도 흑2로 귀에 두면 백3이 이상적인 벌림이다.

백48의 마늘모 나감은 문제이다. 전체가 공격 받는 모양이다.

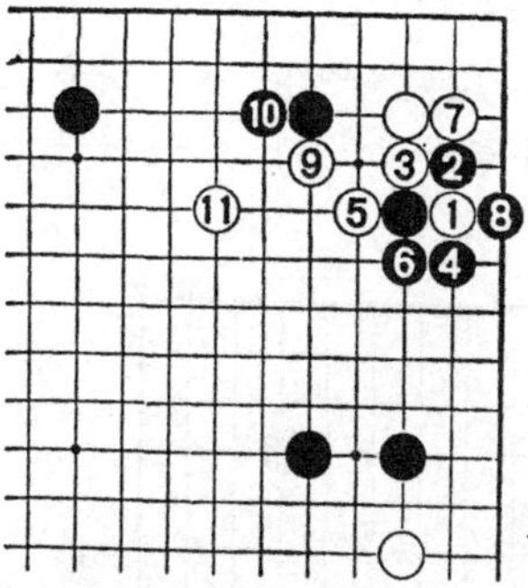

8
도

8도 백1로 아래에 붙이는 수는 이하 11까지 이다.

백52까지 마늘모 모자 싸움이다.

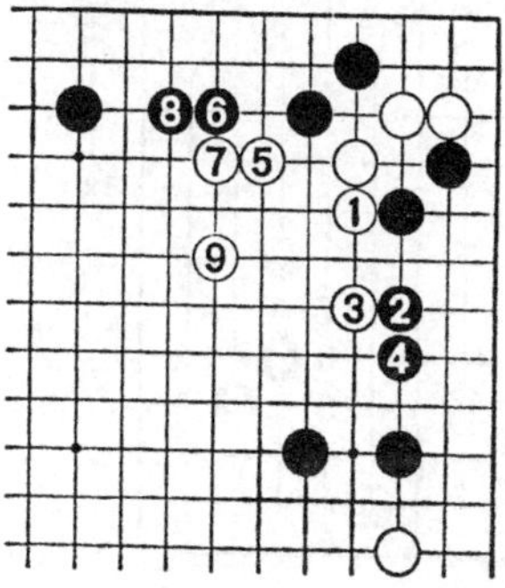

9
도

9도 백1에 두면 흑2에서 9까지이다. 백은 좌상과 우하귀에 둘 수가 없어 어려운 바둑이 된다.

흑69까지 백의 절망적인 바둑이다.

백 K 씨 (1 급) :
흑 N 씨 (3 급)

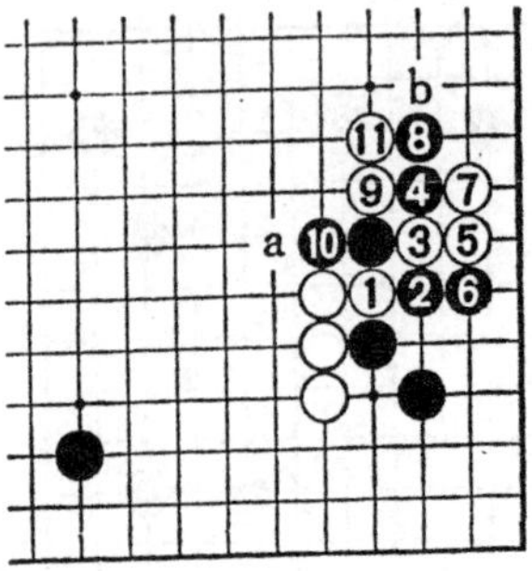

1도

제 1 보 급한 곳

접바둑에서 두는 방법이다. 흑 4 의 마늘모가 의문이다. a의 곳 날일자 받음이 정석이다.

백 7 에 흑이 손을 빼면 문제이다.

1 도 백 1 , 3 의 나가끊음이 엄한 수이다. 이 다음 9 , 11의 상용 수단으로 a와 b의 축을 노린다. 흑이 나쁜 모양이다.

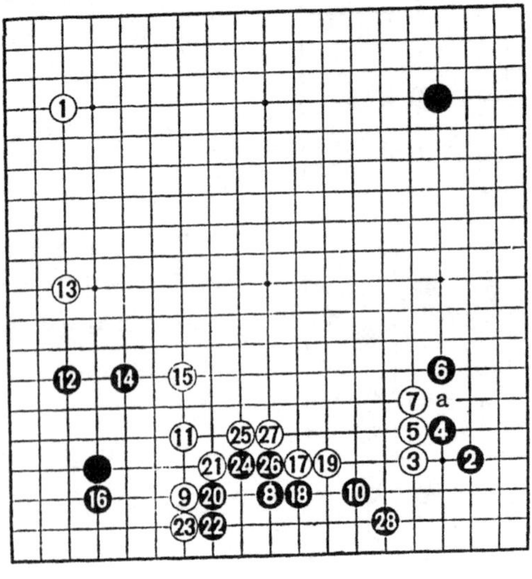

제 1 보 (1—28)

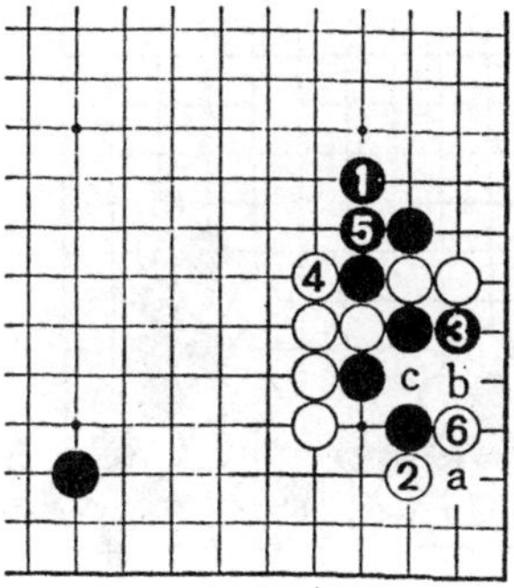

2
도

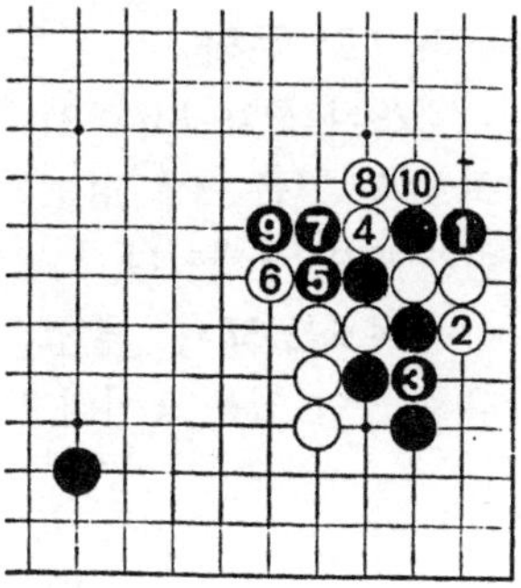

2 도 흑 1 로 두는 것은 백 2 의 붙임에서 흑 6 까지 불만이다. 흑 3 을 a의 곳에 젖히면 b의 곳 급소에 두어 무리이다. 백 b를 방치하면 흑 c, 백 6 의 끊음이 있다.

3 도 흑 1 로 바깥을 막는 것은 악수이다. 백 2 에서 10 까지 필연적으로 흑모양이 나쁘다.

4 도 흑 1 에서 3 의 눈목자까지이다.

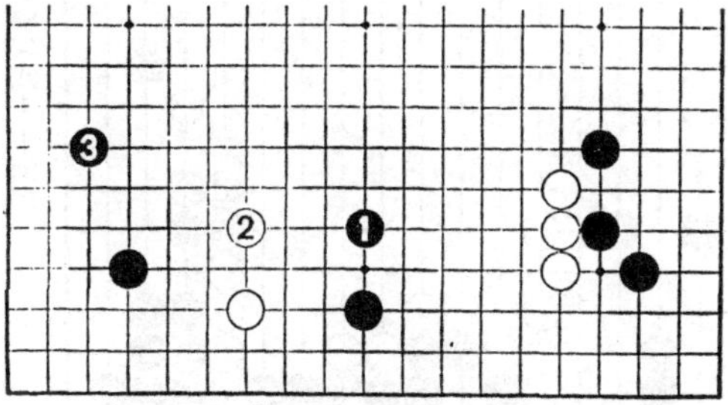

4
도

제 2 보 무책

백29의 붙임에서 31로 두는 것은 흑을 견고하게 하여 문제이다.

흑34로는 36의 붙임으로 맛이 있는 곳이다.

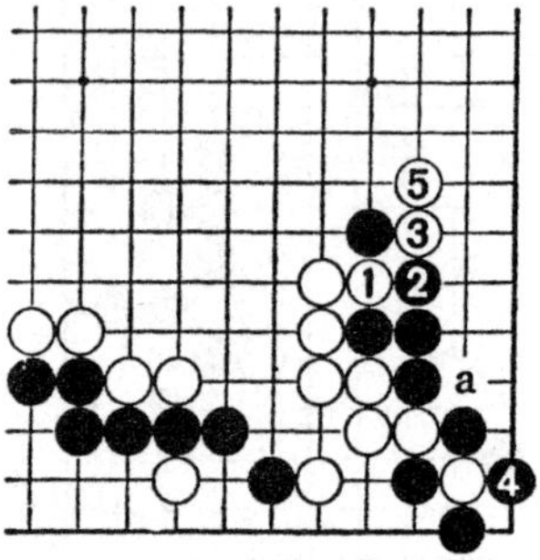

5도

여기에서 백41은 대악수이다. 흑42에서 52까지 흑의 필승의 태세이다. 백41로는—

5 도 a의 곳을 끊는 맛을 본다. 다음 흑 4 에는 백 5 로 나가서 본도와 비교를 하면 엄격한 차이가 있다.

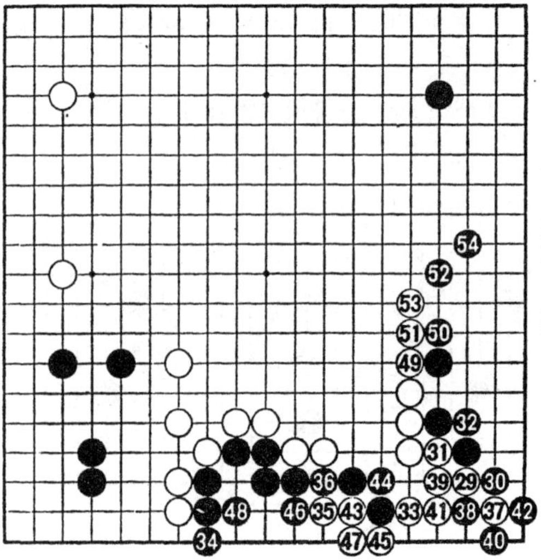

제 2 보 (29—54)

加藤正夫의 초급 포석 입문

2014년 5월 20일 인쇄
2014년 5월 30일 펴냄

엮은이/ 프로바둑연구회
펴낸이/ 최　상　일
펴낸곳/ 太乙出版社
서울특별시 중구 신당6동 52-107 (동아빌딩내)
등록/1973년 1월 10일(제4-10호)

■주문 및 연락처
우편번호 100-456
서울특별시 중구 신당6동 52-107 (동아빌딩 내)
전화 / 2237-5577 팩스 / 2233-6166

ISBN 89-493-0334-5　　13690